高等医药院校系列教材

机能实验学

第2版

主　编　孙　湛　张建龙
副主编　马　琪　张　荣　王雪飞
编　者　(按姓氏拼音排序)
代红燕　郭英惠
骆　新　马　琪　冉
孙　湛　陶义存　王雪
闫　冬　杨永新　姚雪萍
张　荣　张建龙

科学出版社
北　京

内 容 简 介

本书以近年全国医学院校机能实验教学改革成果和笔者的《机能实验学》教学实践为编写参考,主要按照7年制与5年制临床医学本科《生理学》、《病理生理学》、《药理学》对实验教学的基本要求和"学科融合、资源共享"的原则,编写了本教材,包括实验基本要求和知识、实验基本技能和基础实验与综合实验等内容,在使用中可根据具体条件和情况灵活掌握和应用。教材突出了素质教育和能力培养,实现了教材编写内容的系统性、规范性、科学性、先进性、启发性、综合性和实用性。

本书供医学院校基础、临床、预防、口腔等本科专业学生使用,同时也可作为《生理学》、《病理生理学》和《药理学》相关实验教学教师参考用书。

图书在版编目(CIP)数据

机能实验学 / 孙湛,张建龙主编 . —2 版 . —北京:科学出版社,2013. 8

ISBN 978-7-03-038361-7

Ⅰ. 机…　Ⅱ. ①孙…②张…　Ⅲ. 实验医学-高等学校-教材　Ⅳ. R-33

中国版本图书馆 CIP 数据核字(2013)第 192469 号

责任编辑:李国红　杨鹏远 / 责任校对:桂伟利

责任印制:赵　博 / 封面设计:范璧合

科学出版社出版

北京东黄城根北街 16 号

邮政编码: 100717

http://www sciencep com

保定市中画美凯印刷有限公司印刷

科学出版社发行　各地新华书店经销

*

2006 年 8 月第　一　版　　开本: B5(720×1000)

2013 年 8 月第　二　版　　印张: 10 1/2

2024 年 8 月第十一次印刷　　字数: 246 000

定价: 39. 80 元

(如有印装质量问题,我社负责调换)

前　　言

实验教学是基础医学教学的重要组成部分。在医学教育教学改革中,实验教学改革起着举足轻重的作用,它直接影响着医学教育教学改革的力度和深度。医学教育教学改革的根本目的是培养出适应社会发展需要的复合型人才。因此,将传授知识、培养能力和提高素质融为一体,建立起新型的医学人才培养模式是当务之急。

《机能实验学》是在基础医学教育进行改革后编写的一本实验教材。它将生理学、病理生理学和药理学三门课程的实验内容有机结合在一起,形成一门独立、完整、系统的实验课程。经过这些年的实践证明,机能实验的开展达到了预期的效果。它克服了长期以来,实验课的教学内容依附于理论课教学内容,以验证理论为主,忽视了学生各方面能力与综合素质的培养和三门实验内容上的脱节和重复,制约了学科之间的相互交流和相互渗透,不利于学科的创新和全面发展的极大弊端。同时实现了实验资源共享,避免了以往实验教学资源过度浪费的现象。

本教材首先通过基础知识和基本技能的介绍,培养学生的科学态度和训练学生的动手能力,以提高其基本操作技能。通过该课程的学习使学生将三门学科的理论知识融会贯通,培养学生实事求是、严谨的科学作风和严密的科学逻辑思维方法,以及观察、分析、解决问题的综合能力。同时,通过学习实验课程中的新技术、新方法,使学生了解和掌握机能学科实验方法的更新和发展方向,启发学生在机能学科实验研究中的创新性思维。为培养学生的科学研究思维和科学研究能力奠定良好基础。

本教材具有实用性较强、选择性大等优点,可广泛用于医学院校医学临床、口腔、预防、基础医学、检验、影像等各专业、各层次学生的实验教学。既可作为医学院校机能实验学必修课教材,亦可作为医学相关专业机能实验课教材。

从机能实验学课程的设置到实验教材的编写以及实验的实施过程都得到了学校、教务处、基础医学院和教材科领导的大力支持,在此一并表示衷心的感谢。本教材虽力求严谨,但仍可能因水平有限或考虑不周而出现不妥之处,恳请读者赐教,以便再版时改正。

孙　湛　张建龙

2013 年 5 月于新疆医科大学基础医学院

目　录

第一章　绪　　论

机能实验学是一门将生理学实验、病理生理学实验和药理学实验三者有机地结合在一起的实验性课程,是基础医学实验课程体系改革的重要内容和医学生必修的基础课程之一。他保持了原有的机能学实验特征,即仍以活体为实验对象,并在此基础上研究机体各种生理活动及规律、病理生理改变以及药物和机体的相互作用及作用规律。与此同时,机能实验学对传统的实验方法及教学方法进行了改革创新,克服了传统学科实验分散、重复开设、综合效果较差、实验资源浪费等缺点,重新组建了“机能学实验室”,并配有专职的高素质的实验教师和实验技术队伍,实现了实验内容融合,设备资源共享。通过机能实验学的学习,同学们不仅能掌握一些基本的实验操作技术和学习到正确使用仪器的方法,还能使他们通过对各种动物疾病模型的复制、药物救治等,经生理学、病理生理学和药理学等知识的融会贯通,紧密贴近临床,培养学生们的自学能力、独立思考能力和科学思维能力。通过机能实验学的综合和设计实验的训练,还能培养学生的实验设计和结果统计分析能力、独立解决问题能力、书面表达能力和团结协作能力,培养学生的创新意识与开拓精神,提高学生学习的主动性和创造性,为最终提高学生的综合素质打下坚实的基础。

第一节　机能实验学教学目的和基本要求

一、机能实验学教学目的

本课程旨在通过实验教学训练学生基本操作技能,培养其动手能力,并使学生通过该课程的学习将三门学科的理论知识融会贯通;培养学生实事求是、严谨的科学作风和严密的科学逻辑思维方法,以及观察、分析、解决问题的综合能力。同时,通过学习实验课程中的新技术、新方法,使学生了解和掌握机能学科实验方法的发展方向,启发学生在机能学科实验研究中的创新性思维,为培养学生的科学研究思维和科学研究能力奠定良好基础。

二、机能实验学的基本要求

1. 实验前做好理论和操作准备　机能实验学是集机能学科理论与实验操作为一体的新型课程,因而在进行该课程学习前需要做好相关准备。

(1) 熟悉相关生理学、病理生理学、药理学理论知识,以明确相关实验的设计目的、实验原理以及可能出现的实验结果。

(2) 预习实验指导中拟进行的实验内容,掌握实验目的、实验原理,熟悉实验步骤、操作程序、观察指标和操作注意事项。

2. 实验中保持严谨、科学的态度

(1) 实验中严格按操作程序进行。实验小组人员合理分工、密切合作,注意培养自己的动手能力与独立解决实验过程中出现的问题的能力。

(2) 仔细、耐心地观察实验中出现的现象,随时客观地记录实验结果。主动联系理论思考、分析实验结果和各种实验现象。认真总结实验成败的原因。培养实事求是的科学作风。

(3) 所进行的实验结果均应完整记录。整理分析其结果后书写出实验报告。

3. 实验后认真撰写实验报告,按时交给指导教师评阅。

第二节　实验结果记录方法与实验报告书写要求

实验报告的书写要求:

1. 实验报告的一般格式

课程名称			实验名称			
实验类型		实验学时		实验时间	成绩	

实验题目:

实验目的:

实验方法:

实验结果:

讨论与总结:

实验准备教师:　　　　　　实验代课教师:

2. 实验报告的书写要求　字迹清楚,工整。按格式要求逐一书写。

实验题目:一般将实验题目放在实验报告纸的第一行或第一行正中。

实验目的:字数不宜过多。一般用 1~2 句话阐明实验所要证实的论点或要研究的内容即可。

实验方法:应注明实验动物名称,麻醉方法。其余实验操作如实验仪器、实验药物或试剂、实验步骤与过程等,可简单描述。

实验结果:根据实验结果真实、完整地以图形、表格或文字方式表示出来。如因操作失误或实验动物发生意外未能完成所需观察的实验结果,应在实验报告中如实说明。

实验结果的显示有多种方法和形式,主要有以下几种:

(1) 波形法:波形法指实验中描记的波形或曲线(如呼吸、血压、肌肉收缩曲线)经过剪贴编辑,加上标注、说明,可直接贴在实验报告上,以显示实验结果。图形法较为直观清楚,能够客观地反映实验结果。

(2) 表格法:对于计量或计数性资料可以用列表的方式显示。对于原始图形的测量结果也可用表格法显示。表格法反映实验结果清晰明确,便于比较,同时可以显示初步统计分析的结果。

(3) 简图法:将实验结果用柱图、饼图、折线图或逻辑流程图等方式表示。所表示的内容可以是原始结果,可以是经分析、统计或转换的数据。简图法可比表格法更直观地显示实验结果。

(4) 描述法:对于不便用图形及表格显示的结果,也可用语言描述。但要注意语言的精炼和层次,注意使用规范的名词和概念。

讨论与结论:讨论应结合实验结果进行,宜简明扼要。主要是分析解释所观察到的实验结果和现象,如为预期结果,应结合理论知识进行其作用、作用机制的阐明。如果在实验过程中出现非预期的结果,应考虑并分析其可能发生的原因,写入实验报告中,请指导教师评阅。在对实验透彻分析的基础上,应当对该实验项目所涉及的概念、原理或理论做出简要小结,并紧扣实验内容得出结论。对实验中未能得到充分证实的理论分析,不应当写入结论之中。

结论放在实验讨论后,作为结尾完成。结论应以实验结果为依据,在讨论的基础上概况、总结具有代表性的实验结果的论点或推论。

第三节 实验室守则

1. 实验室是开展教学实验和科学研究的场所,学生进入实验室必须严格遵守实验室各项规章制度和操作规程,注意安全。

2. 保持实验室内的整洁、安静,不得迟到早退,严禁喧哗、接打手机、吸烟、吃零食和随地吐痰。如有违反,指导教师有权停止其实验。

3. 实验前必须认真预习和听取老师讲解,明确实验目的、步骤和方法,经老师同意后才能进行实验。

4. 参加实验者应先熟悉实验仪器和设备的性能及使用要点,然后动手使用。一旦发现仪器和设备故障或损坏,应立即向指导教师报告,以便能及时维修或更换,千万不可擅自拆修或调换。仪器和设备不慎损坏时,应及时向指导教师汇报情况,按章折价赔偿。同时应写出书面检讨,根据情节轻重考虑是否还要进一步给予处分。

5. 实验时认真观察,严格遵守操作规程,如实记录各种实验数据,养成独立思考习惯,努力提高自己分析问题和实际动手的能力。

6. 爱护实验仪器,节约水、电、材料。实验中如发生或发现异常情况,应及时向指导教师报告。发生责任事故应按有关规定进行赔偿处理。

7. 各实验小组的实验仪器和器材各自保管使用,不得随意与他组调换挪用;如需补发增添时,应向指导教师申报理由,经同意后方能补领。每次实验后应认真清点实验器材用品。

8. 爱护实验动物,实验后动物及标本要按规定处置。在实验中如被动物抓伤、咬伤,应立刻报告指导老师,进行妥善处理。

9. 实验结束后,学生应自觉整理好实验仪器设备,做好各种器械清洗及实验室清洁工作,经指导教师或实验技术人员检查后方可离开实验室。

10. 本守则由指导教师和参加实验的人员共同监督,严格执行。

第二章　实验常用仪器和器械

第一节　常用仪器的认识和使用

一、BL-420 生物机能实验系统

实验手段和设备的不断更新,促进了机能学实验改革与研究的发展。计算机是一种现代化、高科技的自动信息分析、处理设备。利用计算机采集、处理生物信息,让计算机进入机能学实验室已成为必然趋势。在介绍 BL-420 生物机能实验系统之前,我们先简要介绍计算机在机能学实验中的应用。

计算机应用的一般过程:通常人们把电子的、机械的以及磁性的各种部件所组成的计算机实体称为“硬件”,如输入设备、中央处理器(CPU)、内存储器、外存储器、输出设备等。而把指挥计算机工作的各种程序和数据称为“软件”。

在实际使用时,首先从输入设备键盘、鼠标、磁盘将程序及数据送入内存,再输入让程序运行的命令,这时中央处理器就按照内存中程序的安排,从中取出数据到运算器内进行运算、处理,并将结果送回内存中保存。同时将运行的结果按照要求通过输出设备显示、打印出来,也可以送到磁盘上储存起来。由此可见,计算机是按照人们的要求来完成程序规定的任务。

生物信息的采集、处理过程:计算机采集、处理生物信息的一般过程如图 2-1-1 所示。

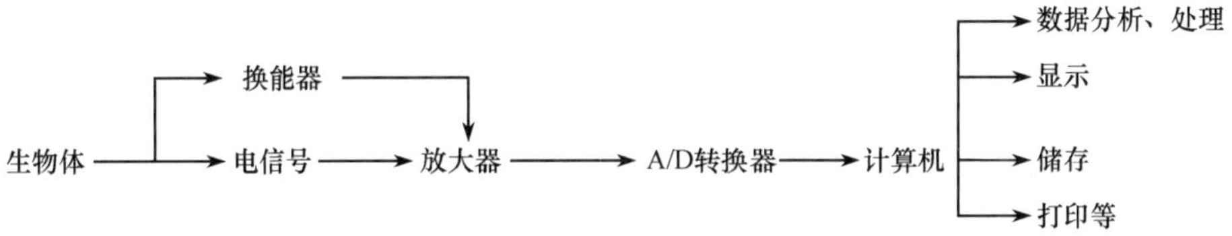

图 2-1-1　计算机采集、处理生物信息的一般过程

生物体产生的信息形式多种多样,通常除生物电可直接送入放大器外,其他的生物信息必须经过换能器换能,将这些信息转换成电信号,才能送入放大器。信号经生物放大器放大、滤波器滤波处理后,计算机按一定的时间间隔对连续的生物信号由 A/D 转换器进行采样收集,即将模拟信号(analog signal)转换成计算机能接受的数字信号(digital signal)。而 A/D 转换所需时间,决定系统最高采样速率。经计算机处理后这些离散数字序列,由显示器显示并连接成线。这就是我们观察到的生物信号。这些信号可以通过磁盘储存、打印,同时也可以对这些信号进行处理。

BL-420 生物机能实验系统是一种智能化的四通道生物信号采集、显示及数据处理系统。它具有记录仪+示波器+放大器+刺激器+心电图仪等传统的机能实验常用仪器的全部功能,并且具有传统仪器所无法实现的数据分析功能。该系统以中文操作系统 Windows XP 为基础,实现全图形化界面的鼠标操作。此外,它还具有自动分析、参数预置、操作提示等功能。

(一) BL-420 生物机能实验系统功能特点

1. 采用 12 位 A/D 转换器,最高采样速率可达 100kHz。

2. 四通道高增益(2~50 000 倍),低噪声,程控的生物电放大器。各通道扫描速度分别可调。

3. 程控电刺激器,包括电压输出(0~100 V,步长最小达 5mV)和电流输出(0~10mA,步长最小达 1μA)两种模式。

4. 程控全导联心电选择。

5. 以中文 Windows XP 为软件平台,全中文图形化操作界面。

6. 网络控制功能,可实现教师与学生在计算机上直接对话。

7. 以生理实验为基础,预设置了 9 个系统共 55 个实验模块。

8. 独特的双视显示功能,可实现实时实验生物波形与实验记录波形同时对比观察的功能。

9. 数据分析功能,可实时地对原始生物信号以及储存在磁盘上的反演信号进行积分、微分、频谱、频率直方等运算、分析;并同步显示该处理后的图形。

10. 测量功能对信号进行实时测量、光标测量、两点测量以及区间测量,可测量出多项生物指标,如:最大、最小以及平均值,信号的频率、面积、变化率以及持续时间等,且可将测量结果数据或原始数据导出到 Excel 或 ht 文件中。

11. 数据反演功能,在反演数据过程中,可用鼠标拖动数据查找滚动条进行快速查找;并可对反演信号进行数据、图形剪辑。

12. 有打印单、多通道的实验数据功能;在打印时,还可进行图形比例压缩,确定打印位置。

(二) BL-420 生物机能实验系统使用指南

为尽快掌握 BL-420 生物机能系统,使我们的实验能顺利完成,首先需要熟悉 BL-420 生物机能实验系统的软件——BL-NewCentury. exe 的操作主界面,熟悉主界面上各个部分的用途、功能,为以后实验操作做好准备。下面将介绍 BL-NewCentury 软件主界面上各个部分的功能。

1. 主界面　其主界面如图 2-1-2 所示。

主界面从上到下依次主要分为:标题条、菜单条、工具条、波形显示窗口、数据滚动条及反演按钮区、状态条等 6 个部分;从左到右主要分为:标尺调节区、波形显示窗口和分时复用区三个部分。波形显示窗口可以通过鼠标拖动左、右视分隔条,

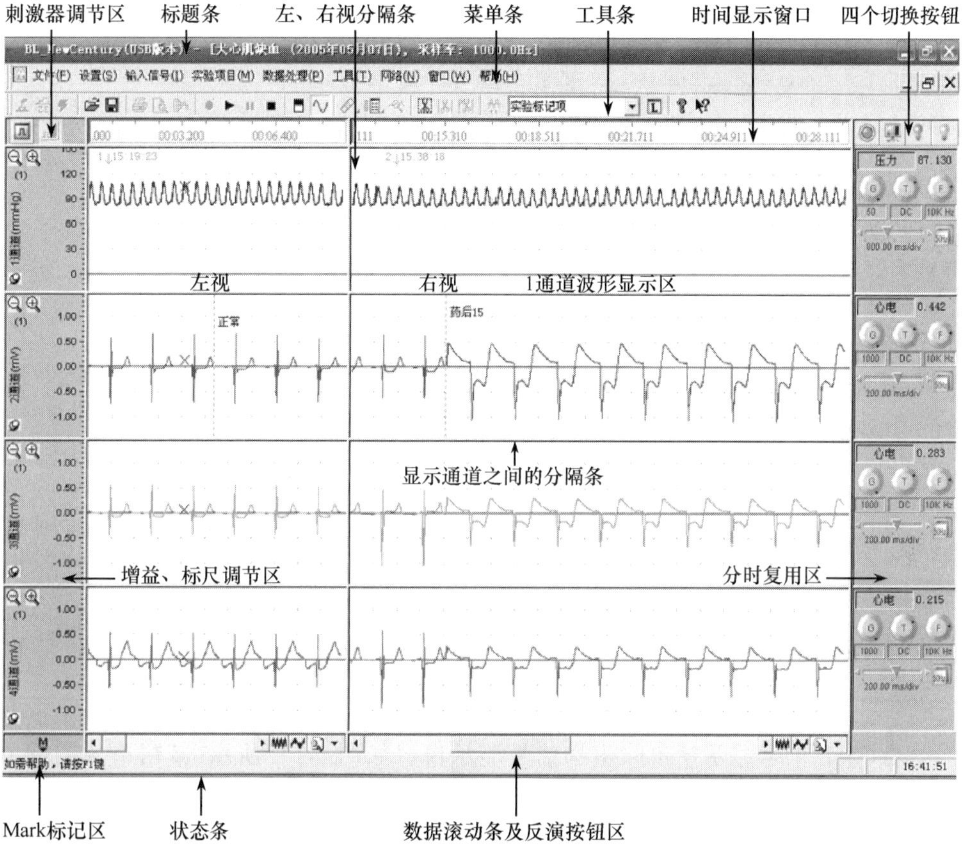

图 2-1-2　BL-NewCentury.exe 的操作主界面

同时显示反演波形和实时观察的生物波形(左视显示实时记录下来的生物波形,右视显示实时的生物波形)。在标尺调节区的上方是刺激器调节区,其下方则是 Mark 标志区。分时复用区包括:控制参数调节区、显示参数调节区、通用信息显示区和专用信息显示区四个分区,它们分时占用屏幕右边相同的一块显示区域,可以通过分时复用区顶端的 4 个切换按钮在这 4 个不同用途的区域之间进行切换。分时复用区的下方是特殊实验标记选择区。各部分功能详见表 2-1-1。

表 2-1-1　BL-420 软件主界面上各部分功能清单

名称	功能	备注
刺激器调节区	调节刺激器参数及启动、停止刺激	包括两个按钮
标题条	显示软件名称及实验标题等相关信息	
菜单条	显示软件中所有的顶层菜单项,您可以选择其中的某一菜单项以弹出其子菜单。最底层的菜单项代表一条命令	菜单条中一共有 9 个顶层菜单项
工具条	一些最常用命令的图形表示集合,它们使常用命令的使用变得方便与直观	其中包含有下拉式按钮

续表

名称	功能	备注
左、右视分隔条	用于分隔和调节左、右视大小	左、右视面积之和相等
时间显示窗口	显示记录数据的时间	数据记录和反演时显示
四个切换按钮	用于在四个分时复用区中进行切换	
增益、标尺调节区	在实时实验过程中调节硬件增益，选择标尺单位及调节标尺基线位置	
波形显示窗口	显示生物信号的原始波形或处理后的波形，每一个显示窗口对应一个实验采样通道	
显示通道之间的分隔条	用于分隔不同的波形显示通道，也是调节波形显示通道高度的调节器	4个显示通道的面积之和相等
分时复用区	包含硬件参数调节区、显示参数调节区、通用信息区以及专用信息区四个分时复用区域	这些区域占据屏幕右边相同的区域
Mark 标记区	用于存放 Mark 标记和选择 Mark 标记	Mark 标记在光标测量时使用
状态条	显示当前系统命令的执行状态或一些提示信息	
数据滚动条及反演按钮区	用于实时实验和反演时快速数据查找和定位，同时调节四个通道的扫描速度	实时实验中显示简单刺激器调节参数

2. 生物信号显示窗口　生物信号显示窗口如图 2-1-2 所示，其窗口说明详见表 2-1-2。

表 2-1-2　生物信号波形显示窗口各部分功能一览表

名称	功能	备注
标尺基线	生物信号的参考零点，其上为正，其下为负	
波形显示	显示采集到的生物信号波形或处理后的结果波形	参见图 2-1-3
背景标尺点	波形幅度大小和时间长短的参考刻度线或点	其类型和颜色可选

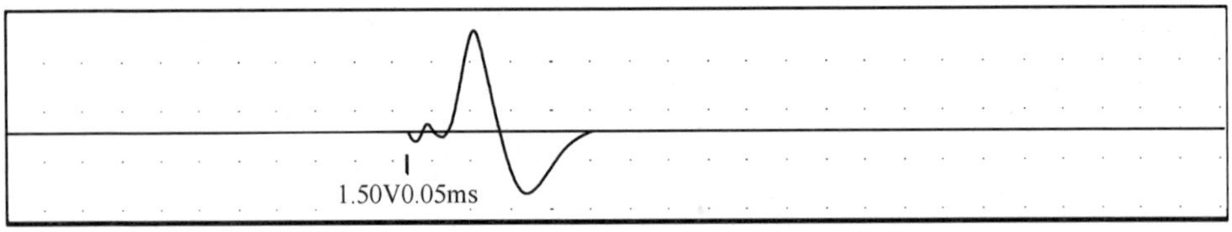

图 2-1-3　生物信号显示窗口

3. 工具条　工具条如下图 2-1-4 所示。

图 2-1-4　工具条

工具条和命令菜单的含义相似，它是一些命令的集合。工具条上的每一个按钮对应一条命令。当工具条按钮以灰色效果出现时，表明该工具条按钮当前不可使用。部分工具条命令的详细说明见表 2-1-3。

表 2-1-3 工具条各按钮功能

图标	名称	功能说明
	系统复位命令	该命令可以使调混乱的系统恢复到初始状态
	零速采样命令	该命令可实现零扫描速度下的数据采样功能。所谓零速采样是指在扫描速度为零的情况下，仍然进行数据采样，并且将最新采样的数据显示在信息显示窗口内，此时，我们可以观察到最新数据的变化规律，但是整个波形并不向前移动。零速采样功能适用于变化非常缓慢的生物信号。在零速采样的情况下，数据不能记录、存盘
	反演数据读取	执行此命令，可以调出以前实验存储在计算机内的原始数据，重现原始的实验波形
	另存为命令	该功能可以将正在反演的文件另外起一个名字进行存储，或者将该文件存储到另外的位置
	打印命令	选择该命令，会弹出“定制打印”对话框，根据实验和打印效果的需要，选择对话框内的功能
	打印预览	预览显示所打印的图形 执行“打印”和该命令时需注意，当在进行数据反演或实验观察时，需要将通道窗口激活。激活方法：在任何一个数据显示窗口鼠标左健单击即可
	打开上一次实验设置	在需要重复上一次的相同实验而不想进行繁琐的设置时，选择该命令，计算机将自动把实验参数设置成与上一次实验时完全相同，并且自动启动数据采集与波形显示
	记录存盘命令	当激活该命令中心圆标变为凹下时，表示记录存盘状态；恢复时系统处于观察状态而不进行记录存盘
	启动扫描显示	该命令将启动数据采集，并将采集到的实验数据显示在计算机屏幕上；如果数据采集处于暂停状态，选择该命令，将继续启动波形显示
	暂停图形扫描	该命令将暂停数据采集和波形扫描显示
	结束实验命令	该命令将结束本次实验，退出记录、观察状态
	背景颜色切换	通过该命令，显示通道的背景颜色将在黑色和白色这两种常见的颜色中进行切换
	隐、显标尺格线	通过该命令，可以显示或隐藏背景的标尺格线
	添加标记命令	在实验过程中，单击该命令时，会在波形显示窗口的顶部添加一个实验标记，标记的编号数值从 1 开始顺序进行
	两点测量命令	它与“数据处理”菜单中的“两点测量”命令功能相同
	区间测量	它与“数据处理”菜单中的“区间测量”命令功能相同
	通用标记时间显示开关	这是一个双态命令，当它处于按下状态时，在添加的通用标记的同时，标记符号的旁边将显示此刻的绝对时间；当它处于弹起状态时，表示在添加的通用标记时，不显示时间

续表

图标	名称	功能说明
	特殊实验标记时间显示开关	这是一个双态命令,当它处于按下状态时,在添加的特殊实验标记的同时,下边将显示添加特殊实验标记时刻的绝对时间;当它处于弹起状态时,表示在添加特殊实验标记时,不显示当前时间
	及时帮助按钮	当选择该按钮后,鼠标指针变成一个带问号的箭头,此时用鼠标指向屏幕的不同部分,按下鼠标左键,将弹出关于指定部分的帮助信息

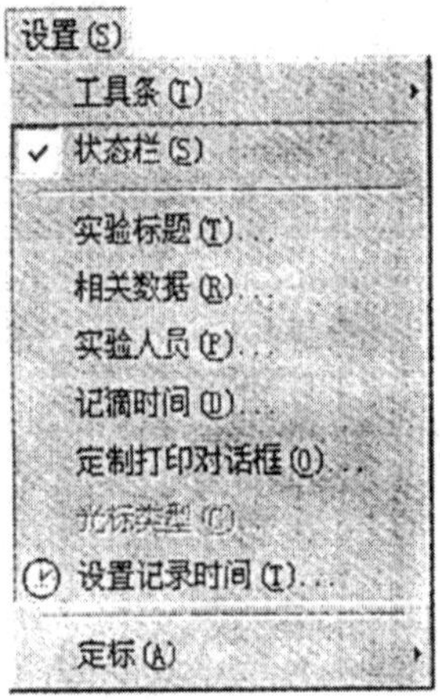

图 2-1-5 “设置”菜单条

4. 两个典型顶级菜单项

(1)“文件”菜单项:文件菜单中包含有打开、另存为、打开配置、保存配置、打开上一次实验配置、高效记录方式、删除文件、打印、打印预览、打印设置、最近文件和退出等 12 个命令。各命令功能参阅工具条相同命令。

(2)“设置”菜单条(图 2-1-5)

1) 工具条:该子菜单内包含两个子命令:标准工具条和定制。标准工具条是一个开关命令,用于打开和关闭该软件的标准工具条。定制菜单命令的作用是自定义该软件的菜单命令。

2) 状态栏:该命令用于打开和关闭此软件窗口底部显示信息的状态栏。

3) 实验标题:可以通过该命令来改变实验题目,还可以为同一个实验设置第二个实验标题。

4) 相关数据:可以通过该命令来设置一些与本实验相关的数据,如动物名称、体重、麻醉剂量等。

5) 实验人员名单编辑:该功能可以输入参加实验的人员名单和组号,并通过计算机打印在实验结果上。

6) 记滴时间选择:它用于选择统计记滴的单位时间,即每次在您选定的时间内统计尿滴数。

7) 定制打印对话框:其说明与“工具条”中的“打印”命令相同。

8) 光标类型:光标类型是指单点测量时依附;每个通道波形曲线上的测量光标,有 6 种光标类型供选择。

9) 设置记录时间:该命令是设置计算机自动记录存盘时间。

10) 定标:给该软件系统定出标准参考值(方法略)。

5. 分时显示复用区　分时显示复用区如图 2-1-6 所示。

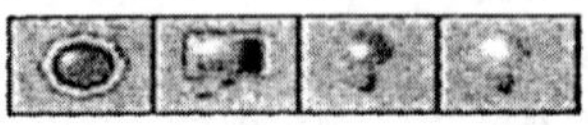

图 2-1-6 分时显示复用区

在 BL-NewCentury 软件主界面的最右边是一个分时显示复用区。在该区域内包含有 4 个不同的分时显示复用区域:控制参数调节区 (调节增益滤波、扫描速度等)、显示参数调节

区(调节显示区内信号、背景等的颜色)、通用信息显示区和专用信息显示区,它们通过分时显示复用区域顶部的切换按钮进行切换。通用信息显示区显示的测量类型是相同的,测量的参数包括:当前值、时间、心率、最大值、最小值、平均值、峰值、面积、最大上升速率(d_{max}/t)和最大下降速率(d_{min}/t)等。专用信息显示区用于某些实验模块专用的数据测量结果,比如血流动力学实验、心肌细胞动作电位等。

6. 滚动条　滚动条如图 2-1-7 所示。

图 2-1-7　滚动条

在实验过程中,如果要观察此次实验已记录存盘的波形,但又不能停止当前实验,可以通过左视的滚动条寻找这个波形,并通过左视的通道显示窗口观察这个波形(这个波形必须是已记录存盘)。具体的操作方法是:首先用鼠标拖动左、右视分隔条将左视打开,然后拖动左视下部的滚动条进行波形寻找;在拖动滚动条的同时,对应于当前滚动条位置的波形将显示在通道显示窗口内,继续拖动滚动条直到找到想观察的波形为止。注意,此时实验并没有停止,照样可以通过右视观察实时出现的生物波形,并且数据记录也照样进行。

在反演状态,通过滚动条的拖动,可以方便地察看任何指定时间的实验波形。并且可以在左、右视进行对比显示,比如对比显示加药前后变化波形等。

滚动条的最右边包括 3 个按钮,分别是"波形压缩"、"波形扩展"和"波形查找"按钮。其中,"波形压缩"和"波形扩展"按钮用于同时压缩或扩展所有通道的波形;"波形查找"按钮是一个菜单按钮,当用鼠标按住这个按钮不放时,会弹出一个下拉式菜单,包括"按时间查找"、"按通用标记查找"和"按特殊标记查找"三个命令,便于对实验波形的特殊点进行定位。

(三) BL-420 生物机能实验系统操作步骤

1. 开机　当计算机各接口连线连接完毕后,才能开机。

2. 启动软件　待计算机进入到"Windows 2000"界面后,用鼠标双击桌面上的"BL-420 生物机能实验系统"快捷图标(或将 BL-420 生物机能实验系统软件的快捷方式添加到"启动"菜单中,则当 Windows 2000 系统启动时会自动启动该软件),显示器显示 BL-420 生物机能实验系统的主界面。

3. 开始实验的方法

(1) 如要做的实验内容在"实验项目"菜单项内已有的,则鼠标单击菜单条的"实验项目"菜单项(图 2-1-8),弹出下拉式菜单图,移动鼠标,选定实验系统及内容后,用鼠标左键单击该项,系统自动设置该实验的基本参数(包括通道、采样率、系统放大倍数等),并启动实验。如果在进入某实验模块时出现有参数调节对话框，则调节相关参数，然后按“确定”按钮即可。

在 BL-420 系统中共预置了九大类共 55 个实验模块，涵盖了生理、药理和病理生理学的绝大部分实验内容，操作方法简单，特别适合于学生实验。

(2) 如要做的实验在“实验项目”菜单项内没有，则鼠标单击菜单条的“输入信号”菜单项(图 2-1-9)，弹出下拉式菜单，移动鼠标，在相应的实验通道中选择输入信号类型。如需选多通道输入，则重复以上步骤。各通道参数则根据选择的实验内容自己设置完成。选择好各个通道的信号后，使用鼠标单击工具条上的“启动实验”命令，开始实验。实验过程中，如需对该实验设置的各项参数进行保留，只需选择“文件”→“保存配置”命令项，在弹出的“另存为”对话框中，输入配置文件名，下一次即可使用“文件”→“保存配置”命令，打开原来保存的配置文件，则系统自动按配置文件的内容设置参数并启动实验。

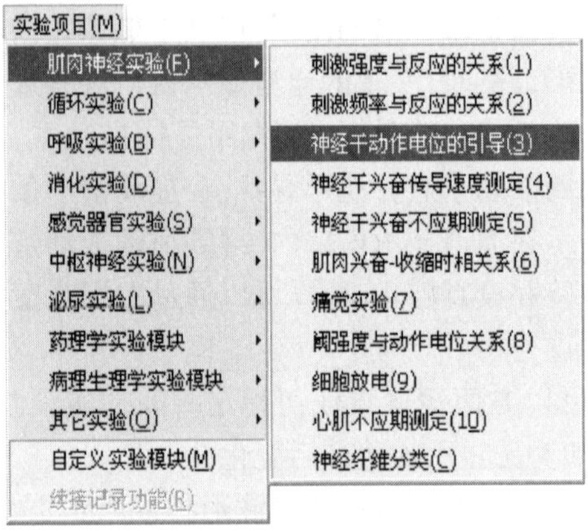

图 2-1-8 “实验项目”菜单项

图 2-1-9 “输入信号”菜单项

在实验过程中，如要以全屏方式显示某通道信号，只需用鼠标双击该通道任一部位，即完成单通道的全屏显示。同时也可以通过拖动各通道之间的分隔条任意调节各通道显示区的大小。如要恢复原通道显示大小，用鼠标双击显示区的任一部位即可。

4. 参数调节　根据被观察信号大小及波形特点，调节各通道增益、时间常数、滤波以及扫描速度(图 2-1-10)。

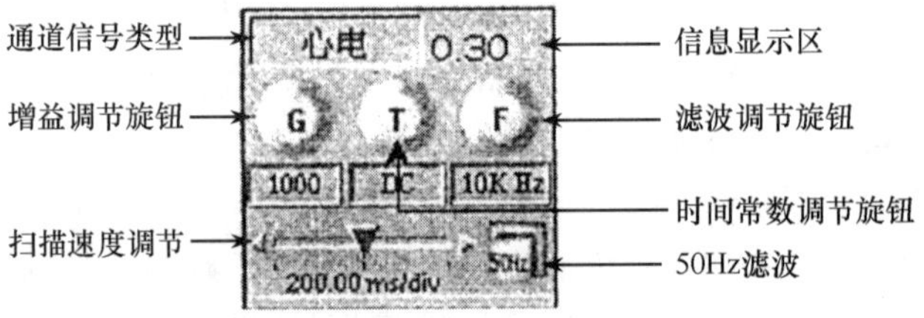

图 2-1-10 参数调节

(1) 增益调节：增益即是指放大器的放大倍数。BL-NewCentury 软件显示区最右边为一个分时复用区，其中的控制参数调节区包含有增益调节旋钮。每一个通道均有一个增益调节旋钮，用于实现调节增益的大小。

(2) 时间常数、滤波：滤波和时间常数通称为滤波，生物机能实验系统中的滤波是指高频滤波(低通滤波)。它的作用是衰减生物信号中带入的高频噪声，而让低频信号通过。时间常数是指低频滤波(高通滤波)，它的作用是衰减生物信号中所带入的低频噪声，而让高频信号通过。50Hz 滤波是专指对电网听带来 50Hz 的干扰进行的滤波。通过上述参数的调节，选择一个较好的通频带，是我们实验成功的基本条件。生物信号的类型不同，以及实验条件不同，所选择的通频带也不相同。

(3) 扫描速度调节：扫描速度调节的功能是改变通道显示波形的扫描速度。如果要改变哪个通道的扫描速度，需将鼠标指示器指在该通道的扫描速度调节器的绿色向下三角形上，按下鼠标左键，然后用鼠标左右拖动这个绿色的三角形即可。当向右移动绿色三角形时，扫描速度将增大；反之则减小。另外，如果在绿色三角形的右边单击鼠标左键，扫描速度将增加一档，在绿色三角形的左边单击鼠标左键，扫描速度将减小一档。

5. 定标　定标是为了确定引入传感器的生物非电信号和该信号通过传感器后转换得到的电压信号之间的一个比值。通过该比值，可以计算传感器引入的生物非电信号的真实大小。比如，为了测定血压，用标准水银血压计作为压力标准对血压传感器进行定标，假设从标准水银血压计读出的值为 100mmHg(13.3kPa)，通过血压传感器的转换从生物机能实验系统读出的值为 10mv，那么这个比值就是 100 mmHg/10mV = 10 mmHg/mV(1.33 kPa /mV)。有了这个比值，以后可以方便的根据从传感器得到的电压值计算实际血压值了。

为了对生物非电信号进行定量分析，必须在分析前对所使用的传感器进行定标。

6. 记录存盘　通过调节以上实验参数，当显示的实验图形达到要求后，用鼠标单击工具条上的“”记录按钮，此时，记录按钮将呈现为按下的状态，计算机开始记录存盘。

7. 测量数据结果显示　在实验过程中，要不断观察生物信号测量的数据。这时只需用鼠标单击分时复用区“”或“”按钮。通用信息显示区显示各个通道信号的通用测量值，如频率、最大值、最小值、平均值等。专用信号测量则针对一些特殊的实验模块。

8. 暂停观察　如要仔细观察正在显示的某段图形，鼠标单击工具条上暂停按钮“”，此时该段图形将被冻结在屏幕上。如需继续观察扫描图形，鼠标单击启动按钮“”即可。

9. 刺激器的使用　刺激器的参数调节按钮在主界面左边标尺调节区的上方。

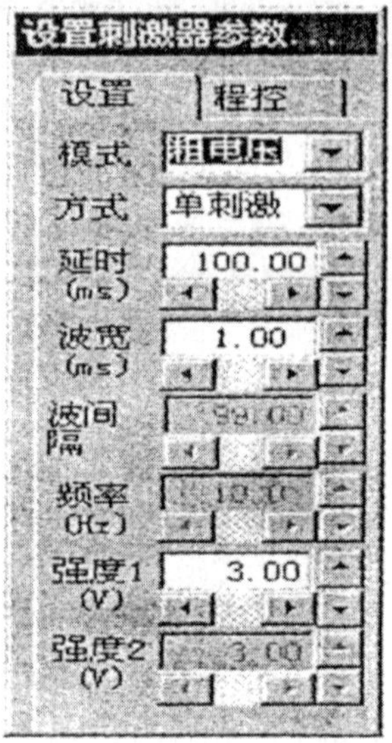

图 2-1-11 “设置刺激器参数”对话框

需要调节刺激器时，用鼠标单击“ ”按钮，此时将弹出设置刺激器参数对话框（图 2-1-11）。可以根据实验需要调节各项参数，包括刺激方式、波宽、幅度等。某项参数右边的两个上、下箭头表示对参数粗调，下边两个箭头表示对参数细调。当需要给标本刺激时，使用鼠标单击刺激参数调节区中的启动刺激按钮“ ”。如果选择的刺激方式为连续刺激方式，那么启动刺激后该按钮变为凹下状态“ ”。如果停止连续刺激，则使用鼠标再次单击该按钮即可。

10. 实验标记　在实验过程中对发生的事件应做标记（如用药、刺激等），它是实验后分析数据时对该事件的标志。该系统中刺激标记有两种方式。一种是特殊实验标记，在显示区的右下方，标记内容必须是实验模块本身预先设置的或自编辑的文字。当用鼠标在特殊实验标记标记列表框中选定标记内容后，移动鼠标到显示区任意位置，单击鼠标左键即可在通道显示窗口中添加特殊实验标记。另一种标记是通用实验标记，其标注按钮在工具条上，当需要标记时，点击工具条上的“ ”按钮，此时在每个显示通道的顶部将自动生成一个数字标记。该数字标记与波形一起移动，通过标记从 1 开始按顺序进行编号，并且不可人为改变。通过标记只有在实时实验过程中才能起作用。

11. 心电记录

（1）BL-420 心电记录：BL-420 采用了两种心电记录方式，分别为单导联和全导联心电记录。

1）单导联心电记录：在实验中如果只需记录一个导联的心电，可选用该方式。使用普通信号输入线即可引导动物的标准Ⅰ、Ⅱ和Ⅲ导联。比如，引导动物标准Ⅱ导联心电的廉洁方法：用银针分别插入到动物的右前肢、左后肢和右后肢，引导电极上的白色鳄鱼夹与右前肢上银针相连，红色鳄鱼夹与左后肢银针相连，而黑色鳄鱼夹与右后肢银针相连即可。单导联心电记录方式灵活，只占用一个通道，可以和其他通道内显示的血压、呼吸等信号一同观察，而且抗干扰能力较强。

2）全导联心电记录：如果需要同时记录 4 个导联的心电，选用该方式。全导联心电的连接方法如下：一通道—右前肢、二通道—左前肢、三通道—左后肢、四通道—胸导联、接地线—右后肢。计算机内部对这些独立通道的心电信号将自动合成，4 个通道显示不同导联的心电，各通道所显示的心电导联可以通过对话框自行调节。如果不需要记录胸导联心电，则不必连接四通道输入信号。

（2）BL-310 的心电记录：只需将专用的心电导联连线插入相对应的心电输入插口，按心电导联连接方法将连线连接在各肢体上，心电将固定在一通道上显示。

所显示的导联可通过心电参数调节框自行调节决定。

12. 结束实验　当实验结束时，用鼠标单击工具条上的停止实验按钮“”。此时会弹出一个另存为对话框，提示操作者给刚才记录的实验数据输入文件名（文件名自定义）。否则，计算机将以“temp. dat”作为该实验数据的文件名，并覆盖前一次相同文件名的数据。当单击“确定”按钮后，另存为对话框消失。以后可以调出本次实验图形数据进行反演（中文输入：用键盘组合键 Ctrl+Shift 键选择合适的中文输入法进行中文文件名输入）。

13. 实验组号及实验人员名输入　如果需要在实验结果上打印实验组号及实验人员名时，则要进行编辑输入。方法：鼠标单击菜单条上“设置”菜单项，弹出菜单，选择“实验人员”项单击，屏幕上将显示“实验组及组员名单输入”对话框，用键盘输入实验组号和实验人员名单，按“确认”按钮完成编辑。

14. 实验数据反演技图形剪辑　使用鼠标左键单击工具条上的打开命令按钮“”，将弹出“打开”对话框。在对话框中的文件名列表框中选择所要反演的文件，然后按“确定”按钮，即打开该数据文件。

对于反演的实验波形，可以通过标尺调节区中的放大、缩小按钮调整波形的大小，也可通过滚动条右边的波形压缩和波形扩展两个功能按钮调整波形的扫描速度，然后通过拖动滚动条来查找所需研究的那一段实验波形。

进行图形剪辑时，使用鼠标单击工具条上的图形剪辑按钮“”，移动鼠标选定图形剪辑的左上角，然后按下鼠标左键不放，向右下方拖动鼠标。此时，屏幕上将出现一个反色显示的矩形框，框内图形就是将要剪辑的图形。选定图形后，放开鼠标左键，系统将自动转入到图形剪辑窗口中。刚才剪辑下来的图形被放在图形剪辑窗口的左上角，同时该选择信号端的测量数据将自动显示在剪辑图形的下方。此时，还可以通过鼠标在图形剪辑窗口中随意拖动图形。使用鼠标单击图形剪辑窗口右边工具栏的退出按钮，将退出图形剪辑窗口返回到系统主界面中。重复以上步骤，可以剪辑多幅图形到图形剪辑窗口中，然后，可以在图形剪辑窗口中编辑或打印该剪辑图形。

15. 数据测量

（1）区间测量：该命令用于测量当前通道图形的任意一段波形的频率、最大值、最小值、平均值以及面积等参数。方法：鼠标单击工具条上的区间测量按钮“”，此时，图形暂停扫描，通道内出现一垂直线条，线条随鼠标移动而移动，单击鼠标左键以确定要测量图形的始端；同时第二条垂直线出现，用相同方法确定终端；在被测量图形段内出现一条水平直线，用鼠标上下移动该直线，选定频率计数的基线（如果测量的信号为心电信号，那么选择的水平计数线将不起作用）；单击鼠标左键确定此次测量。这时所有被测量的参数自动显示在该通道的通用信息显示区内。如果使用工具条上的打开 Excel 命令按钮打开 Excel，那么本次区间测量的数据将自动进入到 Excel 表格中。单击鼠标右键结束本次区间测量。

(2) 光标测量：无论在实时显示还是在数据反演状态下，当时暂停按钮使波形扫描处于暂停时，在每个通道的波形上均附有一个光标。该光标随着鼠标的移动而左右移动，但始终附着在波形曲线上。光标位置的波形幅度显示在控制参数调节区的右上角或通用信息显示区中的“当前值”栏目中。

(3) 带 Mark 标记的光标测量：Mark 标记“”是用于加强光标测量的一个标记，该标记单独存在没有意义，它只有与测量光标配合才能完成简单的两点测量功能。测量光标是用来测量波形曲线上任意一点的当前值。如果测量光标与 Mark 标记配合，那么当测量光标移动时，它将测量 Mark 标记和测量光标之间的波形幅度差值和时间差值（测量结果前面加有一个△标记，表示显示的数值是一个差值）。测量方法：将鼠标移动到 Mark 标记区，Mark 标记区中的 M 字母将从蓝色变为红色，此时，按下鼠标左键，鼠标光标由箭头变为箭头上方加有一个“M”的图标，然后拖动鼠标进行 Mark 标记。将 Mark 标记拖放到任何一个有波形显示的通道显示窗口的波形测量点上方，松开鼠标左键，这时，M 字母将自动落到对应这点 x 坐标的波形曲线上。

(4) 微分：如果需了解波形的变化率，则要进行波形的微分处理。选择“数据处理”项，弹出下拉式菜单，选定“微分”项，鼠标左键单击确定，此时将显示“微分参数设置”对话框。它将要求操作者选定所要微分波形的通道以及微分图形所要显示的通道，并且要求选择微分时间（一般来讲，微分时间越短越好）和微分波形的放大倍数。可以用鼠标单击对话框中的调节按钮来调节微分参数。参数调节完毕后，用鼠标左键单击“确定”按钮，此时微分波形将开始显示。对于血流动力学实验中的左心室内压波形，通常需要观察它的微分图形。

16. 打印　当在实时实验或数据反演过程中，如果认为有需要打印的图形，可以用鼠标单击工具条上的“打印”命令。此时，将弹出“定制打印”对话框（图 2-1-12），选择打印比例、打印通道，然后按“确定”，即可打印出一幅带有实验数据的图形。

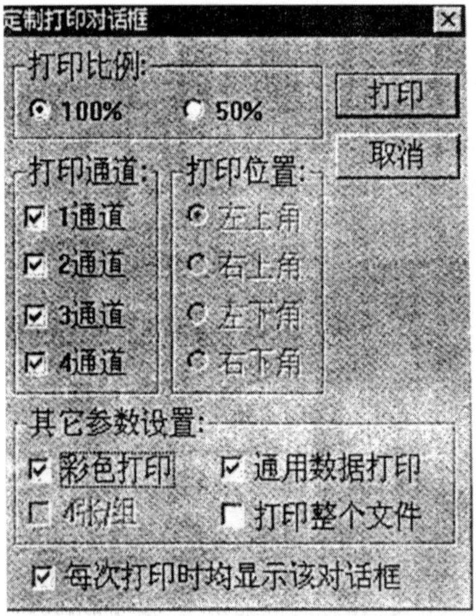

图 2-1-12　“定制打印”对话框

（四）注意事项

1. 在开机状态下，切忌插入或拔出计算机各插口连线。

2. 对于经过换能器的生物非电信号，如血压、张力等，为了获得准确的定量分析数值，首先需要对使用的换能器进行定标操作。

3. 切忌液体滴入计算机及附属设备内。

4. 未经允许，不得随意改动计算机系统设置。

5. 未经许可严禁自带软盘上机操作。

二、常用换能器(传感器)

(一) 张力换能器

张力换能器又叫机械-电换能器,其外形如图 2-1-13 所示。其中悬梁臂由弹性较好的合金制成。在悬梁臂两侧贴有应变片,与来自换能器引线的电源构成惠斯登桥路。因此,当换能器悬梁臂被牵拉时,其两侧的应变片受牵拉一侧的挤压,从而一个阻值变小,一个阻值变大,改变了电桥的平衡状态,就会输出相应的电压,经其他仪器放大并记录出来。张力换能器分为不同的量程,其量程与悬梁臂的厚度有关。实验时应根据所测力的大小,选用适当量程的换能器。使用换能器时,将所需记录的机械运动通过细线等的传动连于悬梁臂上,并注意松紧适度,细线与悬梁臂平面垂直。

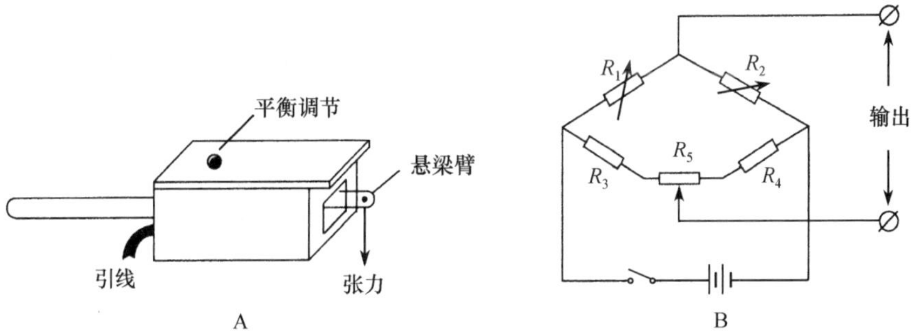

图 2-1-13　张力换能器及线路原理

A. 张力换能器;B. 线路原理

(二) 压力换能器

压力换能器用于将血压等液体压力信号转换为电信号,其外形如图 2-1-14A 所示。压力换能器的原理也是惠斯登电桥,只是两组应变片贴于换能器内弹性扁管的两侧,如图 2-1-14B。

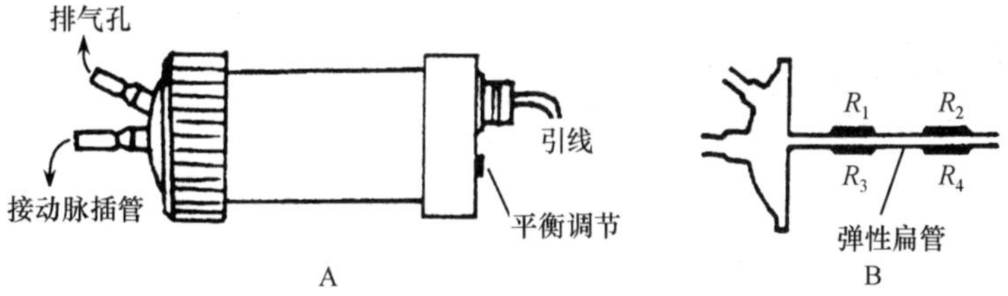

图 2-1-14　血压换能器及内部构造

A. 血压换能器;B. 内部构造

压力换能器在使用时应向其压力腔内充灌液体传动。具体使用方法:

1. 组装　将压力换能器引线与生理信号采集处理系统的接口相连。压力腔的两个出口之一通过橡皮管和三通与动脉相连，另一出口接一短橡皮管，并用夹子夹住。

2. 充灌　将换能器竖起，使排气口朝上。用注射器通过三通向换能器压力腔和动脉插管中充灌7%枸橼酸钠，排净系统中的所有气泡。然后用夹子夹住所有液体进出口，将换能器水平固定在与待测动物心脏同一水平面上。

3. 调零　对压力换能器调零时，要接通生理信号采集系统和计算机的电源，将三通管上的夹子打开，使液体传动系统与大气相通，调完后再接上。

（三）呼吸流量换能器

呼吸流量换能器由压差阀、压差换能器、放大器组成，可用来测量动物和人的呼吸波和呼吸流量。使用时换能器可以直接与生理信号采集系统连接。

（四）脉搏换能器

脉搏换能器是一种小型、带脉压的压电式脉搏换能器。它能记录外周脉搏压力的变化，如测量脉搏率。这种换能器是无电源换能器，使用时将换能器绕在手指上即可测量。

三、S22PC 可见分光光度计

S22PC 分光光度计（图 2-1-15）是一种简洁易用的分光光度法通用仪器，测定波长范围 340～1000nm。

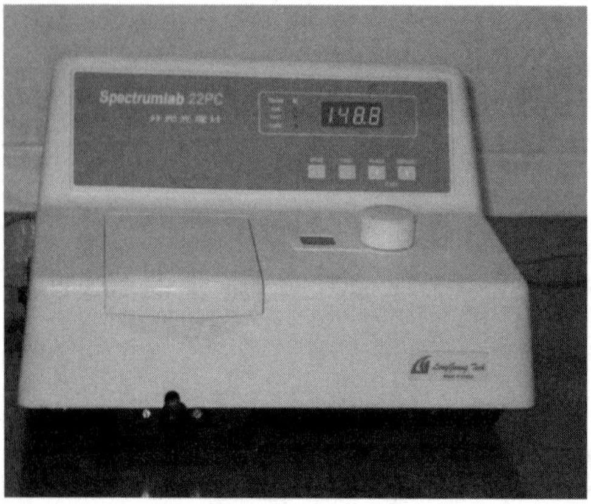

图 2-1-15　S22PC 可见分光光度计

（一）结构原理

S22PC 分光光度计由光源室、单色器、样品室、光电管暗盒、电子系统及数字显示器等部件组成，仪器的工作原理如图 2-1-16 所示。仪器内部光路系统如图 2-1-17 所示。从钨灯发出的连续辐射经滤色片选择聚光镜聚光后投向单色器进狭缝，此狭缝正好位于聚光镜及单色器内准直镜的焦平面上，因此进入单色器的复合光通过平面反射镜反射及准直镜变成平行光射向色散光栅。光栅将入射的复合光通过衍射作用形成按照一定顺序均匀排列的连续单色光谱，此时单色光谱重新返回到准直镜，然后通过聚光原理成像在出射狭缝上。出射狭缝选出指定带宽的单色光通过聚光镜落在试样室被测样品中心，样品吸收后透射的 光经光门射向光电管阴极面。根据光电效应原理，会产生一股微弱的光电流。此光电流经电流放大器放大，送到数字显示器，测出透光率或吸光度，或通过对数放大器实现对数转换，显示出被测样品的浓度 C 值。

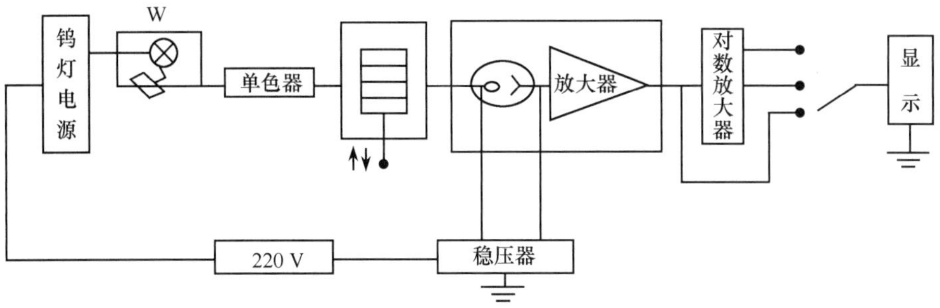

图 2-1-16 S22PC 分光光度计结构原理图

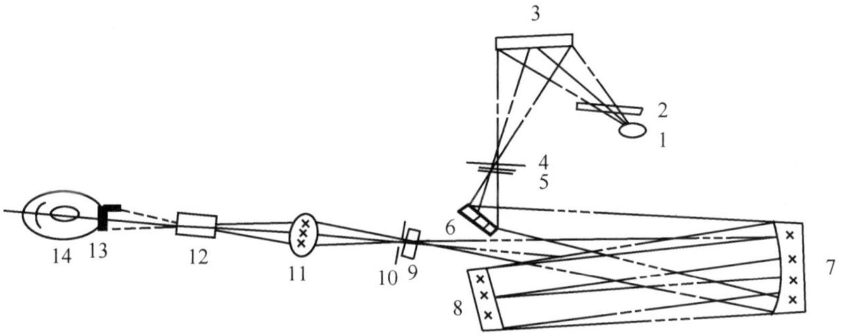

图 2-1-17 S22PC 分光光度计光学系统图

1. 钨灯;2. 滤色片;3. 聚光镜;4. 进狭缝;5. 保护玻璃;6. 反射镜;7. 准直镜;8. 光栅;
9. 保护玻璃;10. 出狭缝;11. 聚光镜;12. 样品;13. 光门;14. 光电管

仪器的外形及操作键见图 2-1-18。

(二) 操作使用

1. 预热 仪器开机后灯及电子部分需热平衡,故开机预热 30 分后才能进行测定工作,如紧急应用时请注意随时调 0,调 100%T。

2. 调零

目的:校正基本读数标尺两端(配合 100%T 调节),进入正确测试状态。

调整时机:开机预热 30 分后,改变测试波长时或测试一段时间,以及高精度测试前。

操作:打开试样盖(关闭光门)或用不透光材料在样品室中遮断光路,然后按“0%”键,即能自动调整零位。

3. 调整 100%T

目的:校正基本读数标尺两端(配合调零),进入正确测试状态。

调整时机:开机预热后,更换测试波长或测试一段时间后,以及作高精度测试前。(一般在调零前应加一次 100%T 调整以使仪器内部自动增益到位)。

操作:将用作背景的空白样品置入样品室光路中,盖下试样盖(同时打开光门)按下“100%T”键即能自动调整 100%T(一次有误差时可加按一次)。

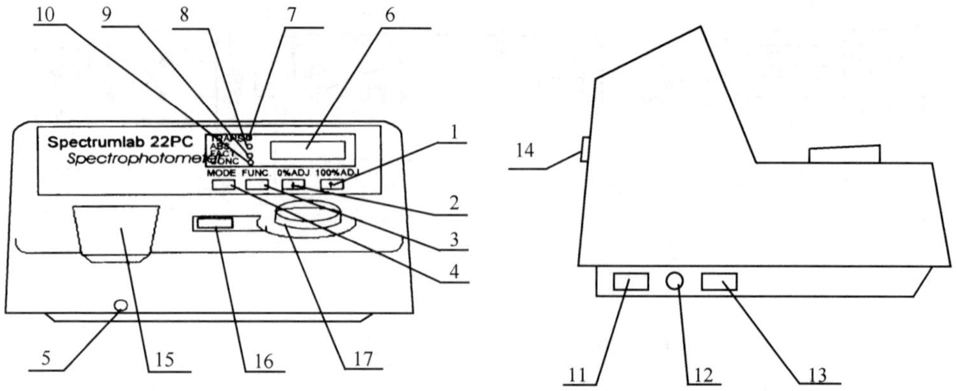

(1) 正面观　　(2) 侧面观

图 2-1-18　仪器的外形及操作键

1. ↑/100%T 键:在 TRANS 灯亮时用作自动调整 100%T(一次未到位可加按一次),

在 ABS 灯亮时可用作自动调整吸光度 0(一次未到位可加按一次)。

在 FACT 灯亮时用作增加浓度因子设定,点按点动,持续按 1 秒后,进入快速增加,再按 MODE 键后自动确认设定值。在 CONC 灯亮时,用作增加浓度直读设定,点按点动,持续 1 秒后进入快速增加设定。

2. ↓/0%T 键: 在 TRANS 灯亮时用作自动调 0%T(调整范围<10%T);

在 ABS 灯亮时不用,如按下则出现超载;

在 FACT 灯亮时用作减少浓度因子设定,操作方式同"↑"键;

在 CONC 灯亮时用作减少浓度直读设定,操作方式同"↑"键。

3. Function 键:预定功能扩展键用。按下时将当前显示从 RS232C 口发送,可由上层 PC 机接收或打印机接收。

4. MODE 键:用作选择显示标尺。按透射比(TRANS 灯亮)、吸光度(ABS 灯亮)、浓度因子(FACT 灯亮)、浓度直读(CONC 灯亮)次序,每按一次渐进一步循环。

5. 试样槽架拉杆:用于改变样品槽位置(四位置)。

6. 显示窗 4 位 LED 数字:用于显示读出数据和出错信息。

7. TRANS 指示灯:指示显示窗显示透射比数据。

8. ABS 指示灯:指示显示窗显示吸光度数据。

9. FACT 指示灯:指示显示窗显示浓度因子数据。

10. CONC 指示灯:指示显示窗显示浓度直读数据。

11. 电源插座:用于接插电源电缆。

12. 熔丝座:用于安装熔丝(保险丝)。

13. 总开关:ON/OFF 电源。

14. RS232C 串行接口插座:用于连接 RS232C 串行电缆及 Centronic parallel。

15. 样品室:供安装各种样品附件用。

16. 波长指示窗:显示波长。

17. 波长调节钮:调节波长用。

注:调整 100%时整机自动增益系统重调可能影响 0%,调整后请检查 0%,如有变化可重调 0%一次。

4. 调整波长　使用仪器上唯一的旋钮,即可方便地调整仪器当前测试波长,具体波长由旋钮左侧的显示窗显示,读出波长时目光垂直观察。

注：本仪器因采用机械联动切换滤光片装置，故当旋钮转动经过 480nm 时会有金属接触声如在 480～1000nm 间存在轻微金属摩擦声，属正常现象。

5. 改变试样槽位置让不同样品进入光路　仪器标准配置中试样槽架势四位置的，用仪器前面的试样槽拉杆来改变，打开样品室盖以便观察样品槽中的样品位置最靠近测试者的为"0"位置，依次为"1"、"2"、"3"位置。对应拉杆推向最内为"0"位置，以此向外拉出相应为"1""2""3"位置，当拉杆到位时有定位感，到位时请前后轻轻推动一下以确保定位正确。

6. 确定滤光片位置　本仪器备有减少杂散光，提高 340～380nm 波段光度准确性的滤光片，位于样品室内侧，用一拨杆来改变位置。

当测试波长在 340～380nm 波段内如作高精度检测时可将拨杆推向前（见机内印字指示），通常可不使用此滤光片，可将拨杆置在 400～1000nm 位置。

注：如在 380～1000nm 波段测试时，误将拨杆置在 340～380nm 波段，则仪器将出现不正常现象（如噪声增加，不能调整 100%T 等）。

（三）分光光度比色法

生物体内有许多成分含量甚微，不能用重量分析法或容量分析法测定，而是采用比色法来测定。很多物质本身就具有一定的颜色，如高锰酸钾呈紫色等。另有许多物质本身虽无色，但在适当条件下与显色剂作用后，就能够形成有色物质。当这些有色物质的溶液的浓度发生改变时，溶液的颜色的深浅也随之改变。在一定浓度范围内，溶液越浓，颜色就越深。这种，通过比较溶液颜色的深浅来测定物质含量的方法称之比色法。

1. 比色法的基本原理　比色法是利用物质特有的吸收光谱，进行鉴定物质及测定其含量的一种技术。光线是一种电磁波，其中可见光波长范围由 760nm 的红色到 400nm 紫色。波长短于 400nm 的光线叫紫外线，长于 760nm 的光线叫红外线。当一束单色光通过一杯有色溶液时，具有一定波长的光线选择性的被溶液所吸收。不同物质由于其分子结构不同，对不同波长光线的吸收能力不同。因此，每种物质都具有其特异的吸收光谱。

比色法的理论依据是郎伯-比尔（Lambert-Beer）定律。

（1）郎伯定律（Lambert's Laws）：一束单色光在通过溶液时，由于溶液吸收一部分光能，使光的强度减弱。若溶液的浓度不变，则溶液的厚度愈大，光强度的减弱也愈显著（图 2-1-19）

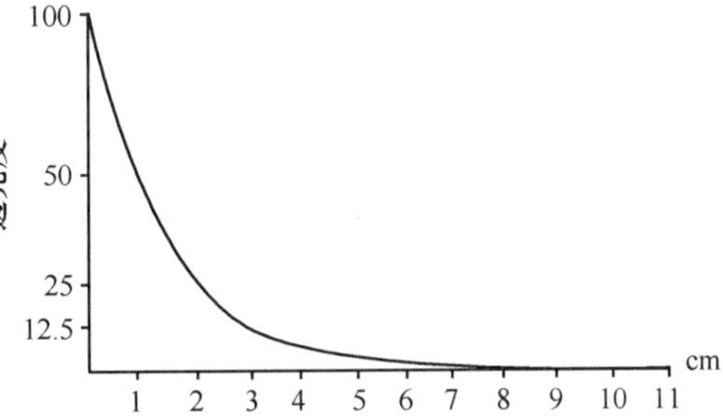

图 2-1-19　光吸收与溶液厚度的关系

若 I_0 表示入射光强度；I_t 表示光线通过溶液后的强度（透射光强度）；L 表示溶液的厚度，

则 $-dI_t/dL = aI_t$，$dI_t/I_t = -a dL$

积分：$\int -dI_t/I_t=-\int adL$

得：$\text{In}I_t=-aL+C$

当 $L=0$ 时，$I_t=I_0$，所以 $C=\text{In}I_0$

即 $\text{In}I_t=-aL+\text{In}I_0$

所以 $\text{In}I_0/I_t=aL$ 或 $I_t/I_0=e^{-aL}$ 或 $\log I_0/I_t=K_1L(K_1=a/2.303)$，$I_t/I_0=10^{-K1L}$

$$\log I_t/I_0=-K_1L \qquad (2\text{-}1\text{-}1)$$

K_1是一常数，受光线波长、溶液性质和溶液浓度影响。从上述公式可知，透过溶液后，光强度的减弱（I_t/I_0）与溶液厚度（L）呈指数函数关系。可见光强度的改变与溶液厚度并不呈简单的正比关系。这一关系就是郎伯定律。

（2）比尔定律（Beer's Laws）：当一束单色光通过溶液时，若溶液的厚度不变，则溶液浓度愈高，光线强度减弱也愈显著。与上定律相似，两者的关系式可以表示如下：

$$\log I_0/I_t=K_2C\ ,\ I_t/I_0=10^{-K_2C}$$

$$\log I_t/I_0=-K_2C \qquad (2\text{-}1\text{-}2)$$

其中，C 表示溶液的浓度，K_2是一常数，受光线波长、溶液性质和溶液厚度的影响。上述公式所表示的光强度与溶液的关系称为比尔定律。

虽然所有的溶液均符合郎伯定律，但并非所有的溶液都符合比尔定律。这是由于有些物质在不同浓度条件下其颜色可能发生改变。即在不同浓度条件下其吸收光的波长发生改变，常见的原因如下：

1）有些有色物质在溶液中可能解离成相应的离子，离子的颜色与分子的颜色不同，造成对比尔定律的误差。

2）有些物质在较高浓度状态下可形成络合物，络合物使吸收光谱发生改变。例如：二氯化钴在稀溶液中呈玫瑰色，而在浓溶液中呈蓝色。

3）氢离子浓度和电解质也可引起一些有色物质颜色的改变，这些改变也可造成比尔定律的误差。

2. 郎伯-比尔定律及其应用　在进行同种物质不同浓度溶液的比色测定，光线波长、溶液的性质相同时，则 $K_1=K_2$，合并式（2-1-1）、（2-1-2），则得到下式：

$$\log I_t/I_0=-KCL$$

$$-\log I_t/I_0=KCL$$

式中：I_t/I_0可用 T 表示，T 称为透光度。将 $-\log I_t/I_0$用光密度（OD）或吸光度（A）表示，以反映该溶液对光吸收的情况，也可写成：

$$\log I_t/I_0=-KCL \quad \text{或} \quad -\text{Log}T=KCL$$

$$A(\text{OD})=-\log I_t/I_0=-\text{Log}T=KCL$$

其中：K 为吸光系数，表示物质对光吸收的本领，其值因物质种类和光线波长而异。

$A(\text{OD})=KCL$ 表明：当一束单色光通过有色物质溶液时（图 2-1-20），在入射光波长不变的情况下，溶液的吸光度与溶液中有色物质的浓度（C）及溶液液层厚度

(L)的乘积成正比——郎伯-比尔定律。

(四) 常用的比色法

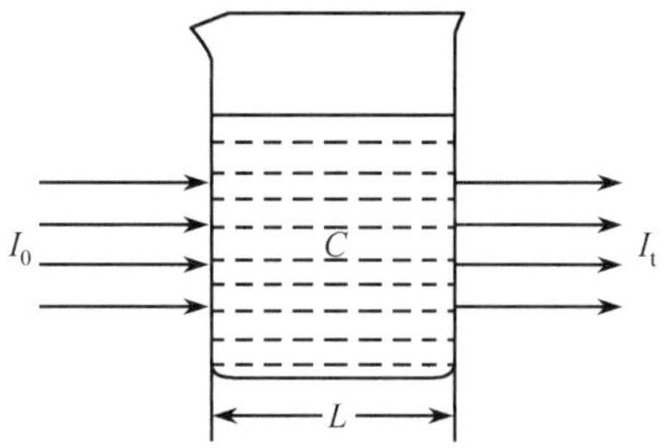

图 2-1-20　光吸收示意图

1. 标准对比法　将样品和标准品在相同条件下分别显色制成比色液(其浓度分别为 $C_{样}$ 和 $C_{标}$),在同一条件下分别测出两比色液的吸光度($A_{样}$、$A_{标}$),比较它们的吸光度,即可求出样品比色液的浓度或含量。

由 $A=KCL$ 得

$$A_{样}=KC_{样}L_{样}$$

$$A_{标}=KC_{标}L_{标}$$

K 为样品与标准品的吸光系数。$L_{样}$、$L_{标}$ 分别为两比色液液层的厚度。因使用比色杯规格相同,故 $L_{样}=L_{标}$。

将两式相除,得

$$A_{样}/A_{标}=C_{样}/C_{标}$$

$$C_{样}=A_{样}/A_{标}\times C_{标}$$

$C_{标}$ 是已知标准溶液浓度或含量。根据上式即可求出样品的浓度或含量。

2. 标准曲线法　将标准溶液按操作规程显色得一系列浓度由稀至浓的标准比色液。在比色计上分别测定它们的吸光度 A,然后以吸光度 A 为纵坐标,浓度为横坐标,绘制 A-C 曲线,即称标准曲线,或工作曲线(图 2-1-21 标准曲线)。

将样品溶液在同样条件下显色制成样品比色液测定其吸光度,从标准曲线上找出相应的浓度或含量。

标准曲线法对于经常测定同一稳定样品来说是比较方便的,在固定仪器和方法的条件下,标准曲线可多次使用,不必每次测绘。必要时可定期测绘一次。

在实际工作中,有时标准曲线不能很好呈直线关系,如浓度大时,吸光度和浓度不能严格成正比,会出现弯头现象(图 2-1-22)。此时可调整比色液的浓度,使测值恰好在直线部分,再重新绘制标准曲线。

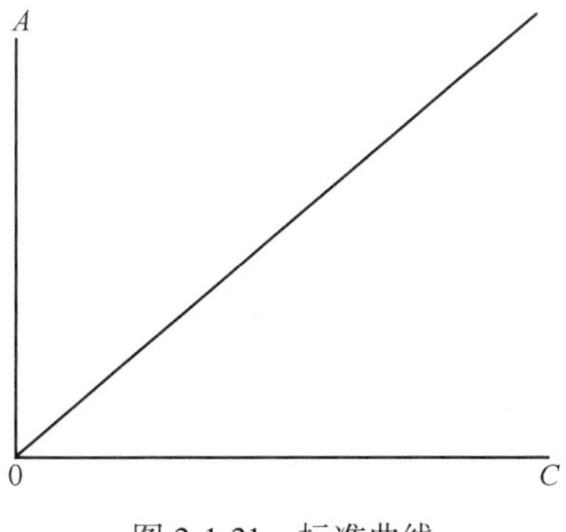

图 2-1-21　标准曲线

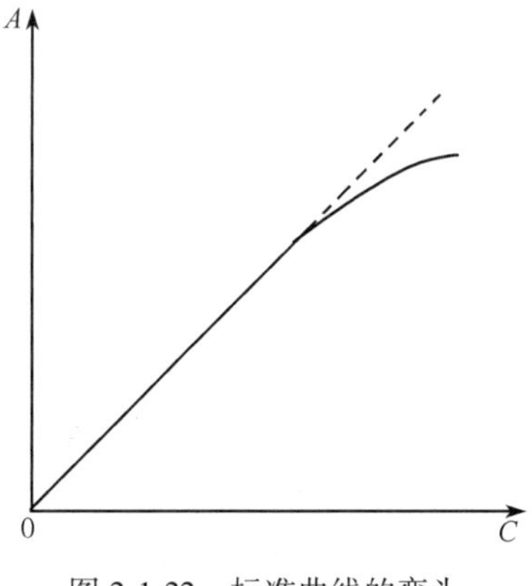

图 2-1-22　标准曲线的弯头

四、M248 全自动血气分析仪

（一）使用简介

M248 全自动气血分析仪能够测量酸碱度、氢离子浓度、氧分压、二氧化碳分压等指标，全自动进样，每小时可测 30 个样本，样品量毛细管 60/Al，注射器 90/Al，每个样本有 14 个参数。

（二）操作简介

备用状态→准备状态→全两点定标（定标通过）→进入准备状态（打开进样器至水平状态后放置针管自动进样器）→放下进样器（拿下针管关闭进样器自动测试）

→按 # 键输入数据 ↗ 编号及结果 → 打印 → 准备状态 → # 键目录 → 准备状态

→按 # 键输入数据 ↘ 未校正结果 → 准备状态 → # 目录 → 编号 → 输入相应数据 → 样本数据 → 打印结果 → * 键目录 → 进入备用状态

五、BI-2000 图像处理系统

计算机技术的发展，推动了基础医学的研究和临床诊断技术的提高。医学图像分析技术的应用范围大致分为两种：一种是静态图像分析，如组织细胞学的形态分析、临床诊断常用的 CT 检查等；另一种是动态图像跟踪分析，如机能学实验的微循环观察和小鼠迷宫行为的分析等。随着计算机多媒体系统技术的发展日趋成熟和完善，医学图像动态分析弥补了动态图像不能实时跟踪计算、分析和不能记录存盘的缺陷。本节主要对 BI-2000 医学图像分析系统作简要、实用的介绍。

（一）BI-2000 图像分析系统的功能结构

如图 2-1-23 所示，被观察对象首先通过显微镜放大，由摄像头摄取图像并输入到计算机内的专用图像捕获卡，进行 A/D 转换后，由 BI-2000 图像分析系统软件对数字图像进行处理，从而实现了对图像的分析、测量。同时通过图像捕获卡对实时视频图像的压缩处理，可在计算机内记录存盘，还可以在电视机上实时地显示图像，起到电视教学的效果。

（二）BI-2000 图像分析系统功能简介

1. 静态图像分析　可对一幅形态组织学切片图像或其他静态图像进行物理测量（如面积、周长、直径等）；还可以对图像进行目标区域的选取，一旦选定目标，系统将自动得到平均光密度、平均灰度、目标分布密度、目标面积和区域面积等的像素灰度分析（如免疫组化的测量分析等）。

2. 动态图像分析　可对运动的组织器官或器官流变学状态进行观察测量（如

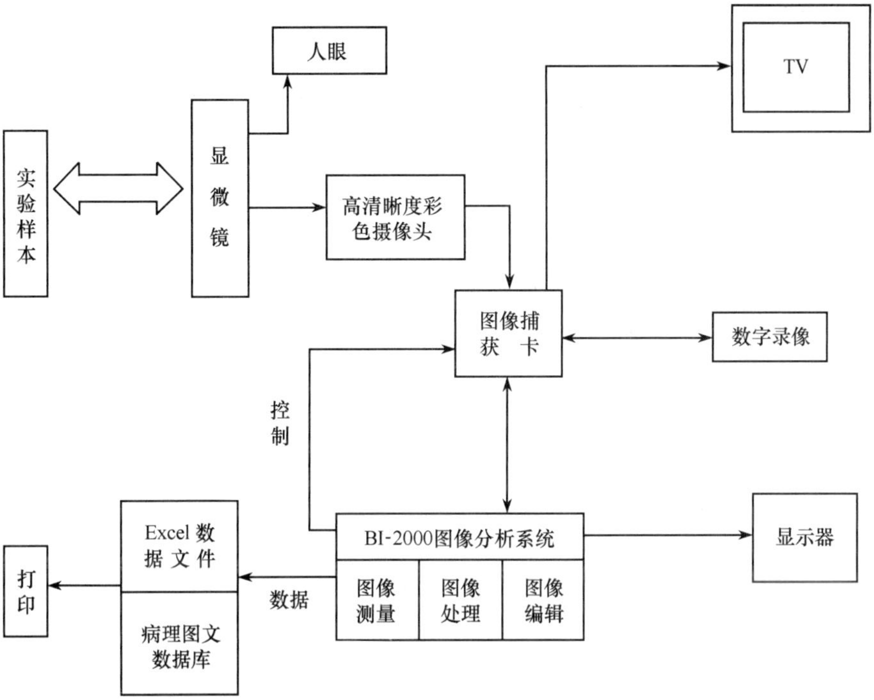

图 2-1-23 BI-2000 图像分析系统工作连接示意图

毛细血管的微循环观察),还可以对动物运动进行跟踪测量分析(如小鼠水迷宫行为分析)。

3. 多媒体教学 多媒体作为提高教学质量的一种手段,已广泛应用于教学工作中。该系统可以将组织细胞切片标本、动态图像的录像等输入计算机内保存,并通过该系统的回放功能在多媒体设备上进行演示教学。

BI-2000 图像分析系统界面如图 2-1-24 所示。整个软件界面从上到下由程序标题栏、菜单条、工具条、工作区和状态栏 5 部分组成。

(1) 程序标题栏提供程序名称和正在处理的图像名称。

(2) 菜单条用于选择系统提供的分类功能选项,可以用鼠标点击选择。

(3) 工具条则是菜单命令的一种按钮表示,采用图形化显示方式,它为我们提供一种直观、快捷的功能选择服务。

(4) 工作区是指可以直接操作的矩形区域,Windows 用窗口的形式来管理,可以同时打开多个窗口,每个窗口之间可以相互覆盖、选择激活、关闭等。当打开多个图像文件时,所要操作的工作区即是当前激活的窗口,命令也只对它起作用。

(5) 状态栏用来简略地表示当前工作区中图像的有关信息,如命令提示信息、图像大小、放大比例、颜色深度和键盘状态等。

当初始进入程序时,因没有打开图像文件或者启动视频捕获/回放功能,所以菜单选择项自动缩减为当前有用的几个功能选项,工具条中的大部分按钮也变灰

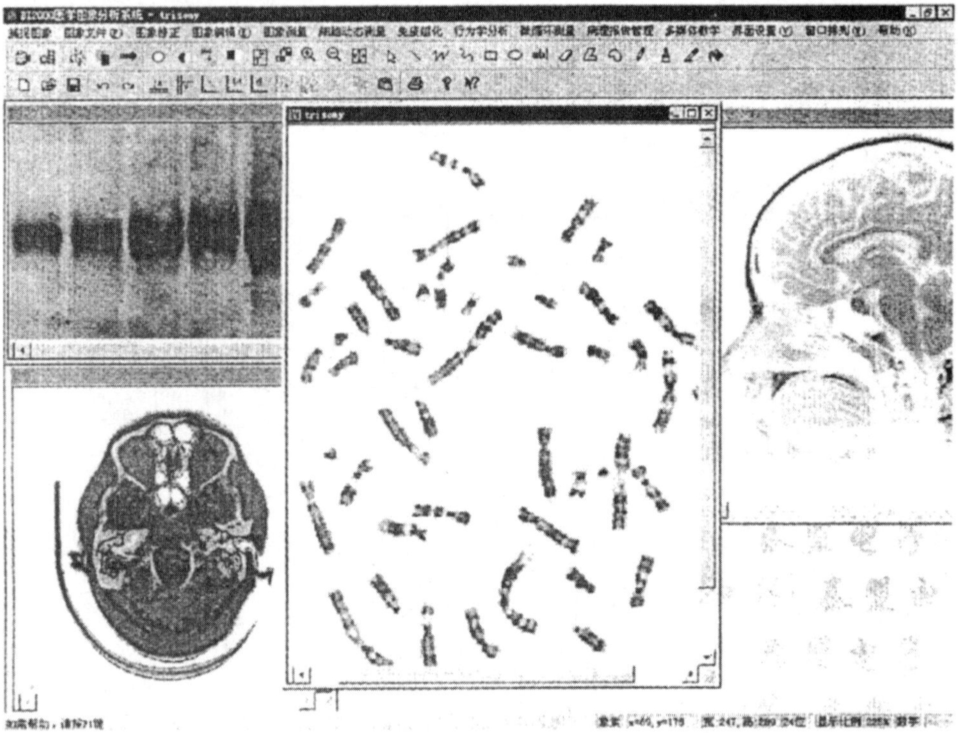

图 2-1-24　BI-2000 图像分析系统界面

(不可选择状态)。只有输入了一幅图像后,程序自动使菜单选择项增加,同时工具栏按钮相关功能有效。

(三) BI-2000 图像分析系统微循环操作介绍

BI-2000 图像分析系统具有多种图像分析功能,本节以机能实验中微循环观察为例,对该系统的操作作简要的介绍。

微循环观察实验是在微循环动态状况下对血液流速,毛细血管管径、形态、数量等进行的观察分析。通过该系统可以方便地观察、记录微循环变化的过程。

1. 设备安装

(1) 显微镜、摄像头安装:将摄像接口支架按镜头安装方式与摄像头连接、旋紧,安装在显微镜教学镜接口上,螺丝固定;连接摄像头电源。

(2) 转接盒安装:转接盒是将接收的图像信号分别输入计算机和电视机以及其他外部设备的一种信号转接设备。

1) 转接盒与电视机连接:BI-2000 图像分析系统拥有实时视频捕捉和回放的专用视频卡,具备连接到电视机的功能。其连接方式有两种:①使用复合视频信号线连接:用一根足够长的复合视频信号线,将黄色的一端接头插入视频卡转接盒的 VIDEO OUT 接口中,另一端接口插入电视机的 VIDEOm 接口。如果需要有声音输出,将音频线的红白端头连接到相应的视频卡转接盒的 AUDIO OUT 接口中,把音频线的红白端头插入电视机的两个 AUDIOm 接口中。将电视机切换到相应的 AV 模式,准备收看。②使用 S 端子视频信号线连接:如果电视机具有 S 端子输入功能,则使用 S 端子,可以获取更高质量的视频信号。连接方法如下:用一根足够长的 S 端子视频信号线,一端插入视频卡转接盒的 S-VIDEO OUT 接口中,另一端插入电视机的 S-VIDEOm 接口。如果需要有声音输出,将音频线的红白端头连接到相应的视频卡转接盒的 AUDIO OUT 接口中,另一端的红白端头插入电视机的两个 AUDIOm 接口中。将电视机切换到相应的模式,准备收看。

2）转接盒与摄像头连接:转接盒与摄像头之间的信号连接,提供了视频信号从摄像头到捕获卡之间的信息传递和转换。连接转接盒和摄像头的方式如下:用一根足够长的复合视频信号线,黄色的一端插入视频卡的 VIDEOm 接口中,另一端 Q 型接口插入摄像头的 VIDEO OUT 接口,并旋紧。

还可以按上述连接方法连接摄像机、录像机、数码照相机,以及所有具备标准音视频接口的超声仪器、X 线机、CT 等设备。

2. 确定实验内容　鼠标点击主界面上的“微循环测量”项,系统将自动进入微循环观察界面,如图 2-1-25 所示(如果该计算机未安装 BL-420 生物信号采集、处理系统进行血压监测,屏幕上将弹出未找到该系统的对话框,单击“取消”即可)。

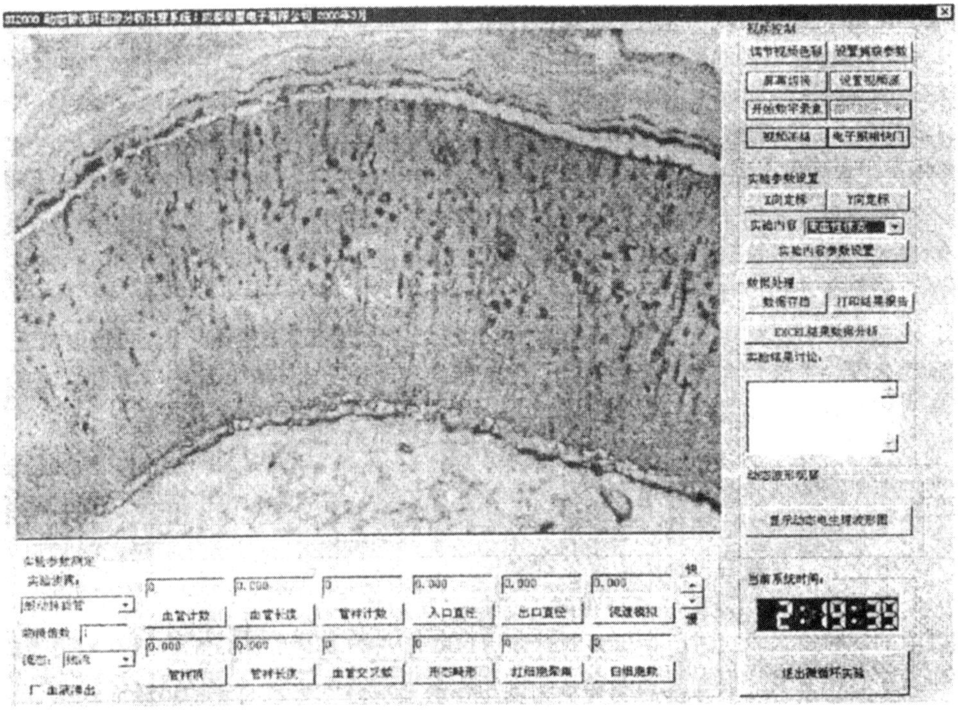

图 2-1-25　微循环观察界面

3. 图像摄取　通过调节显微镜的视野,寻找一幅微循环较佳的图像,并进一步调节显微镜的焦点,使屏幕上的图像更清晰。

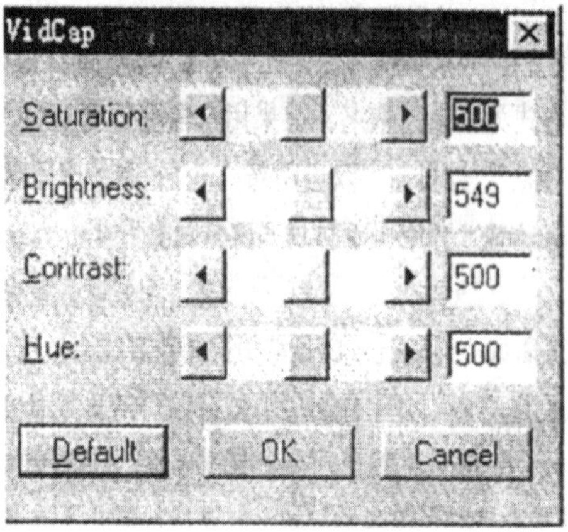

图 2-1-26 调节视频色彩

4. 调节视频色彩 如果对图像的色彩不满意,选择“调节视频色彩”,系统弹出一对话框(图 2-1-26)。

调节色彩的 4 个参数,以达图像显示最佳效果。

(1) 亮度:向右拖动滑条,亮度加大,图像变白;反之亮度减低,图像变暗。

(2) 对比度:向右拖动滑条,对比度加大;反之对比度减低。

(3) 色彩饱和度(Saturation):向右拖动滑条加大色彩饱和,图像彩色效果变强;反之饱和度减低,图像色彩变暗。

(4) 色度(Hue):向右拖动滑条加大色度,反之色度减低。

任意调节这几个参数满意后按 OK 键,保存退出,Default 恢复默认值。如需全屏显示图像,可双击鼠标实现全屏显示切换。

5. 数据测量 该系统可实现交互测量毛细血管的口径、数目、长度等。在进行某项计数测量时,用鼠标点击相应功能按钮,鼠标指针自动限制在视频区域范围内;只需要点击相应的计数位置,系统自动显示、记录计数值;点击计数完毕,点击鼠标右键退出计数(系统在该计算机上进行第一次测量以前,需要用微分刻度标尺对系统定标)。

直线测量方式用于测量血管长度、直径等信息。操作时用鼠标点击相应功能按钮,在测量起始点按下鼠标左键不放,拖动鼠标至结束位置,放开鼠标左键,完成一次直线测量。测量值在相应功能按钮右侧的结果栏内显示。

该系统还可以测定血流速度。它采用“飞点”法测定动态模拟流速。可实时修正飞点运动速度。在进行血流速度测定时,用鼠标点击流速功能按钮,选取一段血流速度较明显、相对较直的血管,顺着血液流动方向拉出直线(类似直线测量方式),调节流速“快”、“慢”按钮,使血流速度与飞点速度接近为止。此时显示的流速就是模拟的血流速度。如果需要精确测定流速,可以先数字录像,然后在“动态图像分析”的功能中提取运动变化前后的两幅图像,确定运动目标的两个位置后,精确测出流速数据,但是这种方式对不容易分离的目标图像定位难度较大。

6. 数字录像 当需要记录存盘时,选择“开始数字录像”功能,这时系统自动按照以前的视频设置模式进行存盘,同时还可以观察进行其他的测量工作。开始录像后,按钮文字自动变成“保存数字录像”。

(1) 停止录像:在视频区域内点击鼠标右键,光标由沙漏形状变成箭头,同时磁盘灯停止闪烁。

(2) 保存数字录像:由于数字录像暂时以日期—时间的形式保存,所以停止数字录像后,必须选择“保存数字录像”按钮确认保存。此时系统提示已经按“月-日-时-分”方式为该录像取名,如果用户需要重新命名,按“是”,在对话框内输入名字,点击“确定”即可;不改名请按“否”,系统自动将数字录像文件保存到程序运行目录的“database\video\”子目录下面,以便于管理。

7. 播放/停止播放数字录像　对刚录制的数字录像,选择“播放数字录像”按钮直接播放。这时视频区自动切换到播放状态,按钮文字变成“停止播放数字录像”。再次点击,视频区域切换回到观察状态。

8. 电子照相快门　如果需要将当前视频图像捕获下来,可以选择“电子照相快门”。这时系统自动拍取一幅图像,但并不退出观察状态,因此可以按动该按钮拍取任意多幅图像。退出微循环测量窗口以后,可以对这些图像进行分析、测量、保存等。

9. 数据存档、分析　数据处理部分包括对所有测量结果保存为 EXCEL 数据文件,自动调出 EXCEL 程序进行分析。实验结果讨论区可以输入多行讨论内容。最后打印本次微循环实验结果。

10. 观察生理机能信号　在实验过程中需要观察动物呼吸和血压变化曲线(必需时该计算机上已安装 BL-420 生物机能实验系统),可以鼠标点击“显示动态生理波形图”按钮,自动调出 Bid,10/2000 程序显示被测动物的有关生理机能信号。

11. 实验结束　点击“退出微循环实验”按钮,结束实验。

(四)注意事项

1. 在数字录像时,需要注意录像时间一次最长限制在 20 分钟以内,可多次录存。

2. 在实验过程中如出现玷污显微镜头,造成视像不清时,需要用无水酒精及时清洁镜头,保证观察图像清晰。

第二节　常用手术器械及使用方法

动物实验常用手术器械如图 2-2-1 所示,根据实验对象不同分述其使用方法。

(一)蛙类手术器械

1. 剪刀　粗剪刀用于剪断骨骼,手术剪用于剪肌肉、皮肤,眼科剪用于剪断神经和血管。

2. 金属探针　用于破坏蛙的中枢神经脑和脊髓。

3. 镊子　用于夹持组织。

4. 玻璃分针　分离血管和神经。

5. 蛙腿钉　固定蛙腿的专用品。没有时也可用大头针固定。

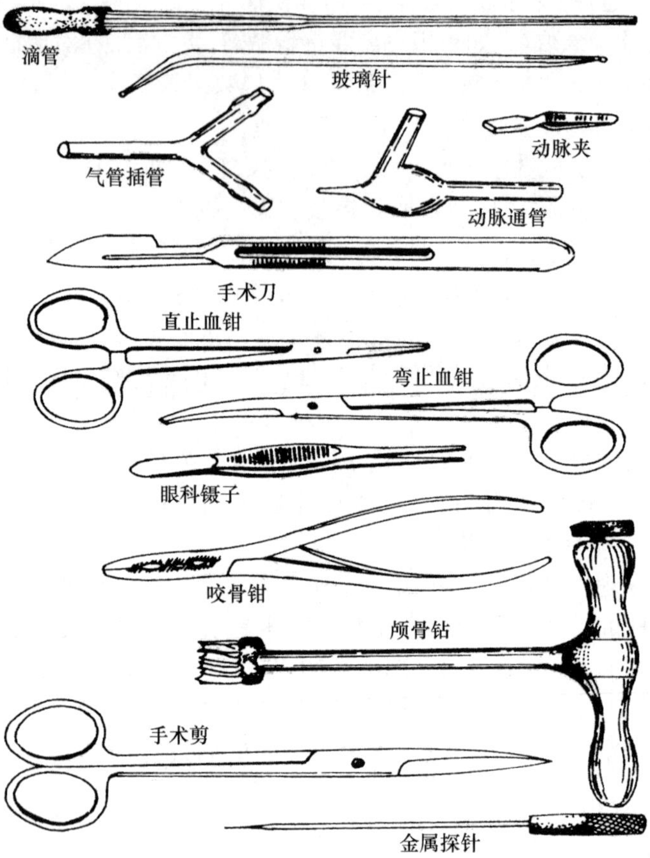

图 2-2-1 常用手术器械

6. 锌铜弓 检查神经肌肉标本兴奋性的专用品。

7. 刺激电极 连接刺激器，给标本输出刺激。有普通电极和保护电极两种。

8. 蛙板 有木蛙板和玻璃蛙板两种。木蛙板借助于蛙腿钉可用于固定蛙腿，以利于操作。在制备神经肌肉标本时，用清洁和任氏液湿润了的玻璃蛙板可减低损伤，保持兴奋性。

（二）哺乳动物手术器械

1. 手术刀 用于切开皮肤和脏器。由刀柄和刀片组成。刀柄和刀片都有大、小及型号的不同，可根据手术种类选用，但必须锐利、坚固。另有一类手术刀柄与刀片连在一起的，也有圆刃、尖头及眼科手术刀（柳叶刀）之分。正常的执刀方法有四种（图 2-2-2）。

（1）执弓式：最常用的一种执刀方式，动作范围广而灵活，用于腹部、颈部或股部的皮肤切口。

（2）执笔式：用于切割短小的切口，用力轻柔而操作精确。如解剖血管、神经、作腹膜小切口等。

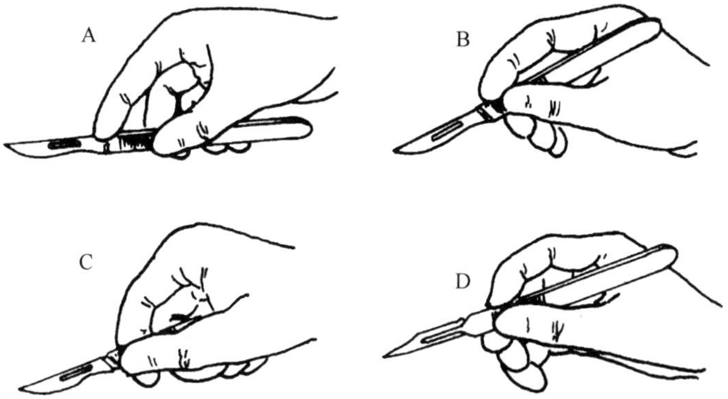

图 2-2-2 持刀方法
A. 执弓式;B. 执笔式;C. 握持式;D. 反扳式

(3) 握持式:用于切割范围较广,用力较大的切口,如截肢、切开较长的皮肤切口。

(4) 反扳式:用于向上挑开,以免损伤深部组织。

2. 剪刀

(1) 粗剪:用于剪毛、剪断骨骼。

(2) 手术剪:手术剪分尖头剪(线剪)和钝头剪(组织剪)。组织剪主要用于剪皮肤或肌肉等软组织,也可用来分离组织,即利用剪刀的尖端插入组织间隙,分离无大血管的结缔组织等;另外还有一种小型手术剪叫眼科剪,主要用于剪血管或神经等柔软组织。手术剪和眼科剪都有直头与弯头之分。正确的执剪姿势如图 2-2-3 所示,即用拇指与无名指持剪,食指置于手术剪上方。

3. 手术镊 手术镊分有齿和无齿两种,且长短不一。主要用于夹住或提起组织,以便于剥离、剪断或缝合。有齿镊用于夹持较坚韧的组织,如皮肤、筋膜、肌肉等。无齿镊用于夹持较脆弱的组织,如血管、神经、黏膜等。正确的执镊方法是以拇指对食指和中指,轻稳和用力适当地把持(图 2-2-4)。

图 2-2-3 持剪姿势

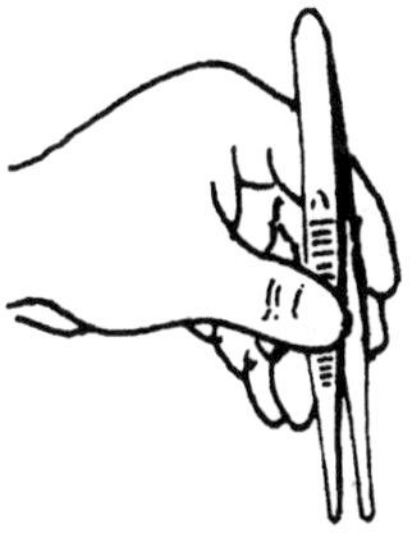

图 2-2-4 持镊姿势

4. 血管钳(止血钳) 血管钳有长、短、直、弯、全齿和半齿等不同的多种规格,小号止血钳又名“蚊式钳”。主要用于止血和钝性分离组织,因使用部位不同而所需各异。执血管钳的姿势与执手术剪姿势相同。开放血管钳的手法是：利用右手已套入血管钳环口的拇指与无名指相对挤压，继而以旋开的动作开放血管钳(图 2-2-5)。

5. 持针器及缝针　持针器在机能实验中专用于夹持缝针进行缝合。缝针有直、弯之分，大、小之别。三棱针用于缝合皮肤，圆针多用于缝合软组织，而弯针用于缝合较深部的软组织。正确的使用方法如图 2-2-6 所示。

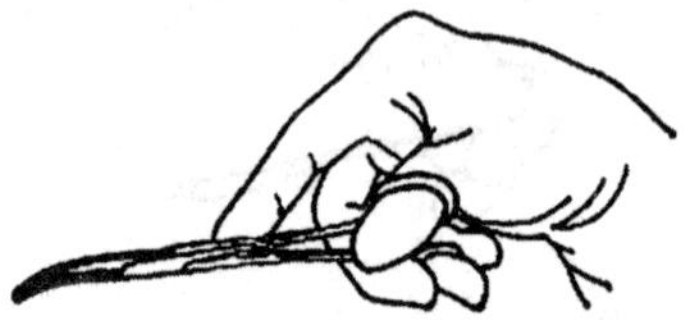

图 2-2-5　持止血钳姿势

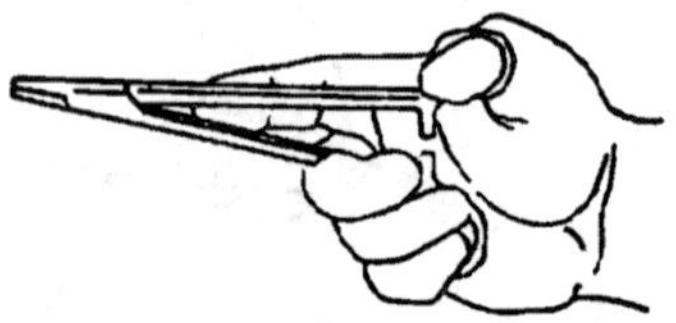

图 2-2-6　持持针器姿势

6. 动脉夹　主要用于暂时阻断血流，夹闭血压换能器的细胶管。也用于固定头皮输液针等。动脉夹有大、中、小之分，可用于不同的动物。如大的用于犬，中号用于兔、猫，大鼠、小鼠只能用小号的。

7. 颅骨钻　主要在开颅时钻孔用。

8. 骨钳　常和颅骨钻合用，打开颅腔，暴露脑组织。剪刀式适用于咬断骨质，小蝶式适用于咬切骨片。

9. 气管插管　急性动物实验时为保证呼吸道通畅，可作气管切开后直接插入气管。也可在开胸实验时接呼吸机用。实验中因不同的动物及动物的大小不同而选用粗细、长短不同的气管插管。

10. 血管插管　包括动、静脉插管，左心室插管等。根据动物种类、大小、用途的不同，选用粗细、长短不同的插管。

11. 输尿管插管　专用于输尿管插管，及时收集尿液。

12. 注射器　根据不同实验的不同要求选择不同规格的注射器和针头。针头应尖锐、无钩、无弯曲、无阻塞，套在注射器的接头上旋转后应不松动，使用前用手指堵住针头斜面，轻轻抽拉针栓，检查有无漏气现象。

根据实验动物的不同还需要犬、猫和兔手术台。

第三章　机能实验动物的基本知识

第一节　实验动物的选择原则

一、实验动物的选择原则

在基础医学研究工作中,选择合适的动物是一门学问,也是一个关键的问题。一般情况下,当确立实验目标和方案后,一个重要的工作就是如何选择动物,选择哪一类动物。除要熟悉、了解上述内容外,还要掌握以下原则。

1. 与人类疾病的相关性　不同动物对同一疾病的刺激是有不同的反应程度的,比如在进行过敏反应或变态反应实验时,应首选豚鼠,而其他动物的排列序列应是家兔、犬、小鼠、猫、青蛙。又如,确立进行致热原物质的实验研究时,应首选家兔,而不应考虑其他动物(例如犬)。另外,大鼠、犬、家兔常用于高血压的研究,小鼠则宜进行各类肿瘤的实验学研究。这是由于不同种类动物的生理特性均与人类的某些生理特性较为相似或基本一致,因此对人类疾病的表达形式也有一定的相关性。

2. 动物对人类疾病表达的稳定性　实验动物对人类疾病的表达,除了动物自身生理特性外,还有一个重要的因素就是动物实验前体内条件的变化,如动物是否处在饥饿、睡眠不足、友情、怀孕、患有疾病等状态,是否有性别差别和年龄差别。另外,实验室工作环境中光线、温度、湿度等诸多因素的变化,均会直接影响动物在接受特定病原刺激后对预期疾病表达的稳定性。要控制这些条件变化,应做到:①饲养管理人员在严格控制饲养条件的前提下,对不合格动物严禁外售使用;②实验的组织者也必须对一些情况做出判断,要从实验条件、方法、试剂等诸多因素中,分析因果关系。确定方法是:实验方法是否得当和关键技术运用是否准确。当排除实验条件无不准确、不标准、不统一、不一致等诸多因素后,如果同一类别同一类型的动物不能稳定地表达出某一种疾病的特征,或出现时有时无特定的表达,就应该立即终止实验,重新选择合适的实验动物。

二、实验动物健康状态的判断标准

掌握判断实验动物是否处于健康状态的方法,是实验得以成功的基本保障之一,初学者应掌握如下原则:

1. 一般情况　发育良好,眼睛有神,反应灵活,运动自如,食欲良好,眼球结膜无充血,瞳孔等圆清晰,鼻黏膜处无分泌物,无鼻翼翕动、打喷嚏、抓耳挠腮等情况。

2. 皮毛颜色　动物的皮毛清洁、柔软、有光泽、无脱毛、蓬乱和真菌感染的现象。

3. 腹部呼吸　动物腹部呼吸均匀,腹部无膨大隆起的现象。

4. 外生殖器　动物外生殖器无损伤、无脓痂、无异味黏性分泌物。

5. 爪趾特征　动物无咬伤、无溃疡、无结痂等。

第二节　实验动物的种类、用途、生理常数及性别鉴别

一、实验动物选择

动物的种属差异是影响药物作用的因素之一。一般在分类上与人类接近的动物的反应性和人类比较接近。如研究药物对高级神经活动的影响,常选用猴和犬。观察药物的变态反应时,采用豚鼠较适宜。而氯霉素引起再生障碍性贫血只有用鸭子才能复制此种病理模型。而传出神经药物对心肌的反应,各种动物基本上均是适用的。现简单介绍常用实验动物的特点及其在机能学实验中的应用。

(一) 青蛙和蟾蜍

1. 生物学特性　青蛙与蟾蜍均为两栖纲,无尾目。是两栖类变温动物,皮肤光滑湿润,有腺体无外鳞。幼年生活于水中,用鳃呼吸;变态后转为陆栖或半陆栖生活,用肺和颊咽呼吸,冬眠和潜水时用皮肤呼吸。心脏有两个心房一个心室,心房与心室区分不明显,动静脉血液混合,有冬眠习性。蟾蜍无鸣囊,背部皮肤有许多疣状突起毒腺,可分泌蟾蜍毒,以耳后的椭圆形耳腺分泌最多。淋巴系统在背部皮肤下形成若干较大的窦部,为背部淋巴囊,注射十分方便。

2. 实验应用　蟾蜍广泛用于医学实验中。蟾蜍的离体心脏在适宜的环境中能较持久地、有节律地搏动,常用于研究心脏的生理功能以及药物对心脏的作用。利用蟾蜍的坐骨神经-腓肠肌标本可观察外周神经及其肌肉的生理功能以及药物对外周神经、横纹肌和神经肌肉的连接作用;还可利用蟾蜍进行脊髓休克、脊髓反射、反射弧分析、肠系膜等实验。此外,蟾蜍还用于生殖生理、胚胎发育,免疫学等研究。临床检验中,还可用雌性蛙作妊娠试验。

(二) 小鼠

1. 生物学特性　属哺乳纲,啮齿目,鼠科。体重一般在50g以内。小鼠性情温顺,易于捕捉,胆小怕惊,对外界刺激敏感。喜群居于阴暗,昼伏夜动。胃容量小,不耐饥饿,随时采食。体温变化大,对环境湿度、温度变化敏感,不耐冷热。小鼠成熟早,繁殖力强。

2. 实验应用　小鼠是生物医学实验中用量最大、范围最广的动物,也是世界上研究最详尽的哺乳类实验动物。其实验研究资料丰富,参考对比性强,实验结果的科学性、可靠性和重复性高,被广泛用于各类科研实验中。特别适用于需要大量

动物进行的实验。如药物的筛选、半数致死量或半数有效量的测定等。也适用于避孕药、缺氧、抗肿瘤药等方面的研究。但不同品系的小鼠对同一刺激的反应性差异较大。

（三）大鼠

1. 生物学特性　属哺乳纲，啮齿目，鼠科。体重 300～600g。性情不如小鼠温顺，受惊时表现凶恶，易咬人。雄性大鼠间常因发生斗殴而咬伤。大鼠嗅觉发达，对外界刺激敏感，抵抗力较强，易饲养，成熟快，繁殖力强。大鼠无胆囊，肾单位表浅，肝再生能力强。

2. 实验应用　大鼠是医学实验研究中最常用的实验动物之一。大鼠垂体-肾上腺系统功能特别发达，内分泌腺（特别是垂体）易于被手术摘除，常用于垂体、肾上腺系统的研究和摘除某些内分泌器官，观察各腺体的作用和他们之间的相互关系。大鼠常用于药物毒理、药效评价、新药筛选等研究，是催产素效价测定和药品质控中升压物质检查指定动物。另外，可利用大鼠离体器官进行实验，如大鼠离体静态肺顺应性实验等。大鼠还用于生殖生理、胚胎学、营养学、肿瘤学以及遗传学的实验研究。常用品种有 Sprague-Dawley 大鼠（SD 大鼠）、Wistar 大鼠。

（四）家兔

1. 生物学特性　属哺乳纲，啮齿目，兔科。家兔为草食性动物，性情温顺但群居性差，听觉、嗅觉十分灵敏，胆小易惊，拒夜行性和嗜睡性。主要利用呼吸散热维持体温平衡，耐冷不耐热，厌湿喜干。家兔品种很多，常用的有：①青紫蓝兔：体质强壮，适应性强，易于饲养，生长较快；②中国本地兔（白家兔）：抵抗力不如青紫蓝兔；③新西兰白兔：是近年来引进的大型优良品种，成熟兔体重在 4～5.5kg；④大耳白兔：耳朵长而大，血管清晰，皮肤白色，但抵抗力较差。常用品种有新西兰白兔、日本大耳白兔等。

2. 实验应用　兔耳血管丰富，耳缘静脉表浅，易暴露，常用于止血药物的研究及药物注射的良好选择部位。其主动脉弓神经在颈部自成一束称为减压神经（或缓冲神经），便于研究减压神经（或缓冲神经）与心血管活动的关系。家兔性情温顺，便于灌胃和取血，是机能实验学中最常用的动物之一。可用于血压、呼吸、尿生成等多种实验，还可用于代谢障碍、酸碱平衡紊乱、水肿、炎症、缺氧、发热、弥散性血管内凝血、休克、心功能不全等方面的研究。由于兔体温变化较敏感，也常用于体温实验及热原检查。

（五）豚鼠

1. 生物学特性　又称荷兰猪，属哺乳纲，啮齿目，豚鼠科。性情温和，胆小，对外界刺激极为敏感，易于饲养，喜居干燥清洁处。豚鼠体温自动调节能力较差，对环境温度变化较敏感。豚鼠体内缺乏维生素 C 合成酶，自身不能合成维生素 C，完全依赖外界补给。

2. 实验应用　对组胺敏感,并易于致敏,常选用于抗过敏药如平喘药和抗组胺药的实验。又因它对结核菌敏感,故也常用于抗结核病药的治疗研究。也常用于离体心脏实验和钾代谢障碍、酸碱平衡紊乱的研究。另外,豚鼠的前庭器官、听觉器官较为发达,乳突部骨质较薄,常用于耳迷路破坏实验及微音器效应观察。

(六) 猫

1. 生物学特性　属哺乳纲,食肉目,猫科。猫是天生谨慎而神经质的动物。反应灵敏,喜爱孤独而自由地生活,喜居明亮干燥处。猫的循环、神经、肌肉系统发达,血压稳定。猫眼能根据光线的强弱变化而灵敏地调节瞳孔大小。

2. 实验应用　猫在生物医学研究中有广泛应用。猫循环系统发达、血管坚韧,血压稳定,对降压物质反应敏感,特别适用于药物对循环系统作用的分析。猫具有较为敏感的神经系统,头盖骨和脑的形状固定,宜于完成中枢神经系统实验,在电极插入大脑各部位的生理学研究方面现已完全标准化,可以在清醒条件下研究神经递质等活性物质的释放和条件反射及外周神经与中枢神经的联系。此外,猫也用于临床疾病的实验研究。

(七) 犬

1. 生物学特性　属哺乳纲,食肉目,犬科。犬的嗅觉比人灵敏,对外环境适应力强,血液、循环、消化和神经系统均很发达,内脏构造及生理功能与人类相似,易驯养,经过训练能很好地配合实验。是比较理想的实验动物。

2. 实验应用　犬是基础医学研究和教学研究中常用的实验动物之一。常用于心血管系统、脊髓传导、大脑皮层研究适用于许多急、慢性实验,尤其是慢性实验,是最常用的大动物。但由于价格较昂贵,故常用于血压、酸碱平衡、弥散性血管内凝血、休克等大实验,在教学实验中不如一些中小动物常用。常用品种有杂种犬、比格犬等。

同一类实验可选不同的动物,如离体肠管和子宫实验可选用家兔、豚鼠、小鼠和大鼠;离体血管实验常选用蛙的下肢血管和家兔耳血管,也可选用大鼠后肢血管及家兔主动脉条;离体心脏实验选用蛙、家兔,也可选用豚鼠;在体心脏实验,可选用蛙、家兔、豚鼠、猫和犬。

二、常用实验动物的一些生理常数

常用实验动物的一些生理常数详见表 3-2-1。

表 3-2-1　常用实验动物的一些生理常数

指标	小鼠	大鼠	豚鼠	家兔	猫	犬
适用体重(kg)	0.018~0.025	0.12~0.20	0.3~0.5	1.5~2.5	2~3	5~15
寿命(年)	1.5~2.0	2.0~2.5	5~7	5~7	6~10	10~15
性成熟年龄(月)	1.2~1.7	2~8	4~6	5~6	10~12	10~12

续表

指标		小鼠	大鼠	豚鼠	家兔	猫	犬
孕期(日)		20~22	21~24	65~72	30~35	60~70	58~65
平均体温(℃)		37.4	38.0	39.5	39.0	38.5	38.5
呼吸(次/分钟)		136~216	100~150	100~150	55~90	25~50	20~30
心率(次/分钟)		400~600	250~400	180~250	150~220	120~180	100~180
血压(mmHg)		115	110	80	105/75	130/75	125/70
血量(ml/g)		0.078	0.06	0.058	0.072	0.072	0.078
红细胞(10^{12}/L)		7.7~12.5	7.2~9.6	4.5~7.0	4.5~7.0	6.5~9.5	4.5~7.0
血红蛋白(g/L)		100~190	120~175	110~165	80~150	70~155	110~180
血小板(10^9/L)		500~1000	500~1000	680~870	380~520	100~500	100~600
白细胞总数(10^9/L)		6.0~10.0	6.0~15.0	8.0~12.0	7.0~11.3	14.0~18.0	9.0~13.0
白细胞分类(%)	中性粒细胞	12~44	9~34	22~50	26~52	44~82	62~80
	嗜酸粒细胞	0~5	1~6	5~12	1~4	2~11	2~24
	嗜碱粒细胞	0~1	0~1.5	0~2	1~3	0~0.5	0~2
	淋巴细胞	54~85	65~84	36~64	30~82	15~44	10~28
	大单核细胞	0~15	0~5	3~13	1~4	0.5~0.7	3~9

三、实验动物的性别鉴别

(一) 小鼠、大鼠、豚鼠

1. 将动物抓取后,腹部朝上,观察比较肛门与生殖器之间的距离。距离近的为雌性,距离远的为雄性。

2. 成年雌性动物中,大小鼠有 12 个乳头,豚鼠有 2 个乳头。

3. 天气热时或性成熟后,雄性动物的睾丸一般会从腹腔降至阴囊内,此时易于区分。

(二) 兔

1. 使兔下腹部朝向观察者,将生殖器周围的皮肤拨开,雄兔可见一圆孔,里面露出阴茎;雌兔为一条朝向尾部的长缝,呈椭圆形间隙,下端是阴道开口处。

2. 雌兔乳头为 8~12 个。

3. 天气热时或性成熟后,雄兔睾丸从腹腔降至阴囊内。

(三) 犬

犬类等体形较大动物的性别鉴定较容易,根据其暴露的生殖器等一般就可以区分雌雄,如雄犬有睾丸和阴茎,雌犬有乳头和阴道。

第三节　实验动物的捉拿、固定和编号方法

一、动物捉拿固定方法

(一) 小鼠

捉拿时右手抓住鼠尾,放在较粗糙的台面或鼠笼盖铁纱网上,在其向前爬行时,右手向后拉尾,用左手拇指和食指抓住小鼠的两耳和头颈皮肤将其置于左手心中,拉直四肢并用左手无名指压紧尾和后肢。另一捉拿法只用左手,先用食指和拇指抓住小鼠,用手掌及小指夹住其尾部,再以拇指及食指捏住其颈部皮肤。取尾血及尾静脉注射时,可将小鼠固定于固定器上(图 3-3-1)。

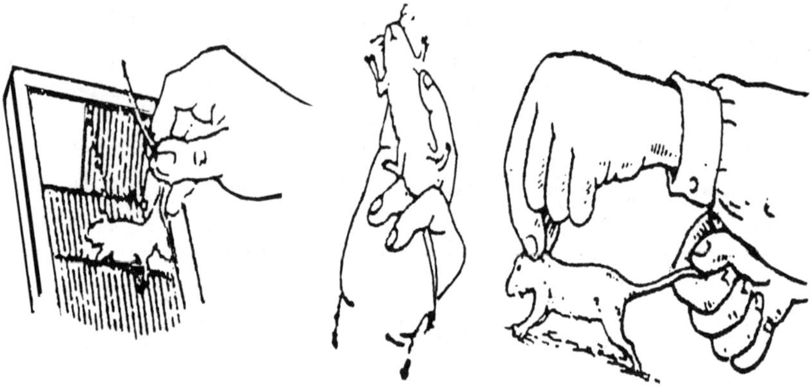

图 3-3-1　小鼠的捉拿方法

图 3-3-2　大鼠的捉拿方法

(二) 大鼠

将大鼠放在粗糙的台面或笼盖上,用右手将鼠尾拉住,用左手拇指和食指抓紧两耳及头颈部,其余三指夹住背腹部。对于身体特别大或凶狠咬人的大鼠,可先用布巾裹其(露出口鼻),然后进行操作。若需做手术,则麻醉后绑在固定板上(图 3-3-2)。

(三) 豚鼠

先用右手掌迅速、轻轻地扣住豚鼠背部,抓住其肩胛上方,以拇指和食指环握颈部,对于体型较大的豚鼠,可用另一手托住其臀部,豚鼠的固定方法基本同大鼠(图 3-3-3)。

(四) 家兔

右手抓住其颈部皮肤,将兔捉住(捉的面积越大,其吃重点越分散)。用左手托住其臀部或腹部,使躯干重量大部分集中在左手上,然后按实验要求固定。做家

图 3-3-3 豚鼠的捉拿方法

兔耳血管注射或取血时，可用兔盒固定。做各种手术时，可将家兔麻醉后固定在手术台上(图 3-3-4)。

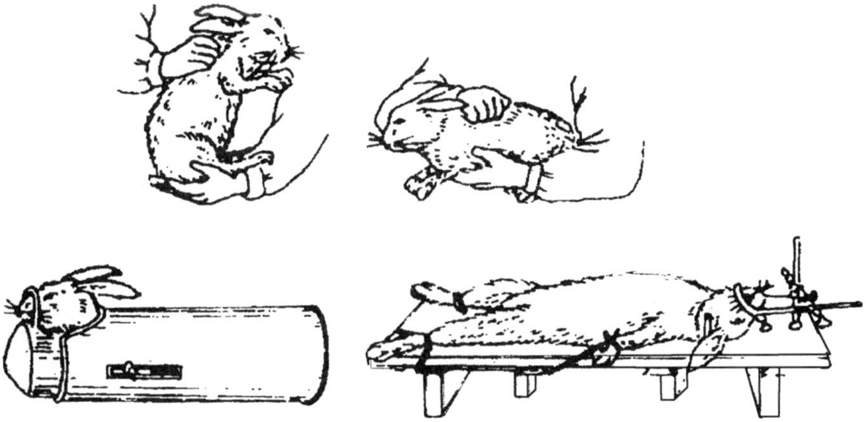

图 3-3-4 家兔的捉拿与固定方法

(五) 犬

抓取犬时，需要用特制的长柄钳夹住其颈部，套上犬链，用绷带捆绑结实，将绷带再绑于其颈部，以免捆绑犬嘴的绷带脱落。如实验需麻醉时，可先静脉麻醉后，再取下犬链，解绑，把动物放在实验台上，按实验要求固定(图 3-3-5)。

(六) 蟾蜍(蛙)

一般用左手捉蟾蜍(蛙)，用食指和中指夹住左前肢，用拇指压住右前肢。用无名指和小指夹住两下肢并拉紧(图 3-3-6)。一般实验需将蟾蜍破坏脊髓和延髓后方可进行固定，此时可用脊髓破坏针由蟾蜍的枕骨大孔刺入向下穿刺破坏脊髓，向上穿刺破坏延髓，此时动物四肢张力全无，可用图钉钉四肢固定于蛙板上。

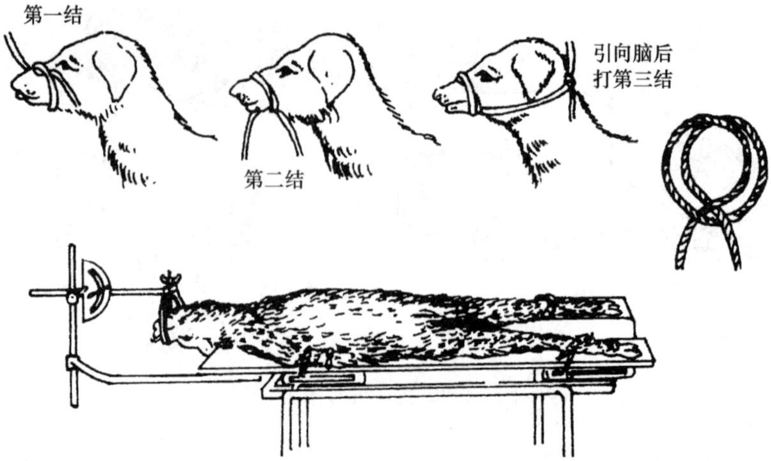

图 3-3-5　犬的固定

上图为犬嘴的固定,下图为犬台上的固定

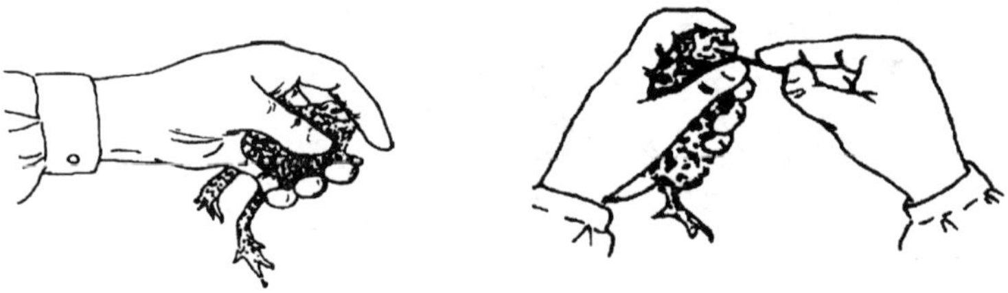

A　　　　　　　　　　B

图 3-3-6　蛙的捉拿固定法

A. 蛙的捉拿方法;B. 破坏蛙脑脊髓

二、动物的分组编号和标记

(一) 分组编号

1. 分组编号原则　动物分组应按随机分配的原则,使每只动物都有同等机会被分配到各个实验组中去,否则就会增大各组之间的差别,给实验带来一定的偏差而影响实验结果。特别是运用统计学检验方法来分析实验结果时,要求在随机分组的基础上进行,如果违背了随机分组的原则,就不能准确地进行统计学检验。

动物数量应按实验周期长短、实验类型及统计学要求而定。如果是慢性实验或定期要杀死动物的实验,就要考虑选较多的动物,补足动物自然死亡和人为处死动物所丧失的数目,确保实验结束时有合乎统计学要求的动物数量和数据存在。

2. 建立对照组　分组时应特别注意建立对照组。对照组可设立自身对照和平衡对照组。

(1) 自身对照组:自身对照组是指实验数据而言。实验动物本身在实验处理前、后两个阶段的各项相关数据即分别是对照组和实验组的实验结果。这种方法可以排除生物间的个体差异，对照效果较好。

（2）平行对照组：平行对照组有正对照组和负对照组两种。给实验动物某种处理，而给正对照组用类似方法进行处理，但不采用实验所要使用的药物或手段。而负对照组不给任何处理。比如某药理实验过程中，给实验动物每日肌肉注射某种药物，而给正对照组动物每日肌肉注射同等剂量的生理盐水；负对照组动物则不给任何注射，只是饲养在与实验组和对照组相同的环境和条件下。这样可排除自然发病和其他影响因素的干扰。

3. 分组　具体分组时，应避免人为因素，随机把所有的动物编号，然后令其双数为 A 组（实验组），单数为 B 组（对照组）即可。或反之。严格地说，特别是在要分若干个组时，应该用随机数表进行完全随机化分组。具体方法可参考相关的统计学书籍。

（二）标记

1. 染色法　染色法是用化学药品涂染动物体表一定部位的皮毛，以染色部位、染色颜色不同来标记区分动物的方法。常用的染色剂有：

（1）0.5% 中性红或品红溶液，红色。

（2）3% ~5% 苦味酸溶液，黄色。

（3）20% 硝酸银溶液，咖啡色（涂上后需在日光下暴露 10min）。

（4）煤焦油乙醇溶液，染成黑色。

染色法对白色毛皮动物如大耳白兔、大鼠和小鼠都很实用，常用的染色方法有：

（1）直接用染色剂在动物被毛上标号码。此法简单，但如果动物太小或号码位数太多，就不可能采用此法。

（2）用一种染色剂染动物的不同部位，其惯例是先左后右，从上到下；其顺序为左前腿 1 号，左腹部 2 号，左后腿 3 号，头部 4 号，腰部 5 号，尾根部 6 号，右前腿 7 号，右腹部 8 号，右后腿 9 号（图 3-3-7）。

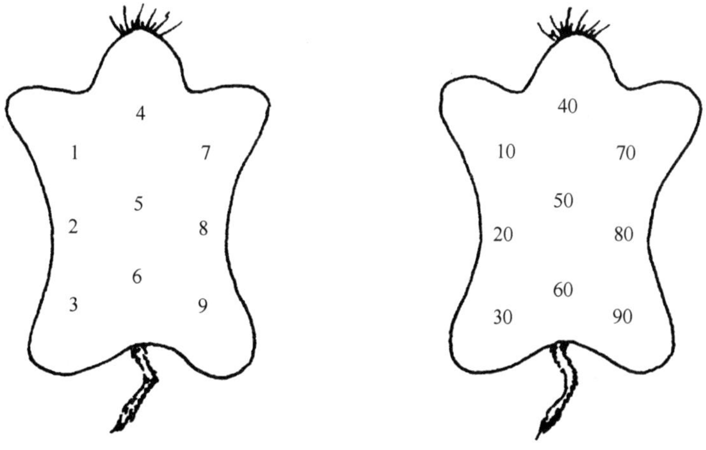

图 3-3-7　动物背部染色标记法

(3) 用多种染色剂染动物的不同部位。可用另一种颜色作为10倍数,照(2)法染色,配合(2)法,可编到99号。比如要标记13号,就可以在左前腿涂上0.9%品红(红色),左后腿涂上3%苦味酸(黄色)。

染色法虽然简单方便,又不给动物造成损伤和痛苦,但这种标记法对慢性长久实验不适用。因为时间久后,颜色可自行消退,加之动物之间互相摩擦,动物舔毛,尿、水浸湿以及动物自然换毛脱毛,容易造成混乱。

2. 挂牌法　挂牌法是将编号烙压在金属牌上,挂在动物身上或笼门上以示区别。

犬的号码牌挂在颈链绳上最好。豚鼠可挂在耳朵上;挂时应注意避开血管,将金属小牌直接穿过耳廓折叠在耳部。但挂牌使动物感到不适,会用前爪搔抓金属号牌而致耳部损伤。鸡、鸽等禽类可将牌子折成环形套在其腿上。

金属牌应选不易生锈、对动物局部组织刺激较小的金属制造。

3. 烙印法及耳孔法　烙印法是把编号烙压在动物身上也可将号码烙在犬的被毛上。家兔和豚鼠可用数字钳在耳朵上刺上号码,刺上号码后如加上墨汁等颜料,即可清楚读出号码。

耳孔法是用打孔机直接在动物耳朵上打孔编号。据打在耳朵上的部位和孔的多少,可标记三位数字内的号,特别要注意的是打孔后用消毒滑石粉抹在打孔局部,以免伤口愈合后辨认不出来。用剪刀在动物耳廓上剪缺口也有同样效果。

此外还有断趾法,但此法给动物造成损伤太大,不宜推广。

上述几种方法各有其优缺点,实验人员可根据动物品种不同,实验方式不同而采用合适的标记方法,一般来说,啮齿类动物及家兔适合耳孔法和染色法;犬适合用挂牌法和烙印法;猫、鸡和鸽类适合用挂牌法。

第四节　实验动物给药量的计算

在药理学实验研究中,动物与人之间以及动物之间的剂量存在一定的差异,需进行换算。常用的方法介绍如下:

一、按千克体重换算

已知A种动物每千克体重用药剂量,欲估算B种动物每千克体重用药剂量时,可先查表3-4-1,找出折算系数(W),再按下式计算。

B种动物剂量(mg/kg):W×A种动物剂量(mg/kg)

例1　已知某药对小鼠的最大耐受量为20mg/kg(20g小鼠用0.4mg),需折算为家兔量。

查A种动物为小鼠,B种动物为兔,交叉点为折算系数W=0.37故家兔用药量为

$$0.37\times20mg/kg=7.4mg/kg,2.0kg家兔用药量为14.8mg。$$

表 3-4-1 动物与人体的每千克体重等效剂量折算系数表

折算系数		小鼠 0.02kg	大鼠 0.2kg	豚鼠 0.4kg	兔 1.5kg	猫 2kg	犬 12kg	人 60kg
B	小鼠	1.00	1.40	1.60	2.70	2.20	4.80	9.01
种	大鼠	0.70	1.00	1.14	1.88	2.30	3.60	6.25
动	豚鼠	0.61	0.87	1.00	1.65	2.05	3.00	5.55
物	兔	0.37	0.52	0.60	1.00	1.23	1.76	3.30
或	猫	0.30	0.42	0.48	0.81	1.00	1.44	2.70
成	犬	0.21	0.28	0.34	0.56	0.68	1.00	1.80
人	人	0.11	0.16	0.18	0.30	0.37	0.53	1.00

二、按体表面积换算

根据不同种属动物体内的血药浓度和作用与动物体表面积成平行关系。按体表面积折算剂量较按体重更为精确。

例 2 由动物用量推算人的用量。已知一定浓度的某药给家兔静脉注射的最大耐受量为 4mg/kg,推算人的最大耐受量为多少?

查表 3-4-2,先竖后横,兔与人体表面积比值为 12.2,1.5kg 家兔最大耐受量为 4×1.5=6mg,那么人的最大耐受量为 6×12.2=73.2mg。取值 1/10~1/3 作为初试剂量。

例 3 由人用量推算动物用量。已知某中药成人每次口服 10g 有效。拟用犬研究其作用机制,应用多少量?

查表 3-4-2 人与犬的体表面积比值为 0.37,那么犬用量为 10×0.37=3.7(g)。取其 1/3 作为初试剂量。

表 3-4-2 常用动物与人体表面积比值表

		20g 小鼠	200g 大鼠	400g 豚鼠	1.5kg 兔	2kg 猫	12kg 犬	50kg 人
20g	小鼠	1.00	7.00	12.25	27.80	29.70	124.20	332.40
200g	大鼠	0.14	1.00	1.74	3.90	4.20	17.30	48.00
400g	豚鼠	0.08	0.57	1.00	2.25	2.40	10.20	27.00
1.5kg	兔	0.04	0.25	0.44	1.00	1.08	4.50	12.20
2kg	猫	0.03	0.23	0.41	0.92	1.00	4.10	11.10
12kg	犬	0.01	0.06	0.10	0.22	0.24	1.00	2.70
50kg	人	0.003	0.021	0.036	0.08	0.09	0.37	1.00

三、药物浓度与剂量的计算

(一) 浓度和溶液配制的计算

1. 溶液浓度的表示方法 单位容积的溶液中所含溶质的量即为浓度。机能学实验中常用的浓度表示方法有:百分浓度、比例浓度和克分子浓度 3 种。有时还用当量浓度。

（1）百分浓度：是指每 100ml 溶液中所含溶质的克数或毫升数，用符号%（g/100ml）或%（ml/ml）表示。

如 5% NaCl 溶液，即指 100ml 溶液中含 NaCl 5g。95% 乙醇，即指 100ml 溶液中含无水乙醇 95ml。

$$百分浓度=(某溶质的量/溶液的量)\times 100\% \quad (3\text{-}4\text{-}1)$$

例 4 用 95% 乙醇溶液，需要配成 100ml 75% 的消毒酒精，如何配制？

根据稀释前后溶液中溶质的量不变的原则，应用公式 $C_1V_1=C_2V_2$（C_1、C_2 为溶液稀释前后的浓度，V_1、V_2 为溶液稀释前后的体积），得：

$$95\% \times V_1 = 75\% \times 100 \qquad V_1 = 78.9\text{ml}$$

配制方法准确量取 95% 乙醇 78. 9ml，加蒸馏水稀释至 100ml，即成 75% 的消毒酒精。

（2）比例浓度：是指 1g（或 1ml）的溶质，配制成 $x$ml 溶液，用 1 : x 比例式表示。

如 1 : 10 000 肾上腺素溶液，即指 1g 肾上腺素配制成 10 000ml 溶液。

$$比例浓度=1:(溶液的量/溶质的量) \quad (3\text{-}4\text{-}2)$$

（3）克分子浓度：是指 1L 溶液中所含溶质的克分子数，用 $mol \cdot L^{-1}$ 表示。

如 $1mol \cdot L^{-1}$ KCl 溶液，即表示在 1L 溶液中含有 1 克分子 KCl，而 KCl 的分子量为 74. 55，也就是含有 74. 55g KCl。

$$克分子浓度=(溶质克分子数/溶液毫升数)\times 1000 \quad (3\text{-}4\text{-}3)$$

（4）当量浓度：是指 1L 溶液中所含溶质的克当量数，用符号 N 表示。

如 1N HCl 溶液，即表示在 1L 溶液中含 HCl 1 克当量数，HCl 的分子量为 36. 5，亦就是含 36. 5g。

$$当量浓度=(溶质克当量数/溶液毫升数)\times 1000 \quad (3\text{-}4\text{-}4)$$

2. 溶液配制时的换算　溶液的配制，无论用哪种方法，都应遵循一条原则，即“配制前后溶质的量不变”。

（1）用纯药配制溶液时，求所需要的药量。

$$所需药量=所需溶液量\times 所需浓度 \quad (3\text{-}4\text{-}5)$$

例 5 配 1 : 5000 的高锰酸钾溶液 1000ml，需要多少高锰酸钾？代入公式得：需要高锰酸钾量 = 1000×（1/5000）= 0. 2g

（2）用浓溶液配制稀释溶液时，求所需的浓溶液量。

$$所需浓溶液量=(稀溶液浓度/浓溶液浓度)\times 稀溶液量 \quad (3\text{-}4\text{-}6)$$

例 6 配制 70% 的酒精 500ml，应该用多少 95% 的酒精？代入公式得：所需 95% 的酒精量 =（70%/95%）×500 = 368ml

（3）含结晶水化合物与不含结晶水化合物的换算。

$$W:X=M:M_{H_2O}$$

$$X=(W\times M_{H_2O})/M \quad (3\text{-}4\text{-}7)$$

W：无水物质的重量；X：结晶水物质的重量；M：无水物质的克分子量；M_{H_2O}：含

结晶水物质的克分子量。

例 7　配制溶液需无水 $CaCl_2$(分子量为 110.99)2g,而需含结晶水 $CaCl_2 \cdot 2H_2O$(分子量为 146.99)多少?

代入公式得:(2×146.99)/110.99=2.64g,需用含 2 个结晶水的 $CaCl_2$2.64g。

(二) 计算动物用药量

动物实验所用的药物剂量,一般按 mg/kg 或 g/kg 体重计算,使用时需要从已知药液的浓度换算成相当于每千克体重应注射的药液量毫升,以便于实验给药。

例 8　家兔体重 1.7kg,耳缘静脉注射戊巴比妥钠 30mg/kg,药物浓度为 3%,应注射多少毫升?

计算方法:家兔每千克体重需注射戊巴比妥钠的量为 30mg,注射的浓度为 3%,则戊巴比妥钠溶液的注射量应为 1ml/kg。现在家兔体重为 1.7kg,应注射戊巴比妥钠溶液的容量=1ml×1.7=1.7ml。

四、常用试剂与配制

(一) 常用生理盐溶液的成分及配制

机能学实验中常用的生理盐溶液有数种,其成分和用途各异,如表 3-4-3 所示。

表 3-4-3　常用生理溶液的成分和配制

成分及储备液浓度	每 1000ml 所需用量(g)					
	生理盐水 normal saline	任氏液 Ringer's	任洛液 Ringer-Lock's	台式液 Tyrode's	克氏液 Kreb's	戴雅隆液 De Jalon's
NaCl	9.00	6.50	9.00	8.00	6.90	9.00
KCl (10%)		0.14 (1.4ml)	0.42 (4.2ml)	0.20 (2.0ml)	0.35 (3.5ml)	0.42 (4.2ml)
$MgSO_4 \cdot 7H_2O$ (10%)				0.26 (2.6ml)	0.29 (2.9ml)	
$NaH_2PO_4 \cdot 2H_2O$ (5%)		0.0065 (0.13ml)		0.065 (1.3ml)		
KH_2PO_4 (10%)					0.16 (1.6ml)	
$NaHCO_3$		0.20	0.50	1.00	2.10	0.50
$CaCl_2$ (1mol/L)		0.12 (1.08ml)	0.24 (2.16ml)	0.20 (1.8ml)	0.28 (2.52ml)	0.06 (0.54ml)
葡萄糖		2.00	1.00	1.00	2.00	0.50
通气		空气	O_2	O_2或空气	O_2+5% CO_2	O_2+5% CO_2
用途	哺乳类小量静脉注射	用于蛙类器官	用于哺乳类心脏等	用于哺乳类肠肌等	用于哺乳类及鸟类的各种组织	用于大鼠子宫低钙可抑制自发收缩

生理盐溶液的配制方法：将氯化钙单独配成高 10 倍的溶液，将其余的药物一并配成高 10 倍的溶液，此两种高 10 倍溶液存放备用。需用时，首先将后者高 10 倍溶液稀释，然后再缓慢加入相应的高 10 倍氯化钙溶液，加蒸馏水至应有的量，这样既方便准备工作，又不致产生钙盐沉淀。此外，葡萄糖应在用前加放，因加入葡萄糖的溶液不能久置。

（二）常用抗凝剂

机能学实验中涉及抗凝剂的使用情况较多，如对动物进行血管插管、采集血液或全身抗凝，需要根据实验的要求选用合适的抗凝剂。常用的抗凝剂有枸橼酸钠、草酸钾、草酸钠、乙二胺四乙酸二钠盐和肝素等。

五、常用单位及换算

1. 重量和容量单位　重量以“克”（g）、容量以“毫升”（ml）为基本单位，其他重量和容量单位见表 3-4-4。

表 3-4-4　公制重和容量单位

重量单位	容量单位
1kg（kilogram，公斤）= 1000g	1L（lite，升）= 1000ml
1g（gram，克）= 1000mg	1ml（mililiter，毫升）= 1000μl
1mg（miligram，毫克）= 1000μg	1μl（microliter，微升）= 1000nl
1μg（microgram，微克）= 1000ng	nl（nanoliter，毫微升）
ng（nanogram，毫微克）	

2. 单位（U）和国际单位（IU）　有些药物结构复杂或含有杂质，目前方法不能测定其含量，如胰岛素、青霉素、维生素 A 和 D、抗体血清、疫苗、洋地黄、抗毒素等。需通过生物检定其作用强弱，并与标准品比较，以确定检品药物一定量中含多少效价单位。凡是按国际协议的标准品检定测得的效价单位称国际单位（U）。

3. 百分浓度　100 份液体或固体物质中所含药物的份数，称百分浓度（%）。有 3 种表示方法。

重量/容量（W/V）法：每 100ml 溶液中含药物的克数。

重量/重量（W/W）法：每 100g 制剂中含药物的克数。

容量/容量（V/V）法：每 100ml 溶液中含药物的毫升数。

4. 百万分浓度（parts per million，ppm）　一百万份物资（固体、液体或气体）中所含药物或毒物的份数。如 1kg 食品中含 1mg 药物，即为 1ppm。

5. 比例浓度　符号为“1∶*x*”，指 1g 固体或 1ml 液体溶质，加溶剂配成 *x*ml 溶液，叫做比例浓度。如不指明溶剂的种类时，都是指的蒸馏水。如 1∶5000 的高锰酸钾溶液。

6. 克分子浓度　1000ml 溶液中含溶质的克分子数称为克分子浓度。如 1mol/L H_2SO_4，表示 1000ml 水中含 98g H_2SO_4（H_2SO_4的相对分子质量为 98）。

7. 克当量浓度(N)　1000ml 溶液中含溶质的克当量数,称克当量浓度,如 IN H_2SO_4,表示 1000ml 水中含有 49g H_2SO_4(H_2SO_4当量为 49),目前,该单位已经逐渐被淘汰。

六、常用实验动物的注射量和使用针头的规格

常用实验动物的注射量和使用针头的规格见表 3-4-5。

表 3-4-5　常用实验动物的注射量和使用针头的规格

动物名称	项目	灌胃	皮下注射	肌内注射	腹腔注射	静脉注射
小鼠	最大给药量	1ml	0.4ml	0.4ml	1ml	0.8ml
	使用针头	9(钝头)	$5\frac{1}{2}$	$5\frac{1}{2}$	$5\frac{1}{2}$	4
大鼠	最大给药量	2ml	1ml	0.4ml	2ml	4ml
	使用针头	静脉切开针	6	6	6	5
豚鼠	最大给药量	3ml	1ml	0.5ml	4ml	5ml
	使用针头	静脉切开针	$6\frac{1}{2}$	$6\frac{1}{2}$	7	6
兔	最大给药量	20ml	2ml	2ml	5ml	10ml
	使用针头	10 号导尿管	$6\frac{1}{2}$	$6\frac{1}{2}$	7	6
猫	最大给药量	20ml	2ml	2ml	5ml	10ml
	使用针头	10 号导尿管	7	7	7	6
蛙	淋巴囊注射	最大注射量	1ml/只			

第五节　实验动物的给药方法

一、经口给药

(一) 自动摄入给药

将药物放入饲料或溶于饮水中,由动物自动摄入体内。此法的优点是:操作简便,不会因操作失误而致动物死亡,适合于慢性药物干预实验,如抗高血压药物药效,药物毒性测试等。该方法的缺点是由于动物状态和饮食嗜好的不同,饮水和摄入食物量的不同,不能保证用药的药效分析的准确性。

(二) 强制经口给药

强制经口给药是将动物适当固定,强迫动物摄入药物。这种方法的优点是能准确地掌握给药量和给药时间,及时观察动物的反应,适合于急性和慢性动物实验;缺点是经常强制性操作易引起动物不良生理反应,甚至操作不当引起动物死亡。故应熟练掌握灌胃技术。强制性给药方法主要有两种:

1. 固体药物口服　一人操作时用左手从背部抓住动物头部，同时以拇、食指压迫动物口角部位使其张口，右手用镊子夹住药片放于动物舌根部位，然后让动物闭口吞咽下药物。

2. 灌胃方法

1）家兔灌胃法：需由二人合作进行。一个取坐位，用两腿夹住兔身，双手分握兔耳及前肢固定其头部，另一人将开口器横插兔口内，压住舌头。由前一人固定开口器。取胃管从开口器中部小孔插入食管，插管时易误入气管，可引起家兔剧烈挣扎和呼吸困难。也可将胃管的外段浸入水中，如有气泡吹出，表明插在气管内，此时应拔管重插。当判明胃管确实在食管内后，取吸入药液的注射器连入胃管上，将药液注入，再推入少量的空气使胃管中不致有药液残留。慢慢拔出胃管，取出开口器（图 3-5-1）。

2）大、小鼠灌胃法：用左手仰持大、小鼠，使其头部充分伸直，但不易抓得过紧，以免窒息。右手拿起连有大、小鼠灌胃管的注射器，小心自口角插入口腔，再从舌背面紧沿上腭进入食管，插入深度小鼠一般为 3cm，大鼠一般为 5cm。插管时应注意动物反应，如插入顺利，动物安静，呼吸正常，可注入药物；如动物剧烈挣扎或有阻力，应拔出胃管重插，如将药物灌入气管，可致动物立即死亡（图 3-5-2）。

3）犬：先用绷带绑住犬嘴，左手抓住嘴部，右手将犬一侧嘴角翻开，用灌胃管插入最后一对大臼齿后的空隙处，并顺着食管方向送入胃上部。一般达到 20cm 时即可。通过听声辨别确定插入胃中后，即可注入药物。

图 3-5-1　家兔灌胃方法

图 3-5-2　大、小鼠灌胃方法

二、注 射 给 药

（一）皮下注射

皮下注射是将药物注射于皮肤与肌肉之间，适合于所有哺乳动物。对大多数实验动物来说，皮下注射最适宜的部位是颈背、腋下、侧腹或后腿肢体、臀部等。小鼠、大鼠和豚鼠一般用手固定，家兔、犬则固定在实验台上。不同实验动物的注射部位有所不同，犬、猫多在大腿外侧，豚鼠在大腿内侧或小腹部，大鼠可在左侧下腹部。其操作方法是：用左手轻轻抓起皮肤，右手把注射针头插入皮肤皱褶的基底部，针头进入皮内约 5～10mm，如针头易于摆动表明已刺入皮下，缓慢注入药液后，拔出针头，并用手指轻压注射部位，以防药液漏出。

（二）肌内注射

应选择肌肉发达、血管丰富的部位，注射时先将动物固定，注射部位应剪去被毛，用酒精棉球消毒后将注射针头刺入肌肉组织内，回抽针栓如无回血后，方可注入药液。

（三）腹腔注射

兔、犬等动物腹腔内注射，需由助手抓住动物，使其腹部向上，在下腹部约 1/3 处略靠外侧（避开肝和膀胱）将注射针头刺入腹腔，回抽针栓，观察是否插入脏器或血管，然后再注射。此方法常用于小鼠、大鼠给药。给药时，左手捉拿动物，使腹部向上，右手将注射器针头从下腹部朝头方向刺。入腹腔，深度约 3～5mm，进入腹腔时可有落空感，回抽注射器若无血液或尿液时，表明针头未刺入肝、膀胱等脏器，即可注入药物。为避免伤及内脏，可使动物处于头低位，使内脏上移。

（四）静脉注射

静脉注射要根据不同的动物选择不同的注射血管。下面以小鼠、大鼠、家兔、犬等动物的注射方式加以介绍。

1. 家兔的耳缘静脉注射　将家兔固定，剪去耳缘部位的被毛。用酒精棉球深擦或用手指轻弹耳缘使局部血管扩张，注射针头以静脉近末梢插入血管，轻轻回抽针栓如有回血，即可将药物注入。注射完毕抽回注射器，为避免出血可用干棉球压迫注射部位（图 3-5-3）。

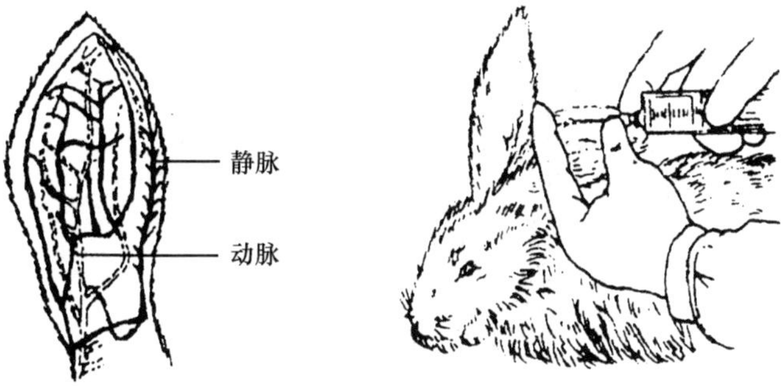

图 3-5-3　家兔耳缘血管分布及注射方法

2. 小鼠、大鼠尾静脉注射　将小鼠或大鼠固定于盒内或扣在较重的烧杯内，使其尾巴外露，尾部可用 45～50℃温水浸泡半分钟或用 75% 酒精棉球擦之，使尾部的血管扩张，大鼠尾部角鳞较多，需先刮去。以拇指和食指捏住尾根部左右侧，使血管更加扩张，尾部静脉显得更清楚，以第四指和小指夹住尾端部，以中指托起尾巴，以使尾巴固定。用4号细针头选其两侧静脉距尾尖2/3处水平方向向心进针。应注意注入药液时是否通畅，若阻力较大，注射部位皮下发白，表示药液没进入静脉内，应更换部位重新注射，注射完毕后，用棉球轻轻揉压注射部位，以免出血（图3-5-4）。

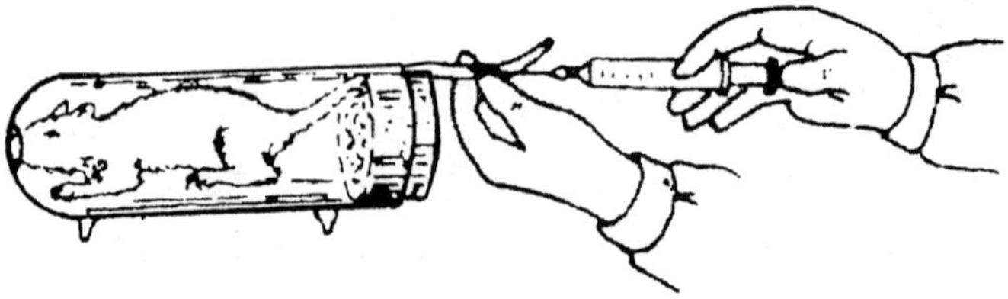

图3-5-4 小鼠尾静脉注射

3. 犬的前后肢静脉注射 将犬固定后，将犬前肢内侧静脉部或后肢小隐静脉部位去毛，在静脉向心端处用橡皮带绑紧使血管充血。局部消毒后，针向近心端刺入静脉，为保证药物确实注入静脉，应回抽针栓，如有回血后，放松橡皮带，缓慢将药物注入。

4. 蟾蜍的腹壁静脉注射 将已破坏脊髓的蟾蜍固定于蛙板上，剪开腹部皮肤，沿腹部正中线左侧约1cm处剪开腹肌并翻转，可见腹静脉沿腹壁下行，注射时用左手拇指和食指捏住腹壁肌肉，稍向外拉，用中指在下顶起腹壁肌肉，右手持注射器，将针头沿血管水平方向刺入即可。

（五）蛙（蟾蜍）淋巴囊注射

蛙的皮下有数个淋巴囊（图3-5-5），注入药物易吸收。一般以腹淋巴囊作为给药途径，注射方法为一手抓住蛙，固定四肢将腹部朝上，另一手取注射器，将注射针头从蛙大腿上端刺入，经过大腿肌层入腹壁皮下进入淋巴囊，然后注入药液．因为针刺经过肌层，因此当拔针时刺口易于闭塞，可避免药液漏出。注射量0.1～1.0ml/只。

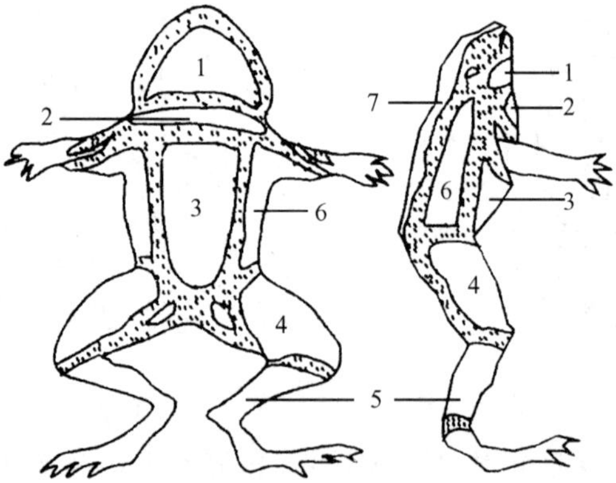

图3-5-5 蛙皮下淋巴囊

1. 颌下淋巴囊；2. 胸淋巴囊；3. 腹淋巴囊；4. 股淋巴囊；5. 足淋巴囊；
6. 腹侧淋巴囊；7. 背囊

第六节　实验动物麻醉方法和动物实验意外的处理

在急、慢性实验中，施行手术前必须对动物进行麻醉，使动物在手术或实验中减少疼痛，保持安静，以利于实验顺利进行。麻醉药的种类较多，作用原理也各有不同，它们除能抑制中枢神经系统外，还可引起其他生理机能的变化。理想的麻醉药应具备下列三个条件：第一，麻醉完善，实验过程中动物无挣扎或鸣叫现象，麻醉时间大致满足实验要求；第二，对动物的毒性及所观察的指标影响最小；第三，使用方便。麻醉药需根据动物的种类和实验手术的要求选择。麻醉必须适度，过浅或过深都会影响手术或实验的进程和结果。

一、常用麻醉药

1. 挥发性麻醉药　常用药物为乙醚。主要用于短时麻醉。经呼吸道吸入。

2. 非挥发性麻醉药　常用戊巴比妥钠、氨基甲酸乙酯（乌拉坦）。用于经血管内或血管外注射麻醉动物。如静脉麻醉、腹腔麻醉。

3. 局部麻醉药　常用普鲁卡因、利多卡因。可注射于局部使用。

二、麻醉方法

一般所用麻醉有两种形式，局部麻醉和全身麻醉，全身麻醉又分为吸入麻醉和非吸入麻醉两种。

（一）局部麻醉

某些情况下只需局部麻醉时可采用此法。如需动物在清醒情况下进行局部实验时，一般采用局部皮下注射法、黏膜局部滴药或涂药法。动物实验中常用的为局部皮下浸润麻醉，常用麻醉药为1%普鲁卡因。注射时，随切口方向把全部针头插入皮下，回抽针筒芯无回血时即可推注麻醉药，应边注射边将针头向外抽拉，第二针可以从前一针所浸润的末端开始，直至切口部位全部浸润为止。剂量按所需麻醉面积的大小而定，一般不得超过50mg/kg。

（二）全身麻醉

全身麻醉剂种类很多，又可分挥发性和非挥发性两大类。

1. 吸入性麻醉法　常用挥发性麻醉药物，有乙醚、氯仿、氟烷等。将较小动物（如小鼠、大鼠、豚鼠等）扣在玻璃罩内或烧杯中，然后把含有定量的麻醉药物棉球或纱布放入杯中，动物因吸入麻醉药物而被麻醉。较大的动物如猫、兔可放入麻醉箱中，通过向箱内注入麻醉药品而将动物麻醉，一般常用乙醚进行麻醉。优点为安全系数大，麻醉深浅易掌握。缺点是对上呼吸道黏膜有较强的刺激作用，使分泌物增加，易发生呼吸道阻塞，为减少这类的不良反应，可在麻醉前注射阿托品，以减少腺体分泌。

2. 非吸入性麻醉法(注射麻醉法) 非吸入性麻醉药在动物实验中应用甚广，使用非挥发性麻醉药物。各种非吸入性麻醉药物的选择，可因动物和实验目的及手术经过等因素而不同。犬和兔的慢性实验可用戊巴比妥钠麻醉较好。麻醉时间可持续 2～3 小时，麻醉后死亡率低。对大鼠亦适用，但麻醉时间仅持续 1 小时左右。对小鼠的麻醉时间则很短，不宜长时手术。

(1) 氨基甲酸乙酯(也称脲酯或乌拉坦，urethane)：氨基甲酸乙酯常用于兔、犬、猫、蛙等动物，溶于水，使用时可配成 20%～25% 的溶液。优点是价廉，使用简便，一次给药可维持 4～6h 或更长，且麻醉过程较平稳，动物无明显挣扎现象；缺点是苏醒慢，麻醉深度和使用剂量较难掌握。

(2) 巴比妥类

1) 戊巴比妥钠：此药最常用。本品为白色粉末，用时配成 1%～3% 的溶液静脉或腹腔注射。其作用发生快，持续时间 3～5h。静脉注射时，前 1/3 剂量可快速注射，以快速度过兴奋期；后 2/3 剂量则应缓慢注射，并密切观察动物的肌肉紧张状态、呼吸的频率和深度及角膜反射。动物麻醉后，常因麻醉药的作用以及肌肉松弛和皮肤血管扩张，致使体温缓慢下降，所以应设法保温。

2) 硫喷妥纳：为浅黄色粉末，其水溶液不稳定，故需在使用前临时配制成 2.5%～5% 溶液做静脉注射。一次给药可维持 0.5～1h。实验时间较长时可重复给药，维持量为原剂量的 1/10～1/5。

(3) 氯醛糖乌拉坦混合麻醉剂：本品常用于中枢神经实验，如大脑皮质诱发电位等。配制时取氯醛糖 1g、乌拉坦 10g，分别用少量 0.9% 氯化钠溶液加温助溶后再混合，然后加 0.9% 氯化钠溶液至 100mL。氯醛糖加温过高可降低药效。

(4) 吗啡：吗啡的中枢抑制作用很强，尤其是对呼吸和心血管中枢。呼吸和循环实验最好不用。进行慢性实验手术时，常用吗啡作为基础麻醉(2～4mg/kg，静脉注射)，然后再加乙醋。吗啡的止痛效力很强，用于维持动物术后的止痛安静。猫、兔及鼠等小动物不直接使用吗啡。

三、常用麻醉药物的用量

常用实验动物的注射用麻醉药用量详见表 3-6-1。

表 3-6-1 实验常用麻醉药物的作用特点与用药剂量

药名	动物	给药途径	常配浓度(%)	给药剂量(ml/kg · w)	维持时间
戊巴比妥钠	大、小鼠	腹腔	2	2～3	3～5h
	豚鼠	腹腔	2	2～2.5	
	犬、家兔	静脉	3	1	
巴比妥钠	犬	静脉	2.5～3	1	2～4h
	大鼠	腹腔	1	0.3～0.4ml/100g	

续表

药名	动物	给药途径	常配浓度(%)	给药剂量(ml/kg·w)	维持时间
氨基甲酰乙酯(乌拉坦)	犬、家兔	静脉	20	5	2~4h
	大、小鼠	腹腔	10	1.5ml/100g	
氯胺酮	犬、家兔	静脉	1	0.3~0.5	20~30min
	大鼠	肌肉	1	0.6ml/100g	30min
	豚鼠	腹腔	1	0.8ml/100g	30min
普鲁卡因	各种动物	脊髓、黏膜	1	视情况而定	30min

麻醉剂的用量，除参照一般标准外，还应考虑动物个体对药物的耐受性不同。在使用麻醉剂过程中，必须密切观察动物的状态，随时检查动物的反应情况。绝不可按体重计算出的用量匆忙进行注射。

麻醉效果判断可根据：① 呼吸频率和深度：呼吸节律呈现深而慢的改变；②角膜反射的敏感度和有无：角膜反射存在但较为迟钝；③肢体和腹壁肌肉的紧张度：肢体肌肉松弛，腹壁肌肉紧张度下降，躯体呈现自然倒下；④对痛刺激的反应：用止血钳或镊子夹皮肤无疼痛反应。

注射麻醉时应注意如下事项：①术者一定要密切观察动物呼吸，根据呼吸随时改变注药速度，绝不能当动物已经出现呼吸过慢，甚至停止，术者还未发现；②犬、猫或灵长类动物，手术前 8~12h 应禁食，避免麻醉或手术过程中发生呕吐。家兔或啮齿类动物无呕吐反射，术前无需禁食；③如用药量已达参考剂量而动物仍呼吸急促，对夹捏末端肢体的挣扎反应明显，可继续缓慢加注麻醉药，直到麻醉满意。但腹腔注射一次加用剂量不能超过计算总量的 1/5；④在寒冷条件下麻醉动物往往体温逐渐下降，应注意保温；⑤如动物呼吸停止应立即抢救。

四、实验动物意外的处理

机能实验常在实验动物的呼吸、血压、体温等生理指标相对稳定的情况下进行。如果在麻醉、手术操作或实验过程中出现严重异常情况，应立即采用急救措施，以保证实验顺利进行。

（一）麻醉意外处理

麻醉过量是由于麻醉剂给药速度过快或剂量过大引起动物生命中枢麻痹，呼吸缓慢且不规则，甚至呼吸、心跳停止的紧急情况，是机能实验中较常见的意外之一。一旦发现麻醉过量，应立即处理，不能拖延。根据麻醉程度不同采取不同的处理方法。处理的方法是：

1. 呼吸慢而不规则，血压或脉搏仍属正常，一般施以人工呼吸（在家兔和大白鼠可用双手抓握动物胸腹部，使其呼气，然后快速放开，使其吸气，频率约每秒一次，如呼吸停止系由于给药太快，注入量未达计算剂量，一般可很快使动物恢复呼吸,也可同时夹捏动物肢体末端部位,促进呼吸恢复)。或静脉注射尼克刹米(50mg/kg)兴奋呼吸中枢。

2. 呼吸停止但仍有心跳时,给苏醒剂并进行人工呼吸。

3. 呼吸、心跳均停止,心内注射 1∶1000 肾上腺素 1ml,用人工呼吸机通气心脏按压,肌注苏醒剂,静脉注射 50% 葡萄糖液。

常用苏醒剂:尼可刹米 2~5mg/kg

洛贝林 0.3mg/kg

咖啡因 1mg/kg

(二) 大出血

若手术过程中不慎损伤血管,出血致使血压下降,此时应沉着,首先压迫出血部位,找准出血点,结扎止血,再静脉注入温热生理盐水,使血压恢复或接近正常水平。

实验动物大出血的预防是最重要的,其次才是尽快止血。因为如果动物出血过多,可使实验结果不准确,甚至不能再进行实验。防止手术大出血的方法是手术前一定熟悉手术部位的解剖结构,以防误伤大血管,分离血管时要仔细、耐心(但也不能不敢动手,以致延迟实验时间),分离血管遇阻力时应仔细检查有无血管分支,特别是手术野背侧的分支。颈部手术时,大出血最常见的原因是误伤颈根部位颈总动脉和颈外静脉。防止方法是强调在暴露气管前皮肤切开、分离皮下筋膜和肌肉均应在正中线操作;具体做法是先让皮肤、皮下筋膜处于自然位置(即不受任何牵拉时的位置),找出正中线,然后切开、分离,因为颈部大血管均位于正中线两侧,且愈近颈根部,越往中线靠近。大出血发生后的处理方法是赶快用纱布压迫出血部位并因此吸去创面血液,然后去除纱布,看清出血部位,用止血钳夹住出血血管及周围少量组织,然后用丝线结扎出血点。颈部大出血的第二位原因是颈总动脉插管结扎不紧漏血、插管滑脱和插管刺破血管壁出血,处理方法是重新结扎,或止血后重新插管。颈部手术大出血时,出血迅速但止血也相对容易,止血后一般仍能进行动物实验,故处理时不要惊慌,不要盲目用止血钳乱夹,应按照操作规程止血、处理。股动脉、股静脉手术大出血大部分由于分离股动脉时未注意分支或操作粗暴引起股动脉撕裂和分支断裂引起,少部分由于分离动、静脉引起股静脉撕裂。出血发生后的处理应据情而定,如股动、静脉出血发生在较远端,可将出血部位暂时压迫止血,继续向近心端分离一端血管,然后按前述方法插入血管插管,让原出血点位于远端结扎线与血管插管之间,可自然达到止血目的,又不影响实验。如出血发生在近心端,插管已不可能,宜用止血钳夹住出血部位,结扎止血后,再于对侧肢体分离血管。其余部位出血的处理与上述大致相似。

(三) 窒息

气道阻塞或半阻塞,呼吸不通畅,耳或唇发绀,应立即剪开气管。如果先已插入气管立即拔管,用裹紧棉花的小棉签轻擦去分泌物,使气道通畅,再插入气管插管用人工呼吸机通气,使呼吸频率或深度恢复正常。

第七节　实验动物的基本手术部位及方法

一、兔、猫、犬颈部手术

颈部手术包括神经、静脉、颈总动脉及气管的暴露、分离和插管术。其步骤如下：

1. 剪毛　动物仰卧固定，用弯手术剪或粗剪刀剪毛，不可用组织剪或眼科剪。剪毛范围应大于切口长度。为避免剪伤皮肤，可一手将皮肤绷平，另一手持剪刀平贴于皮肤逆着毛的朝向剪毛。剪下的毛应及时放入盛水的杯中浸湿，以免到处飞扬。

2. 麻醉　在颈部正中皮下注射1%普鲁卡因2～3ml行局部浸润麻醉，或静脉注射20%氨基甲酸乙酯（乌拉坦）5ml/kg体重，进行全身麻醉。

3. 切口和止血　手术者左手的拇指和食指撑紧皮肤，右手持手术刀，沿颈部正中线以适当力度一次切开皮肤和皮下组织直至肌层，上起甲状软骨，下达胸骨上缘，用几把皮钳夹住皮肤切口边缘暴露手术野，以利进一步的操作。

在手术过程中应保持手术野清晰，防止血肉模糊妨碍手术操作和实验观察。因此应注意避免损伤血管，如有出血应及时止血。止血的方法有：①组织渗血，可用温热盐水纱布压迫、明胶海绵覆盖或电凝等方法；②较大血管出血，应用止血钳夹住出血点及其周围少许组织，结扎止血；③骨组织出血，先擦干创面，再及时用骨蜡填充堵塞止血；④肌肉的血管丰富，肌组织出血要与肌肉一同结扎。

为避免肌组织出血，在分离肌肉时，若肌纤维走向与切口一致，应钝性分离；若肌纤维走向与切口不一致。则应采用两端结扎中间切断的方法。干纱布只用于吸血和压迫止血，不可用来揩擦组织，以免组织损伤和刚形成的血凝块脱落。

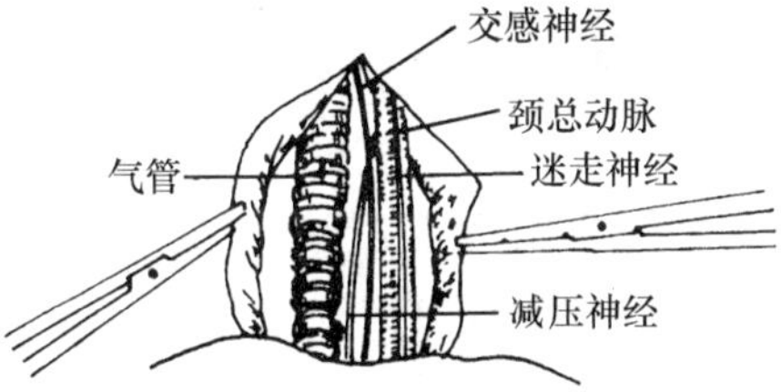

图 3-7-1　家兔颈部结构示意图

4. 神经、血管和气管的暴露与分离（图 3-7-1）

（1）气管：在切口下分开皮下组织和胸骨舌骨肌及胸锁乳突肌，即看到气管，用玻璃分针或刀柄将覆盖于气管表面的筋膜去除，使气管完全暴露。用弯止血钳或镊子在气管下穿一根细棉线备用。

（2）颈总动脉：位于气管两侧，分离覆盖于气管上的胸骨舌骨肌和侧面斜行的胸锁乳突肌，深处可见颈动脉鞘。细心分离鞘膜，即见搏动的颈总动脉和神经。分离出2～3cm长的颈总动脉，在其下穿线备用。

（3）颈外静脉：位于颈部皮下，胸锁乳突肌外缘，仔细分离1.5～2.0cm，穿线备用。

（4）神经：颈总动脉旁有一束神经与动脉伴行，这束神经中包含有迷走神经、交感神经和减压神经。小心分离颈动脉鞘后，仔细辨认3条神经。3条神经均与动脉平行，迷走神经最粗，交感神经次之，减压神经最细。减压神经如毛发粗细且常与交感神经紧贴在一起。用玻璃分针将所需神经仔细分离出1～2cm，穿线备用。

神经和血管都是易损伤的组织，在分离过程中要细心、轻柔，以免损伤其结构与功能。且不可用有齿镊进行剥离，也不可用止血钳或镊子夹持。分离时应掌握先神经后血管、先细后粗的原则。分离较大的神经和血管时，应先用蚊式止血钳将其周围的结缔组织稍加分离，然后用大小适宜的止血钳沿分离处插入，顺神经或血管的走向逐步扩大，直至神经血管分离出来。在分离细小的神经或血管时，要用眼科镊子或玻璃分针小心操作，须特别注意保持局部的自然解剖位置，不要把结构关系搞乱。如要切断血管分支，应采用两端结扎中间剪断的方法。

分离完毕后，在神经或血管的下方穿一浸透生理盐水的丝线，供刺激时提起或结扎之用。然后盖上一块生理盐水纱布，防止组织干燥，或在创口内滴加适量温热液体石蜡，使神经浸泡其中。

5. 气管插管术　在甲状软骨下2～3cm处，选一气管软骨做横向切口，长度约为气管周长的一半，再向头端做一小的纵向切口，便呈倒“T”型，应防止血液流入气管内。把“Y”形气管插管的斜口面朝下向肺脏方向插入后，再转动插管使其斜口面朝上，用棉绳结扎切口处，将绳尾缚结固定于套管的分叉处。

6. 颈外静脉插管术　颈外静脉插管用于注射、取血、输液和中心静脉压测量。

取长度适当的塑料管或硅胶管，插入端剪成斜面，另一端插入粗细适当的钝针头。针座上连接三通活塞。用盛有稀肝素生理盐水的注射器与三通的另一端口相连，将肝素生理盐水充满导管，关闭活塞。

插管时先用动脉夹夹住静脉近心端，待静脉充盈后再结扎远心端。用眼科剪在静脉上靠远心端结扎处呈45°角剪一小口，约为管径的1/3或1/2，向心脏方向插入导管。将导管送入至所需的长度，犬、兔一般进入2～3cm。用已穿好的线打一个结，取下动脉夹。测量中心静脉压时，兔须插入5cm，此时导管口在上腔静脉的右心房入口处，打好第二个结，并将远心端结扎线围绕导管打结使之固定。

7. 颈总动脉插管术　做测量血压或放血用。导管的准备同颈外静脉导管。

结扎动脉远心端，用动脉夹夹住近心端，两端的距离尽可能长。用眼科剪在靠远心端结扎线处的动脉上呈45°角剪一个小口，约为管径的1/3或1/2，向心脏方向插入动脉导管。插入塑料管后用已穿好的线打一个结，其松紧以放开动脉夹后不致出血为度。小心慢慢放开动脉夹，如有出血，再将线扎紧些，但不要太紧以免影响导管拉动。将导管送入约2～4cm，结扎得更紧一些使导管不致脱出。用远心端的结扎线围绕导管打结使固定。插玻璃制的动脉导管时，将充满肝素的导管插入0.5cm左右，打结缚紧，在侧管上再打一个结以固定牢固，防止插管滑脱。暂勿放开动脉夹。注意动脉导管勿使管尖与动脉壁成折角状戳破动脉壁。

二、兔、猫、犬股部手术

股部手术是为了分离股动、静脉并进行插管，供放血、输血、输液及注射药物之用。其步骤如下：

1. 动物仰卧固定，剪去股三角区被毛。

2. 用手触摸股动脉搏动，辨明动脉走向。在该处做局麻后，沿动脉走行方向在皮肤上做3~5cm长的切口。

3. 用血管钳分离皮下组织及筋膜，即看到股动、静脉和神经。三者的位置由外向内依次为股神经、股动脉、股静脉。股动脉在中间偏后，恰被股神经和股静脉所遮盖。

4. 以蚊式钳小心地将股神经首先分出，然后再分离股动脉与股静脉之间的结缔组织，注意勿损伤血管小分支，分离出2~3cm长的股动脉或股静脉。

5. 分别在远心端结扎血管，并用动脉夹夹闭近心端血管。在动脉夹后穿线，以备固定插管用。用眼科剪朝心脏方向将血管剪一小口（剪口尽量靠近远端），然后用一连接有注射器的塑料插管，从剪口处沿向心方向插入血管内（注意插入时，管尖端与血管保持平行，勿使尖端戳破血管）。插入2~3cm后，用结扎线固定。

三、开　颅　术

在研究中枢神经系统的功能时（如大脑皮质诱发电位、皮质功能定位等），往往需打开颅骨，安置或埋藏各种电极、导管等。颅骨开口及位置大小视实验需要而定。

现以兔为例介绍开颅方法：动物麻醉后行气管插管术，固定兔于脑立体定位仪下。剪去头顶部的被毛，沿矢状线切开头皮，分离皮下组织及肌肉，钝性分离骨膜，暴露前囟、人字缝和矢状缝，确定开颅位置，在其中心钻一小孔。调好颅骨钻头的钻进深度（兔一般为2~3mm），将钻头中心轴插入小孔，垂直向下压并旋转钻头。钻至内髓板时有突破感，此时应减轻力度，缓缓进钻，以免损伤硬脑膜及脑组织，当旋转至有明显突破感时则可打开颅骨。如需扩大颅骨开口，可用咬骨钳一点一点咬除，不能大块撕扯，以免出血难止。咬除矢状静脉窦处的颅骨时尤须小心。一般应保留前囟、人字缝等骨性标志。如需剪除硬脑膜，可用弯针头挑起，用眼科剪小心剪开，勿损伤皮质小血管。

第八节　实验标本采集方法

合理、准确、有效地采集实验动物的体液是医学实验的一个重要环节，有其特殊要求和技术标准，对机能实验学而言，现仅对常用的技术作重点介绍。

一、采　　血

（一）小鼠和大鼠

1. 剪尾采血　需血量较少时常用此法。先将动物固定，鼠尾浸在45℃左右的温水中数分钟或用乙醇棉球涂擦鼠尾，使其血管充盈，然后剪去尾尖1～2mm（小鼠）或3～5mm（大鼠），使血液自然流入试管或用血红蛋白吸管吸取。采血结束后，伤口应消毒并压迫止血。此法每只鼠一般可采血10次以上。小鼠每次取血0.1ml左右，大鼠可取血0.3～0.5ml。

2. 眼眶后静脉丛采血　操作者一手固定动物，食指和拇指轻压颈部两侧，使眶后静脉丛充血，另一手持毛细采血管，以45°角刺入内眦部，并向下旋转4～5mm，感觉刺入静脉丛后，再向外边退边吸，当获得所需血量后，松解颈部压力，拔出采血管，以防穿插孔出血。如技术熟练，此法可在短时间内重复采血。小鼠一次可采血0.2～0.3ml，大鼠可采血0.5ml，如只是进行一次性采血，可采用摘除眼球法。

3. 股动脉采血　大量取血时常用此法。先手术分离股动脉，用注射器套上针头刺入血管取血。小鼠一次采血量可达0.5ml，大鼠可达2.0ml，操作时防止喷血。

此外，还可以采取断头、心脏采血等方法收集血液。

（二）家兔

1. 耳缘切口采血　先将家兔耳部消毒，用刀片割破耳缘，让血液自动流入容器，采少量血时用此法，一次可采血5～10ml，可多次反复使用。

2. 心脏采血法　采血前，将动物麻醉并仰卧固定于实验台上，心前区皮肤剪毛，常规消毒，在第3肋间隙，胸骨左缘3mm处垂直刺入心脏，由于心脏的搏动，血液可自动进入注射器。如无血液流出，可拔出针头后重新穿插，不能左右来回斜穿，以防造成气胸。经6～7天后可重新穿刺，每次可采血20～25ml。

（三）豚鼠

1. 静脉采血　采少量血时用此法。可经耳缘静脉取血，方法与家兔相同。一次采血量约0.5ml。也可足静脉取血，先将其后腿膝关节伸直，乙醇消毒足背面，找出背中部足静脉后，用左手拇指和食指拉住豚鼠的趾端，右手持注射针刺入静脉，抽出注射器后即有血渗出。

2. 心脏取血　与兔心脏采血方法类似。注意心穿刺位置在胸骨左侧第3、4肋间心尖搏动最强处。

（四）犬

1. 前肢内侧皮下头静脉和后肢外侧小隐静脉采血　此法最常用。由助手将犬固定，采血部位剪毛、消毒，实验者用左手拇指和食指握紧肢体上部或扎紧止血带，使远端静脉充血。右手用接有7号针头的注射器刺入静脉，左手放松，以适当速度抽血,一次可采血 10~20ml。

2. 颈静脉采血　大量或连续采血时可用此法。需分离动物颈外静脉,将导管特殊处理后,固定于动物背部,在长时间(24 小时)内可多次采集血样本。

二、采　　尿

(一) 代谢笼法

此法较常用,适用于小鼠和大鼠的尿液采集。代谢笼是能将尿液和粪便分开而达到收集动物尿液目的的一种特殊装置。

(二) 导尿法

此法常用于雄性兔、犬。动物轻度麻醉后,固定于手术台上,由尿道插入导管(导管顶端应涂抹液体石蜡),可以采到无污染的尿液。

(三) 压迫膀胱法

此法适用于兔、犬等大动物。将动物轻度麻醉后,实验者用手在动物下腹部加压,动作要轻柔而有力,当外力使膀胱括约肌松弛时,尿液会自动从尿道口排出。

三、消化液样本的采集

收集消化液一般在犬、家兔、猫等较大动物体内进行,可收集唾液、胃液、胰液、胆汁和肠液。这类收集技术的实施均需用手术方法。

(一) 唾液

在动物口腔部位,寻找颌下腺、舌下腺,分离沿腺导管,插入极细的聚乙烯导管,即可收集到唾液。

(二) 胃液

用胃导管插入方法,插入聚乙烯导管,在导管尾部接一注射器,即可收集到胃液。此法对大、小动物的胃液收集都适用。

(三) 胆汁

用手术方法切开腹腔,找到肝脏,轻轻向上翻转,即可见到肝脏与十二指肠连接的结缔组织。其中有一条较粗大的、呈黄绿色的管道即是胆总管。以小号圆针穿入两条结扎线,插入适度粗细的聚乙烯导管,牢固结扎手术线于胆总管管壁上,借助注射器收集胆汁即可。注意大鼠没有胆囊,不适宜做收集胆汁的观察分析。

(四) 肠液

用手术方法切开腹腔,找到预定的肠管,实施肠瘘手术,并将肠导管移至腹壁,用手术缝合线牢固固定,即可收集肠液。

第九节 实验动物处死方法

急性动物实验结束后,常需将动物处死;另外,因采取脏器、组织等特殊需要也常处死动物。处死方法种类而异。

(一) 大鼠、小鼠的处死方法

1. 脊椎脱臼法 右手抓住鼠尾用力后拉,同时左手拇指与食指用力向下按住鼠头,将脊髓与脑髓拉断,鼠立即死亡。

2. 断头法 在鼠颈部用剪刀将鼠头剪掉,鼠因断头和大出血而死。

3. 打击法 右手抓住鼠尾并提起,用力摔击鼠头(也可用小木锤用力打击鼠头)使鼠致死。

(二) 犬、猫、兔、豚鼠的处死方法

1. 空气栓塞法 向动物静脉内注入一定量空气,使之发生空气栓塞而致死。静脉内注入空气的量为:兔、猫约20~40ml;犬约80~150ml。

2. 急性放血法 自动脉(颈动脉或股动脉)快速放血,使动物迅速死亡。

3. 破坏延脑法 实验中如已暴露脑髓,可用器具破坏延脑使动物死亡。

4. 开放气胸法 将动物开胸,造成开放性气胸,导致肺萎陷使动物窒息死亡。

5. 化学药物致死法 常用静脉内快速注入过量氯化钾,使心脏骤停致死。

6. 过量麻醉致死法 快速过量注射非挥发性麻醉药(投药量为深麻醉时的30倍),或让动物吸入过量的乙醚,使实验动物中枢神经经过过度抑制,导致死亡。

第四章 基础性实验

实验一 坐骨神经-腓肠肌标本制备

【实验目的】

1. 学习急性离体实验的实验方法。

2. 通过本实验熟悉刺激、兴奋、兴奋性和可兴奋组织的概念。

3. 掌握蛙坐骨神经-腓肠肌标本的制备方法。

【实验原理】

蟾蜍或蛙等两栖类动物的一些基本生命活动及生理功能与温血动物近似，但其离体组织所需的条件较简单，易于控制和掌握。坐骨神经和腓肠肌属于可兴奋组织，把蛙的坐骨神经-腓肠肌标本置于任氏液中，其兴奋性在几个小时内保持不变，若给予坐骨神经适宜的刺激，可使神经和肌肉产生兴奋，肉眼可以看到肌肉的收缩和舒张，因而可利用此标本来观察神经和肌肉基本活动。

【实验动物】

青蛙或蟾蜍。

【器材与药品】

蛙类手术器械一套（包括粗剪刀一把，组织剪一把，线剪一把，眼科剪一把，探针一支，镊子一把，滴瓶一套，换药碗两个，蛙板一个，玻璃皿两个，锌铜弓一个，玻璃分针两支，手术线若干，蛙钉四个），任氏液（具体配制方法见表3-4-3）。

图 4-1-1 破坏蟾蜍脑脊髓

【方法与步骤】

1. 破坏脑、脊髓 取蟾蜍一只置于左手掌上，左中指和无名指夹住其前肢，小指背抵住其骶部，使后肢悬空，拇指轻放于背部，食指压其头部前端使其尽量前俯，以便枕骨大孔定位。右手将探针自枕骨大孔处垂直刺入约2mm，随后将探针向上进入颅腔，左右摆动，彻底捣毁脑组织；再将探针退出至枕骨大孔处，向后下刺入椎管，捻动探针完全捣毁整个脊髓。脑脊髓完全破坏的标志是：下颌呼吸运动消失，无自发运动，四肢松软（图4-1-1）。

2. 剪去躯干上部和内脏 左手握住蟾蜍后肢，此时躯干上部及内脏即全部下垂。右手持粗剪刀在骶髂关节前1~1.5cm处，剪断脊柱，再沿脊柱两侧剪开腹壁，此时躯干上部和内脏全部下垂，剪除躯干上部及内脏组织，在腹侧脊柱两旁可见到坐骨神经，需注意勿损伤神经。

3. 剥皮　用左手持镊子夹住脊柱断端(避开神经)，右手捏住脊柱断端皮肤边缘，逐步向下牵拉剥离皮肤。全部皮肤剥除后，将标本置于盛有任氏液的培养皿中。

4. 洗净双手和用过的全部手术器械。

5. 分离两腿　用粗剪刀沿中线将脊柱剪成左右两半，再从耻骨联合中央剪开(为保证两侧坐骨神经完整，应避免剪时偏向一侧)，将已分离两下肢标本浸入盛有任氏液的培养皿中备用(图 4-1-2)。

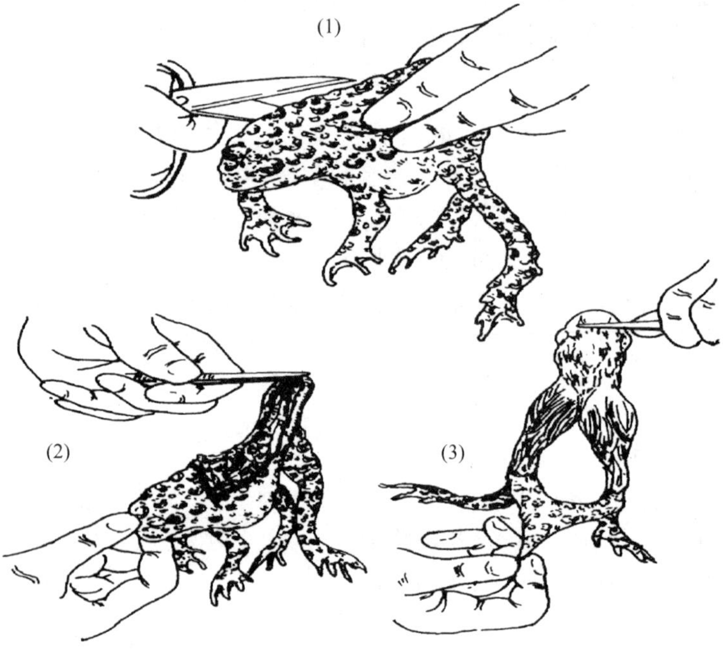

图 4-1-2　剪除蟾蜍内脏和剥皮示意图

(1) 、(2)剪除内脏，(3)剥皮

6. 完成坐骨神经-腓肠肌标本

(1) 游离坐骨神经：取出一下肢，用蛙钉固定于蛙板上，固定时要注意，坐骨神经和腓肠肌朝上。先用玻璃分针沿脊柱侧游离腹腔部坐骨神经，然后将标本背侧向上放置，将梨状肌及其附近的结缔组织剪断，再循股二头肌和半膜肌之间的坐骨神经沟纵向分离，暴露大腿部分的坐骨神经直至腘窝胫腓神经分叉处。将脊柱多余部分剪去，保留小块与坐骨神经相连的脊柱。用镊子夹住这小块脊柱并将坐骨神经轻轻提起，自上而下剪断坐骨神经分支，游离出坐骨神经(注意不要用金属器械触碰神经和过度牵拉神经，并注意滴加任氏液使神经保持湿润)。

(2) 完成坐骨神经-腓肠肌标本：把游离的坐骨神经搭在腓肠肌上，从膝关节周围开始剪断大腿所有肌肉在该处的肌腱，用粗剪刀将股骨刮干净，然后在股骨中部剪去上段股骨(留 1cm 的股骨);在小腿跟腱下方穿线结扎腓肠肌肌腱,用组织剪在靠结扎线远端剪断肌腱,轻提结扎线使腓肠肌与小腿分离。于膝关节下方剪去小腿(注意保留完整的腓肠肌),完成坐骨神经-腓肠肌标本的制作,将标本放在任氏液中备用(图 4-1-3)。

(3) 检查标本的兴奋性:用任氏液湿润的锌铜弓迅速接触坐骨神经,如出现腓肠肌明显收缩,则表示标本的兴奋性良好。

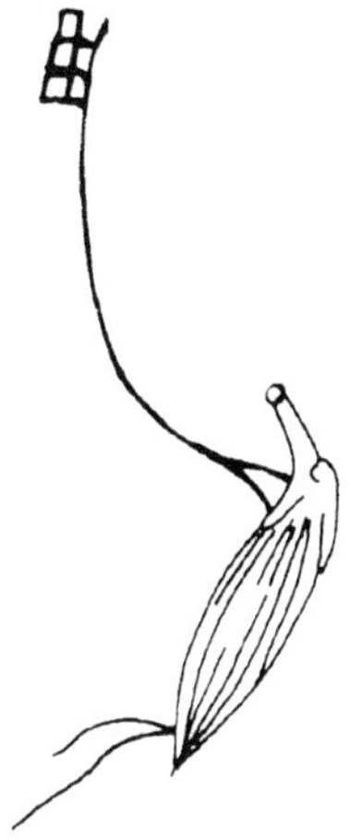

图 4-1-3　坐骨神经-腓肠肌标本

【注意事项】

1. 破坏脑、脊髓要彻底。

2. 在分离过程中,把神经周围的结缔组织去除干净,并剪除神经的细小分支。

3. 注意不要用金属器械碰触神经,只能用玻璃分针分离神经;也不要对神经过度牵拉,且应滴加任氏液使神经保持湿润。

4. 分离肌肉时,注意按层次进行。

5. 要保留一段股骨,以备固定标本之用。

【思考题】

1. 用坐骨神经-腓肠肌标本可完成哪些方面的实验?

2. 如果单纯制作坐骨神经干标本,操作步骤与本实验操作有哪些不同?

3. 为什么要用任氏液浸润标本?

4. 锌铜弓为什么能检测神经肌肉的兴奋性?

实验二　不同刺激强度、刺激频率对骨骼肌收缩的影响

【实验目的】

1. 熟悉两栖类动物离体标本的制作方法。

2. 观察电刺激强度与肌肉收缩反应的关系,理解阈刺激、阈上及阈下刺激以及最大刺激的概念。

3. 观察电刺激频率的变化对骨骼肌收缩形式的影响,记录骨骼肌单收缩和复合收缩,分析骨骼肌产生不同收缩形式的基本条件。

【实验原理】

1. 一条坐骨神经干是由许多兴奋性不同的神经纤维所组成的。保持足够的刺激时间不变,刚能引起其中兴奋性较高的神经纤维产生兴奋,表现为受这些神经纤维支配的肌纤维发生收缩,此时的刺激强度即为这些神经纤维的阈强度,具有此

强度的刺激叫阈刺激。随着刺激强度的不断增加有较多的神经纤维兴奋，肌肉的收缩反应也相应逐步增大，当刺激强度增大到某一值时，神经中所有的纤维均兴奋，此时的肌肉做最大的收缩。再继续增加刺激强度，肌肉的收缩反应不再继续增大。能够引起整束神经或肌肉全部纤维兴奋的最小刺激强度的刺激称为最大刺激（最适刺激）。

2. 用最大刺激以不同频率刺激神经时，若刺激频率较低，每次刺激的间隔时间超过肌肉单收缩的时程，则肌肉出现一连串的单收缩；若刺激频率逐渐增加，使刺激间隔小于单收缩的时程，则出现多个收缩反应的融合，称为复合收缩（强直收缩）。后一次收缩都发生在前一次收缩的舒张期，肌肉表现为不完全强直收缩（incomplete tetanus）；若后一次收缩都发生在前一次收缩的收缩期，肌肉则表现为完全强直收缩（complete tetanus）。

【实验动物】

青蛙或蟾蜍。

【器材与药品】

蛙类手术器械 1 套、培养皿、铁架台、双凹夹、机械换能器、锌铜弓、肌动器、滴管、污物缸、任氏液等，BL-420 生物信号采集处理系统。

【方法与步骤】

1. 制作坐骨神经-腓肠肌标本，方法同实验一。

2. 连接实验装置

（1）打开计算机，进入 BL-420 生物信号采集实验操作系统。

（2）将张力换能器固定在铁支架上，肌动器固定在铁架台的双凹夹上，且与换能器平行。

（3）把标本中预留的股骨固定在肌动器上，坐骨神经搭在肌动器的刺激电极上，刺激电极与计算机刺激输出相连，腓肠肌的跟腱结扎线固定在换能器上，此线不易太紧或太松，且与桌面垂直。保持神经和刺激电极接触良好。

3. 观察项目

（1）观察不同刺激强度对腓肠肌收缩的影响：点击 BL-420 生物信号采集实验操作系统界面“实验项目”，选择“神经肌肉实验”中的“刺激强度与反应之间的关系”模式，选用适当的最初刺激强度，可以采用程控或非程控刺激方式，调节适当的刺激间隔和刺激增量，观察在不同的刺激强度下肌肉收缩幅度的变化，找出最小和最大刺激。

（2）观察不同刺激频率对腓肠肌收缩的影响：点击 BL-420 生物信号采集实验操作系统界面“实验项目”，选择“神经肌肉实验”中的“刺激频率与反应之间的关系”模式，调节适当参数，从而描记出单收缩、不完全强直收缩、完全强直收缩图形。

（3）结果记录：描记不同收缩曲线，进行编辑，最后打印出实验结果。

【注意事项】

1. 制备神经肌肉标本以及实验操作过程中,要不断滴加任氏液以防标本干燥而丧失正常生理活性。

2. 操作过程中应避免强力牵拉和手捏神经或夹上神经肌肉。

3. 每次刺激之后必须让肌肉有一定的休息时间(0.5~1.0min)。

4. 如果肌肉在未给刺激时即出现挛缩,可能是由于仪器漏电或其他刺激等原因引起,应检查仪器接地是否良好。

5. 找准最大刺激强度,不能刺激过强而损伤神经。

【思考题】

1. 本实验从给电刺激到肌肉收缩是否存在潜伏期?如果存在说明其原因?

2. 肌肉单收缩波形的收缩期与舒张期时间是否相同?原因何在?

3. 为什么肌肉强直收缩时曲线可以融合起来,肌肉动作电位能否融合?

4. 同一块肌肉,其单收缩、复合收缩和强直收缩的高度是否相同?为什么?

实验三 神经干动作电位引导及其传导速度测定

【实验目的】

1. 通过学习神经干动作电位细胞外引导记录方法,了解电生理实验的基本方法和基本仪器的使用。

2. 了解测定神经干动作电位传导速度的原理和方法。

【实验原理】

各种可兴奋细胞处于兴奋状态时,都有一个共同的反应——动作电位,即细胞膜受刺激后在原有静息电位基础上发生的一次膜两侧电位的快速倒转和复原。动作电位是细胞兴奋的标志,它只是在外加刺激达到一定强度时方可出现。该实验中神经干动作电位的引导采用的是细胞外记录,当冲动传来,神经的兴奋部位对于静止部位来说呈负电位,两者之间出现的电位差可被摆放在神经纤维外的记录电极和参考电极引导出来。由于本实验所用的坐骨神经标本包括许多种类的神经纤维成分,其各自的兴奋阈值不同,传导速度各异,所引到的动作电位为各峰电位之总和,为复合动作电位,因而其幅值在一定范围内随刺激强度增加而增大。

可兴奋细胞任何一个部位的膜受刺激产生动作电位后,该处已除极的膜电位和邻近仍处于安静极化状态的膜电位之间出现一电位差并引起局部电流,流动的结果是未兴奋部位的膜内电位升高,而膜外电位降低,膜除极达阈电位,邻近的膜也产生动作电位。动作电位同样以局部电流的形式沿神经纤维传导,其速度取决于神经纤维的直径、内阻、有髓或无髓等。坐骨神经为混合神经,通过测定该复合动作电位经过的距离和时间,即可计算出神经干兴奋传导的速度。

【实验动物】

蟾蜍或蛙。

【器材及药品】

蛙类手术器械、标本屏蔽盒、带电极的接线若干、任氏液、BL-420 生物信号采集处理系统。

【方法与步骤】

1. 制备坐骨神经干标本　游离出蛙或蟾蜍的坐骨神经干,从骶髂关节的发出端直到游离出小腿部的胫神经和腓神经,以使神经干的长度尽量长些。分离过程中,避免牵拉神经,剪去坐骨神经干分支及神经周围的结缔组织筋膜,最后神经两端用手术线结扎后剪断,将神经标本放入盛有任氏液的培养皿中备用。

2. 连接实验装置

(1) 连接神经标本屏蔽盒与 BL-420 的连线。

(2) 标本屏蔽盒内衬以浸湿任氏液的滤纸,以增加盒内空气湿度,防止神经干迅速干燥。

(3) 将神经干标本放置在刺激电极、接地电极和引导电极上(图 4-3-1)。

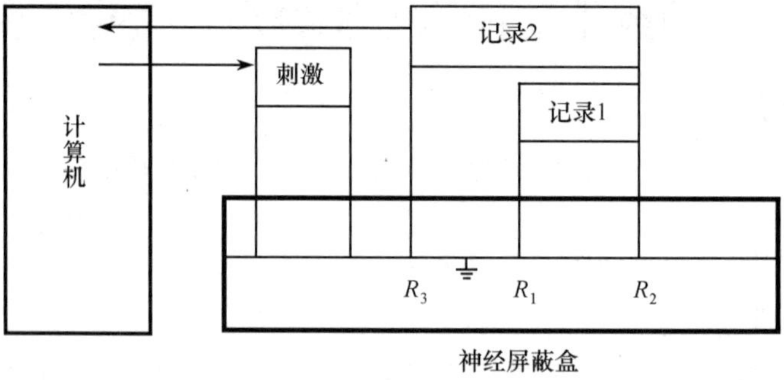

图 4-3-1　引导神经干动作电位实验装置示意图

(4) 启动 BL-420 生物信号采集处理系统,点击菜单"实验项目",选择"神经干动作电位引导"。启动单刺激,逐渐改变刺激幅度。

3. 观察项目

(1) 观察不同刺激强度对神经干动作电位的影响:逐渐增大刺激强度,找出刚能引起微小的神经干动作电位的刺激强度(阈强度)。继续增加刺激强度,神经干动作电位也相应增大,当动作电位增至最大时(不再随刺激强度而增大),该刺激强度即为最大刺激强度。

(2) 仔细观察双相动作电位波形:读出最大刺激时,双相动作电位上下相的幅度和整个动作电位持续时间。打印双相动作电位波形,测出其最大幅值及持续时间(图 4-3-2)。

(3) 观察把神经干标本放置方向倒换后,双相动作电位波形有何变化。

(4) 测定动作电位传导速度

1) 给予神经干最大刺激强度的刺激,在通道 1、2 的采样窗中,可观察到先后形成的两个双相动作电位波形。

2）测量标本屏障盒中两对引导电极之间的距离 S。计算神经冲动的传导速度（图 4-3-3）。

（5）观察和测定单相动作电位波形（在损伤神经标本之前，可先做“神经干动作电位不应期的测定”的实验）。

1）用镊子将两个记录电极之间的神经干夹伤，再刺激时呈现单相动作电位。

2）读出最大刺激时单相动作电位的振幅值和整个动作电位持续时间数值。

3）比较单相动作电位的上升时间和下降时间的长短，并分析与双相动作电位波形的关系。打印单相动作电位波形，测出其最大幅值及持续时间。

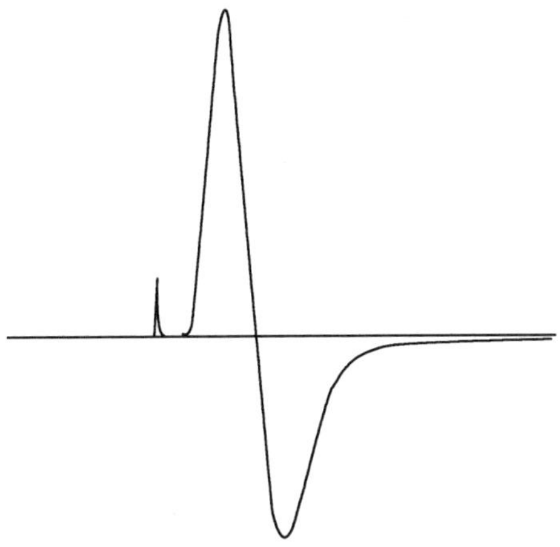

图 4-3-2 神经干动作电位

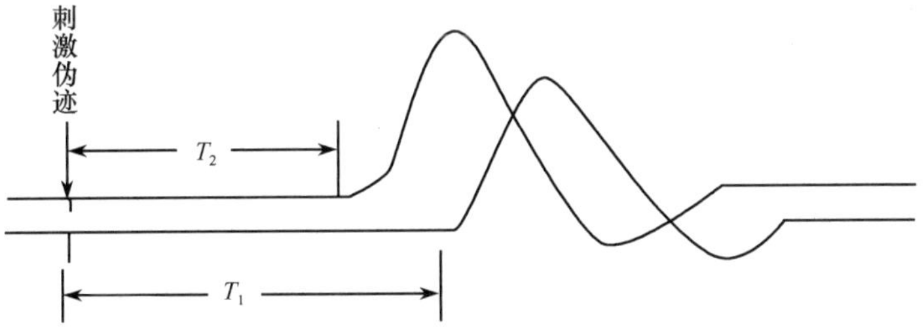

图 4-3-3 神经干动作电位传导速度的测定

【思考题】

1. 什么叫刺激伪迹？刺激伪迹是如何发生的？其与动作电位该怎样鉴别？
2. 本实验双向动作电位产生的机制是什么？
3. 神经干动作电位的幅度在一定范围内随着刺激强度的变化而变化，这是否与单一神经纤维动作电位的“全或无”性质相矛盾？
4. 倒置神经干后，动作电位有何变化？为什么？
5. 双相动作电位的上、下两相的幅值为何不等？
6. 如果单用一对引导电极能否测出神经干动作电位的传导速度？为什么？
7. 如果神经干标本足够长，刺激电极和记录电极之间的距离足够长，所记录的动作电位可出现数个波峰，试解释这些波产生的原因。

实验四 神经干兴奋不应期测定

【实验目的】

1. 了解蛙类坐骨神经干动作电位发生后，神经干自身的兴奋性的规律性变化。
2. 掌握不应期的概念。

【实验原理】

神经组织和其他可兴奋组织(excitable tissue)一样,在接受一次刺激产生兴奋以后,其兴奋性将会发生规律性的变化,依次经历绝对不应期(absolute refractory period)、相对不应期(relative refractory period)、超常期(supranormal period)和低常期(subnormal period),然后恢复到正常的兴奋水平。为了测定神经发生一次兴奋后兴奋性的变化,采用双脉冲刺激,可先给予一个中等强度的条件性刺激,使其引起兴奋,再用一个检测性刺激落在兴奋过程的不同时相,以检测性刺激是否引起动作电位以及幅度的改变来测定神经兴奋性变化规律,测出神经干的不应期。

【实验动物】

蟾蜍或蛙。

【器材与药品】

蛙类手术器械、标本屏蔽盒、带电极的接线若干、任氏液、BL-420 生物信号采集处理系统。

【实验步骤】

1. 制备坐骨神经干标本(方法同实验三)。

2. 连接实验装置(同实验三)　点击 BL-420 菜单“实验项目”,选择“神经干动作电位不应期的测定”。

3. 观察项目　给予神经干最大刺激强度,逐步改变刺激间隔时间,随着双脉冲时间间隔的缩短,逐渐缩短两个刺激方波之间的间隔,可见第二个动作电位向第一个动作电位逐渐靠近,当第二个动作电位幅值开始减小时,记下刺激间隔(T_2);继续缩短刺激间隔直至第二个动作电位消失,记下此时的刺激间隔(T_1),动作电位开始至 T_1 为绝对不应期,T_1 至 T_2 大致为相对不应期。

【思考题】

1. 本实验中为什么要用最大刺激,而不用阈刺激?

2. 在接受一次刺激产生兴奋以后,神经干为什么会出现不应期?

3. 如果条件性刺激和检测性刺激的参数独立可调,请设计如何观察坐骨神经干一次兴奋后其兴奋性变化的超常期和低常期?

实验五　蛙心起搏点观察

【实验目的】

1. 学习蛙类心脏暴露的方法,熟悉心脏的结构。

2. 利用改变局部温度和结扎的方法,观察蛙心起搏点和蛙心脏不同部位的自律性高低,从而加深对正常起搏点和潜在起搏点的理解。

【实验原理】

心脏的特殊传导系统具有自动节律性,但各部分的自律性高低不同,哺乳类动物以窦房结的自律性最高。正常心脏每次兴奋都从窦房结发出,依次传到心房、心室,相继引起心房、心室的收缩,所以窦房结称为心脏的正常起搏点。两栖类动物心脏的正常的起搏点位于静脉窦。它的自律性最高,正常情况下,心脏的活动节律服从静脉窦的节律,其活动顺序为:静脉窦、心房、心室。当正常起搏点的下传冲动受阻时,心脏其他节律性较低的部位自动节律性才能表现。本实验利用改变局部温度的方法,观察温度对心脏自动节律性的影响;用结扎的方法观察蛙心起搏点和蛙心不同部位自动节律性的高低。

【实验动物】

蟾蜍或蛙。

【器材与药品】

蛙类手术器械一套、任氏液、丝线、试管等。

【方法与步骤】

1. 标本制备

(1) 取蛙一只,用探针破坏脑和脊髓后,将蟾蜍仰卧固定在蛙板上。

(2) 用组织剪在胸骨下缘沿两侧肩胛骨方向呈倒三角依次剪开表面皮肤及肌肉层,最后横向剪去肌肉,可见心脏包在心包中。用镊子提起心包(注意不要夹在心肌上),再用眼科剪将心包剪开,暴露心脏。

2. 暴露的心脏(图 4-5-1)　识别左右心房,动脉圆锥、主动脉干、心室。观察心室在收缩时容积减小,颜色变为浅红色;舒张时容积增大,颜色变红。将心脏轻轻翻过去,识别静脉窦、前、后腔静脉。观察心脏的搏动从哪里开始,以及静脉窦、心房和心室的搏动顺序。

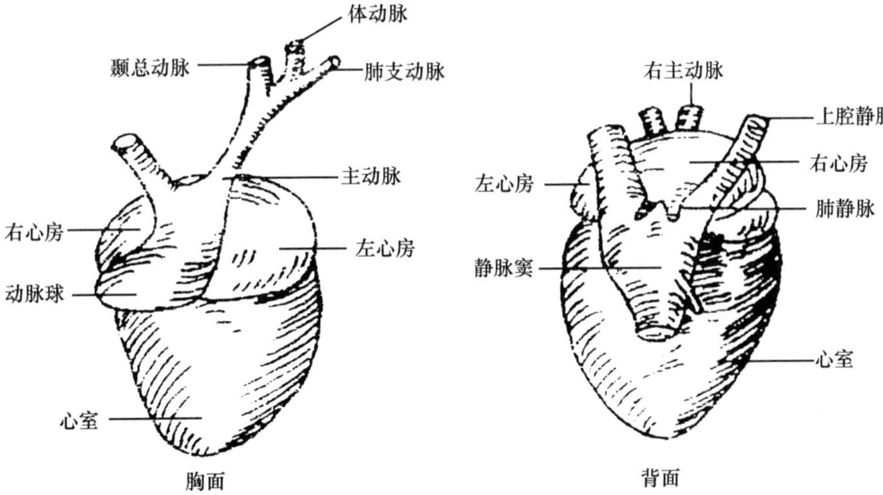

图 4-5-1　蛙心解剖示意图

(1) 分别计数它们在单位时间内的跳动次数,作为正常对照心跳频率填入实验记录表格(表 4-5-1)。

（2）用盛有 35~40℃热水的小试管先后接触心室、心房和静脉窦以改变它们的温度，并观察和记录心跳频率的变化。

（3）用细镊子在主动脉干下穿一线备用，再用细玻璃分针轻轻穿过心脏后面将心尖翻向头端，暴露心脏背面，找到静脉窦和心房交界的半圆形白线（窦房沟），然后将预先穿入的线沿着半月线进行结扎，以阻断静脉窦和心房之间的兴奋传导，观察心房、心室跳动是否停止，静脉窦是否仍照常跳动。

（4）心房、心室如已恢复跳动，则分别计数单位时间内静脉窦和心房、心室跳动次数，并观察它们的跳动是否一致。

（5）用丝线依次结扎窦房沟（第一结扎）和房室沟（第二结扎），观察心室是否跳动，如跳动，则分别计数单位时间内心房、心室跳动次数，并观察其跳动是否一致。

【注意事项】

1. 脑和脊髓的破坏一定要完全，以排除神经因素对心跳的影响。
2. 剪开心包时切勿损伤心脏。
3. 加温时接触部位一定要准确。
4. 结扎部位一定要准确。

【实验结果】

实验结果见表 4-5-1。

表 4-5-1　蛙心起搏点观察记录表

<table>
<tr><th colspan="2"></th><th>静脉窦（次/分）</th><th>心房（次/分）</th><th>心室（次/分）</th></tr>
<tr><td colspan="2">对照</td><td></td><td></td><td></td></tr>
<tr><td rowspan="3">加温</td><td>心室</td><td></td><td></td><td></td></tr>
<tr><td>心房</td><td></td><td></td><td></td></tr>
<tr><td>静脉窦</td><td></td><td></td><td></td></tr>
<tr><td colspan="2">第一结扎</td><td></td><td></td><td></td></tr>
<tr><td colspan="2">第二结扎</td><td></td><td></td><td></td></tr>
</table>

【思考题】

1. 两栖类心脏不同部位的自律性高低顺序是怎样的？为什么？
2. 实验中两次结扎各欲证明什么问题？
3. 为什么每次结扎后心脏不同部位会停跳？

实验六　期前收缩与代偿间歇

【实验目的】

通过对心脏施加额外刺激的方法，观察和了解期前收缩和代偿间歇产生的原理，验证心肌兴奋后兴奋性变化及其特点。

【实验原理】

心肌在一次兴奋过程中，其兴奋性发生规律性的变化。心肌兴奋性的特点是有效不应期长，几乎相当于整个收缩期和舒张早期。因此在心脏收缩期和舒张早期给予任何刺激，都不能引起心肌兴奋收缩。有效不应期长保证了心肌收缩和舒张交替进行，有利于心室的充盈和射血。在心室舒张中晚期，在正常节律性兴奋到达以前，给心脏施加较强刺激可引起一个提前出现的兴奋和收缩，分别称为期前兴奋（premature excitation）和期前收缩（premature systole）。期前兴奋也有不应期，如果窦性兴奋紧接在期前兴奋到达心房或心室，由于正处于期前兴奋的有效不应期内，故不能引起心房或心室新的收缩，即出现一次“脱失”，需待下一次窦房结的兴奋到来才能引起心房或心室兴奋，因此，在一次期前收缩之后，往往会出现一段较长时间的心室舒张期，称为代偿间歇（compensatory pause）。

【实验动物】

蟾蜍或蛙。

【器材与药品】

蛙类手术器械、刺激电极、蛙心夹、任氏液、BL-420 生物信号采集处理系统。

【方法与步骤】

1. 取青蛙或蟾蜍一只，破坏脑和脊髓，将其仰卧固定于蛙板上。由剑突水平向两肩关节方向剪开皮肤，然后沿胸骨打开胸腔，剪开心包，充分暴露心脏。

2. 将与换能器相连线的蛙心夹在心室舒张期夹住心尖。将与计算机连接的刺激电极的两端分别与蛙心夹和蟾蜍的身体相连（图 4-6-1）。

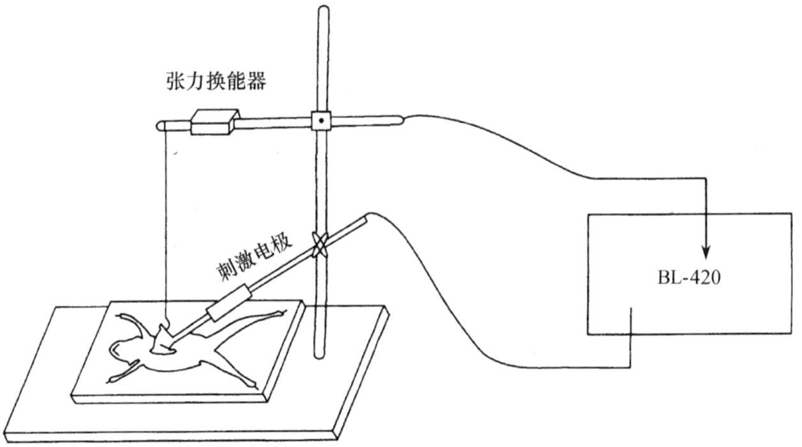

图 4-6-1 在体蛙心电刺激及心搏曲线记录装置

3. 打开生物信号采集系统，在“实验项目”中选择“期前收缩、代偿间歇”模块，调节适当的参数，通道显示出正常的节律性心脏收缩曲线。调节基线位置。调节刺激频率到单刺激,选择中等大小的刺激强度。记录正常心脏收缩曲线。

4. 分别在心舒张早、中、晚期等不同时刻用鼠标点击“刺激”按钮,给予心室一次刺激,注意心跳曲线的变化。观察刺激落在心室收缩期和舒张早期能否引起期前收缩,当刺激落在舒张早期之后能否引起期前收缩。如能引起期前收缩,观察其后是否出现代偿间歇(收缩之后出现一个较长的舒张期)。

【注意事项】

1. 实验过程中,注意用任氏液保持心脏表面的湿润。

2. 每刺激一次心室后,要让心脏恢复 2~3 个正常波动,保证刺激电极在心缩期和心舒期均接触良好。

【思考题】

1. 实验结果说明心肌的哪些生理特性?

2. 根据记录曲线,解释产生期前收缩和代偿间歇的原因。

3. 期前收缩之后一定有代偿间歇吗?为什么?

4. 期前收缩的幅度与正常收缩的幅度一样吗?为什么?

实验七　反射弧分析与脊髓反射观察

【实验目的】

用脊蛙分析、观察屈肌反射反射弧的组成部分;探讨反射弧的完整性与反射活动的关系,观察脊髓的反射活动并研究脊髓反射中枢活动的若干特征。

【实验原理】

在中枢神经系统参与下,机体对内外环境变化所做出的规律性应答称为反射。一些较简单的反射只需通过中枢神经系统的低级部位就能完成,而较复杂的反射需要较高级中枢部位的整合方能完成。反射活动的结构基础是反射弧,它一般包括感受器、传入神经、神经中枢、传出神经和效应器五部分。反射弧的任何部分受到破坏均不能实现完整的反射活动。脊髓与高位中枢断离的动物称为脊动物(如脊蛙、脊猫),此时动物产生的各种反射活动为单纯的脊髓反射。由于脊髓已失去高级中枢的正常调节作用,故利于观察和分析研究反射过程的某些特征。

在反射活动中,由于神经元特别是中间神经元联系方式的不同,使反射活动表现出某些特征,如反射时(完成某一反射所需的时间)的长短、反射活动空间范围的大小、持续时间长短等。

【实验动物】

青蛙或蟾蜍。

【器材与药品】

蛙类手术器械 1 套、铁支架、双凹夹、电刺激器、刺激电极、秒表、棉球、纱布、培养皿、150ml 烧杯 4 个、0.5% 硫酸、2% 硫酸溶液等。

【方法与步骤】

1. 制备脊动物　取蟾蜍或青蛙一只，用粗剪刀横向伸入口腔，从鼓膜后缘处剪去颅脑部，保留其下颌，用棉球压迫创口止血，制成脊蟾蜍。或用探针由枕骨大孔刺入颅腔，捣毁脑组织以制备脊蟾蜍。用肌夹夹住下颌，将脊蟾蜍悬挂在铁支架上(图 4-7-1)。

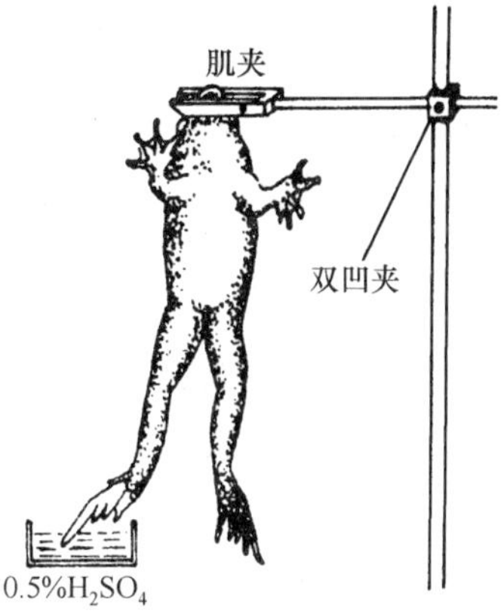

图 4-7-1　反射弧的分析实验装置图

2. 实验项目观察

(1) 搔扒反射：将浸以硫酸的小滤纸片一块，贴在蟾蜍腹部下段皮肤上，可见四肢向此处搔扒，直到除掉滤纸片为止。之后用清水冲洗皮肤。

(2) 反射时测定：用培养皿盛 0.5% 硫酸溶液，将蟾蜍任一后肢的脚趾尖浸入硫酸溶液中，同时用秒表记录从浸入时起至腿发生屈腿反射所需要的时间，即反射时。观察后立即将该足趾浸入清水中浸洗数次，然后用纱布拭干，按上法重复三次，求其平均值。

(3) 反射中枢活动的某些基本特征

1) 空间性总和：将两对刺激电极各连入刺激器的输出端，分别接触蟾蜍同一后肢互相紧靠的两处皮肤，并各找出接近阈值的单个阈下电刺激强度。当分别进行单个电刺激时均不引起反应，然后以同样的阈下刺激强度，同时刺激上述两处皮肤，观察其结果如何，有无反射发生。

2) 时间性总和：只用一对电极，以上述阈下刺激强度作连续刺激，观察其结果如何。

3) 后发放：用适宜强度的连续电刺激刺激蟾蜍后肢皮肤，至出现屈肌反射即停止刺激，观察是否有连续的反射活动发生。并以秒表计算自刺激停止时起，到反射动作结束之间共持续多长时间。

4) 扩散：将一个电极放在蟾蜍后肢皮肤上，先给予弱的连续阈上刺激，观察反应。然后依次增加刺激强度，观察每次增加强度所引起反射的空间范围有何变化。比较弱刺激与强刺激的结果有何不同。

5) 抑制：用上述方法测定反射时，然后用止血钳夹住一侧前肢，待动物安静后给一个较强的刺激，再测反射时，观察其有无延长。

(4) 反射弧分析

1) 用培养皿盛 0.5% 硫酸溶液，将蟾蜍左侧后肢的中趾趾尖浸于硫酸溶液中，观察反射活动有无发生，然后用烧杯盛自来水洗去皮肤上的硫酸溶液并用纱布轻轻拭干。

2) 沿左侧后肢踝关节上方做一环状皮肤切口，将足部皮肤剥掉，重复 1)。

3) 按 1) 的方法以硫酸溶液刺激右侧足趾尖，观察反射活动。

4）在右侧大腿背侧剪开皮肤,在股二头肌和半膜肌之间分离找出坐骨神经,将该侧坐骨神经做双向结扎,在结扎中间将神经剪断。重复步骤3)。

5）刺激神经两端:分别以连续方式电刺激右侧坐骨神经中枢端、外周端,观察同侧及对侧后肢反应。

6）将浸以2%硫酸溶液的小滤纸片一块,贴在蟾蜍下腹部皮肤上,观察蟾蜍有无出现搔扒反射,然后用清水洗掉腹部皮肤上硫酸溶液并拭干。

7）用探针捣毁脊髓后并重复6)观察蟾蜍有无出现搔扒反射。

8）重复5)观察反应。

9）刺激腓肠肌:直接刺激右侧腓肠肌,观察有何反应。

【注意事项】

1. 用硫酸时应特别小心,严防滴漏到皮肤、衣服和实验台上。

2. 剪除颅脑部位应适当,太高则部分脑组织保留,可能会出现自主活动;太低则伤及上部脊髓,可能使上肢反射消失。

3. 浸入硫酸的部位应限于趾尖,勿浸入太多。

4. 测定反射时,每次浸入硫酸的足趾及其范围应该相同,以便使每次刺激部位和强度相同,每次测定后必须用清水冲洗足部并擦干。

【思考题】

1. 讨论影响反射时长短的主要原因及测定反射时的意义?

2. 反射中枢活动的基本特征有哪些?

3. 除屈肌反射和搔扒反射外,你还可以举出哪些脊髓反射?

实验八 膈神经放电

【实验目的】

本实验的目的是通过记录与呼吸运动同步的膈神经群集性放电,观察一些刺激对呼吸运动的反射性影响,了解传出神经的自发放电现象和呼吸运动的电生理记录方法。

【实验原理】

呼吸中枢产生的节律性放电,通过膈神经和肋间神经使膈肌和肋间肌产生有规律的节律性呼吸运动。因此,膈神经的电活动能直接反映呼吸中枢的活动。

【实验对象】

家兔,雌雄不拘,体重2.0~3.0kg。

【器材与药品】

哺乳动物常用手术器械一套、兔手术台、BL-420生物信号采集处理系统,引导电极,张力换能器,气管插管、液状石蜡、注射器(1ml,20ml各1个),生理盐水,20%乌拉坦。

【实验步骤】

1. 麻醉和固定　用 20% 乌拉坦(5ml/kg)由耳缘静脉注入,待动物麻醉后,仰卧固定于兔手术台上。

2. 手术

(1) 颈部正中切口 5~7cm,分离皮下筋膜、肌肉。分离气管,在第三至第四个软骨环间做倒"T"字形环行切口,插入气管插管。

(2) 在气管后面,喉头下方约 1cm 处,可见到较粗的臂丛神经向尾端外侧方向行走,在臂丛的内侧有一条较细的神经,约在颈部下 1/5 处横过臂丛神经并与之交叉,向内侧尾端行走。找到该膈神经后,用玻璃分针将隔神经分离约 1~2cm,并在神经下面穿线备用。最后用止血钳夹住切口皮肤,向外上牵拉固定,形成一皮兜。向内滴入温热的液状石蜡保温,防止神经干燥。膈神经用玻璃钩勾起放到引导电极上,膈神经放电经引导电极输入计算机通道,引导电极要适当提高,避免触及周围组织。

(3) 将系有线的弯钩大头针钩在胸廓活动较大处的胸壁上,线的另一端系于张力换能器上。随着呼吸,张力换能器将呼吸运动的信号输入计算机通道。

3. 观察项目

(1) 正常呼吸运动和膈神经放电的关系:选择膈神经放电实验。记录开始后,屏幕可见清晰的与呼吸运动波形同步的节律性群集放电图形,同时通过监听器听到与呼吸运动相一致的放电声音。

(2) 将 CO_2 发生器与气管插管连接,观察动物吸入高浓度的 CO_2 后对呼吸运动及膈神经放电的影响。

(3) 将气管插管的一侧管连接约 50cm 长的橡皮管,等呼吸平稳后,堵住气管插管的另一侧开口约 30s,观察上述指标的变化情况。

(4) 用橡皮管将气管插管的侧管与充气的 20ml 注射器相连,在吸气末先将气管插管另一侧堵住,立即推注 20ml 空气进入肺内,使肺维持扩张状态,观察膈神经放电情况。同样,在呼气末抽气 20ml,使肺维持在塌陷状态,观察膈神经放电的变化。

(5) 切断迷走神经一侧,观察呼吸运动及膈神经放电的变化,再切断另一侧迷走神经,上述指标又有何改变。

【注意事项】

1. 麻醉剂量适度,尽量保持动物安静,以免影响记录。

2. 实验过程中,注意维持膈神经的湿润。

【思考题】

1. 观测每一次膈神经放电过程中的频率变化和幅度变化,有什么特点?并解释其机制。

2. 膈神经活动可受哪些因素影响?

实验九　大脑皮层运动区功能定位

【实验目的】

观察电刺激大脑皮层运动区的不同区域引起的肌肉运动，了解皮层运动区的功能定位特征。

【实验原理】

大脑皮层运动区通过锥体系和锥体外系控制脊髓前角运动神经元和脑神经运动神经元的活动，以支配肌肉的运动。皮层运动区对肌肉运动的支配呈有序的排列，且随动物的进化逐渐精细。鼠和兔的大脑皮层运动区功能定位已具有一定的雏形，而灵长类动物和人类的皮层运动区已具有精细的功能定位。电刺激大脑的某些部位，能引起特定肌肉或肌群的收缩运动。皮层运动区功能定位的特征是：投射纤维左右交叉；整体倒置投射，但头面部是正立的；投射区域面积的大小与运动的精细程度有关。

【实验动物】

家兔，雌雄不拘，体重 2.0~3.0kg。

【器材与药品】

哺乳动物常用手术器械一套、兔手术台、骨钻、咬骨钳、20%乌拉坦、温生理盐水、骨蜡或明胶海绵。

【方法与步骤】

1. 称重　将实验动物兔称重。

2. 麻醉　耳缘静脉注射 20%乌拉坦(3ml/kg)，判断麻醉效果。

3. 固定　麻醉后将其仰卧位固定于手术台，剪去颈前区毛。

4. 颈部手术　颈部正中切口 5~7cm，分离皮下筋膜、肌肉。分离气管，在第三至第四个软骨环间做倒“T”字形环行切口，插入气管插管。

5. 开颅手术　将兔改为俯卧位固定。剪去头部的被毛，在头顶部正中纵行切开皮肤，再自中线切开骨膜，以刀柄剥离肌肉，推开骨膜。用骨钻在一侧冠状缝后矢状缝外的骨板上钻孔(如图 4-9-1)勿伤及硬脑膜。用咬骨钳沿骨孔逐渐扩大创口，直至两侧大脑半球表面基本暴露。注意不能损伤硬脑膜血管，需要时用明胶海绵止血。用小镊子夹起硬脑膜并仔细剪开，暴露脑组织。将 37℃液状石蜡滴在脑组织表面，以保护脑组织。术毕解开动物固定绳，以便观察躯体运动效应。

6. 观察项目

(1) 用适宜强度的刺激(波宽 0.1~0.2ms，电压 5~10V，频率 20~100Hz)逐点刺激大脑皮层的不同部位，观察并记录刺激引起的骨骼肌反应情况。每次刺激 5~10s，每次刺激后休息约 1min。

(2) 在皮层轮廓图(预先绘制)上标出对应各个部位肌肉运动的皮层刺激点(图 4-9-2)。

(3) 在另一侧大脑皮层上重复上述实验。

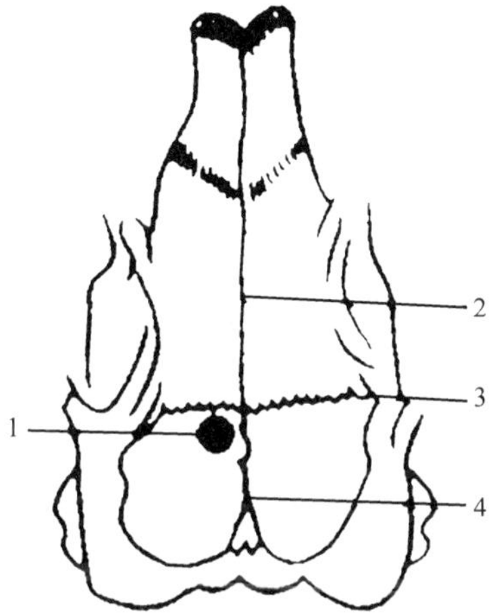

图 4-9-1　兔颅骨标志图

1. 钻孔处;2. 矢状缝;3. 冠状缝;4. 人字缝

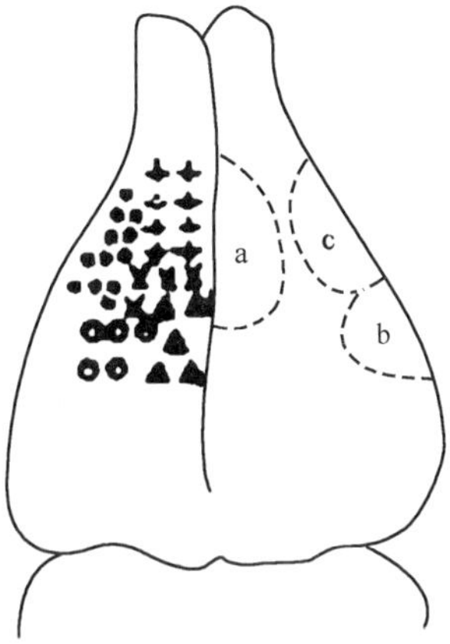

图 4-9-2　兔皮层功能定位图

a. 中央后区;b. 脑岛区;c. 下颌运动区;
○. 头、下颌;△. 前肢;+. 颜面肌和下颌;
×. 前肢和后肢

【注意事项】

1. 麻醉不可过深。

2. 在开颅手术接近矢状缝时尤要注意勿损伤矢状窦,避免大出血,可将手术刀柄伸入矢状缝下,使矢状窦与骨板分离。继续向对侧扩大开口,使大脑两半球大部分暴露。

3. 刺激电极的距离要小,但勿短路。刺激不宜过强。刺激大脑皮层引起骨骼肌收缩的潜伏期较长,故每次刺激应该持续 5~10s 才能确定有无反应。

【思考题】

1. 刺激兔大脑皮层一定区域对一定部位的躯体运动有何影响?这种现象说明什么?

2. 为什么此次实验中要选择浅麻醉?

3. 术中如果出现少量渗血、涌血、大出血时该如何处理?

实验十　去大脑僵直

【实验目的】

观察去大脑僵直现象,了解高位中枢对肌紧张的调节作用。

【实验原理】

中枢神经系统对肌紧张具有易化和抑制作用。在正常情况下,通过这两种作用使肌肉保持适当的紧张度，以维持机体的正常姿势。脑干网状结构是这两种作用发生功能联系的一个重要整合机构。在动物中脑的上、下丘之间横切脑干（此种动物称去大脑动物）则抑制肌紧张的作用减弱而易化作用相对增强，动物出现四肢伸直、头尾昂起、脊柱后挺等伸肌紧张性亢进的特殊姿势，称去大脑僵直。

【实验对象】

家兔，雌雄不拘，体重 2.0~3.0kg。

【器材与药品】

哺乳动物常用手术器械一套、兔手术台、骨钻、咬骨钳、20%乌拉坦、温生理盐水。

【方法与步骤】

1. 称重　将实验动物兔称重。

2. 麻醉　耳缘静脉注射 20%乌拉坦（5ml/kg），判断麻醉效果。

3. 固定　麻醉后将其仰卧位固定于手术台，剪去颈前区被毛。

4. 颈部手术　颈部正中切口 5~7cm，分离皮下筋膜、肌肉。

（1）气管插管：分离气管，在第三至第四个软骨环间做倒“T”字形环行切口，插入气管插管。

（2）分离两侧颈总动脉穿线结扎。

5. 开颅手术　将兔改为俯卧位固定。剪去头部的毛，在头顶部正中纵行切开皮肤，再自中线切开骨膜，以刀柄剥离肌肉，推开骨膜。用骨钻在一侧冠状缝后矢状缝外的骨板上钻孔（如图 4-9-1），勿伤及硬脑膜。用咬骨钳沿骨孔逐渐扩大创口，咬去人字缝处的颅骨，暴露大脑后缘。解开动物固定绳，以便观察躯体运动效应。

6. 横切脑干　将兔头托起，使鼻骨前缘与桌面成 60°角，用手术刀柄从大球半球后缘轻轻翻开半球，露出四叠体（上丘较粗大，下丘较小），然后用手术刀刀背（或切脑刀）在上、下丘之间，略向前倾斜切至颅底，同时向两侧拨动、推压，将脑干完全切断（图 4-10-1）。

可见兔四肢伸直，头后仰，尾上翘，呈角弓反张状态，即为去大脑僵直现象（如图 4-10-2）。

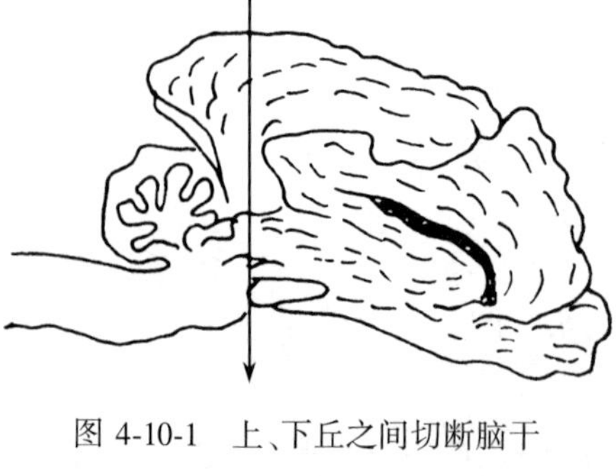

图 4-10-1　上、下丘之间切断脑干

图 4-10-2　兔去大脑僵直现象

【注意事项】

1. 在开颅手术接近矢状缝和人字缝时尤要注意勿损伤矢状窦和横窦，避免大出血。

2. 切断脑干的部位不能过低，以免伤及延髓呼吸中枢，引起呼吸停止。

3. 如果切断部位偏高，不出现去大脑僵直现象，可将刀背稍向尾侧倾斜再切一刀。

【思考题】

1. 在中脑水平切断兔脑，动物姿势有何变化？为什么？如在下丘后方再次横断脑干，动物姿势有何变化？为什么？

2. 如果在上述结果的基础上切断脊髓后根，将会对肌紧张产生什么影响？为什么？

实验十一　心血管活动调节

【实验目的】

本实验的目的是通过家兔急性实验、采用动脉血压直接测量法观察各种神经、体液因素对动脉血压的影响，加深对心脏与血管活动的神经体液调节机制的理解。

【实验原理】

动脉血压的高低主要取决于心输出量和外周血管阻力，因此，凡能影响心输出量和外周血管阻力的一切因素均能影响动脉血压。在整体中，心血管活动受神经体液的调节。神经调节主要通过各种心血管反射来实现，其中较重要的反射是颈动脉窦和主动脉弓压力感受性反射，即减压反射。支配心脏的传出神经有交感神经和迷走神经，绝大多数血管都受交感缩血管神经支配；它们均通过其末梢释放的递质与心肌和血管壁平滑肌的相应受体结合而发挥其生理作用。心交感神经节后神经元轴突末梢释放递质去甲肾上腺素，与心肌细胞膜上的肾上腺素能 β_1 受体结合，使心脏产生正性变时、变力、变传导作用，从而使心率加快，房室传导速度加快、心房肌和心室肌的收缩能力增强，从而使心输出量增加，动脉血压升高。心迷走神经节后神经元轴突末梢释放递质乙酰胆碱，与心肌细胞膜上的 M 型胆碱能受体结合，对心脏产生负性变时、变力、变传导作用，从而使心率减慢，心房肌收缩力减弱、不应期缩短及房室传导速度减慢、心输出量减少、血压下降。交感缩血管神经兴奋时血管平滑肌收缩、血管口径变小、外周阻力增加，动脉血压升高。

心血管活动除受神经调节外，还受体液调节，包括肾上腺素、去甲肾上腺素、肾素-血管紧张素系统、血管升压素、血管活性物质。其中血浆中的肾上腺素和去甲肾上腺素都是由肾上腺髓质所分泌的激素，二者的作用都可使动脉血压升高。肾上腺素使心肌收缩加强、心搏加快、心输出量增加，因而使动脉血压升高。去甲肾上腺素对心肌的作用比肾上腺素小得多，但它有强烈的收缩外周血管的作用，使外周阻力显著增加，因而导致动脉血压升高。

【实验动物】

家兔，雌雄不拘，体重 2.0～3.0kg。

【器材与药品】

1. 一般器械　家兔手术台，哺乳动物手术器械一套，注射器（1ml、2ml、5ml、10ml），多色丝线，纱布，听诊器，输液装置等。

2. 仪器设备　BL-420 生物信号采集处理系统，压力换能器，动、静脉插管，三通管，双极保护电极，恒温水浴锅等。

3. 药品　20% 乌拉坦，0.2% 肝素生理盐水，生理盐水，蒸馏水，液状石蜡，1∶10 000 去甲肾上腺素，5∶100 000 肾上腺素，1∶100 000 乙酰胆碱。

【方法与步骤】

1. 动物的麻醉与手术

（1）麻醉：家兔称重后，自耳缘静脉注入 20% 乌拉坦（5ml/kg）进行麻醉。仰卧位固定于兔台上。

（2）手术：颈部剪毛，沿甲状软骨下正中切开皮肤 5cm，分离皮下组织，暴露气管，分离气管，做气管插管；分离右侧的迷走神经和减压神经，下穿不同颜色的丝线。然后分离左、右侧颈总动脉，右侧颈外静脉。做左侧颈总动脉插管，右侧颈外静脉插管，右侧颈总动脉穿线备用。将针形电极分别插入右上肢（红）、左下肢（黑）和胸部（白）皮下，连接相应的通道到 BL-420 生物信号采集系统，并选择输入信号为心电。

手术完成后，让动物安静 5 分钟，调整各记录装置，描记动脉血压，中心静脉压，记录心电图。测记其他各项指标对照值。

2. 神经体液调节实验

（1）夹闭颈总动脉：用动脉夹夹闭右侧颈总动脉，阻断血流 15 秒，观察兔血压、心率及心电图的变化。

（2）刺激减压神经：先用双极保护电极刺激完整的右侧减压神经，观察血压的变化（血压如没有变化，应检查刺激器是否有输出或所刺激的神经组织是否是减压神经）。然后，在神经的游离段（1.5～2cm）的中部做双重结扎，在两结扎线之间剪断减压神经，以同样的刺激参数分别刺激其中枢端和外周端，观察血压、心率及心电图的变化。

（3）刺激迷走神经：结扎并剪断右侧迷走神经，刺激其外周端，观察血压、心率及心电图的变化。

（4）静脉注射去甲肾上腺素：由耳缘静脉注射 1∶10 000 去甲肾上腺素 0.2～0.3ml，观察血压、心率及心电图的变化。

（5）静脉注射肾上腺素：由耳缘静脉注射 5∶100 000 肾上腺素 0.2～0.4ml，观察血压、心率及心电图的变化。

(6) 静脉注射乙酰胆碱：由耳缘静脉注射 1 ∶ 100 000 乙酰胆碱 0.2~0.3ml，观察血压、心率及心电图的变化。

【注意事项】

1. 手术过程中应尽量避免出血。分离神经时应特别仔细，操作要轻，勿过度牵拉，以免损伤神经。

2. 每观察一个项目后，需待血压基本恢复正常后再进行下一项目的观察。

3. 每次注射药物后应立即注射 0.5ml 左右生理盐水，防止药液残留在针头内及局部静脉中，影响下一种药物的效应。

【思考题】

1. 解释各项实验结果。

2. 试讨论夹闭一侧颈总动脉和夹闭一侧股动脉，对血压的影响有无不同，为什么？

3. 试比较肾上腺素和去甲肾上腺素对心血管作用有何异同？为什么？

实验十二　兔呼吸运动调节及影响因素

【实验目的】

1. 掌握呼吸运动的调节。

2. 观察胸内负压随呼吸运动发生的变化。

【实验原理】

呼吸是指机体与外界环境之间的气体交换过程，通过呼吸，机体从大气中摄取新陈代谢所需的 O_2，排出所产生的 CO_2。呼吸过程的一个重要环节是实现外界空气与肺之间的气体交换即肺通气。完成这样一个气体交换过程的原动力是呼吸肌的收缩、舒张所造成的胸廓的扩大与缩小，即呼吸运动。当胸廓运动时，由于胸膜腔的结构特点以及胸膜腔负压的存在，必然带动肺的扩大或缩小，进而使肺内压降低或升高，造成外界大气压与肺内压之间的差值，推动气体通过呼吸道进出肺。正常情况下，呼吸运动按照一定的节律及深度活动。当机体内、外环境条件变化时，由于体内调节机制的作用，呼吸运动将会做出相应的改变以适应机体代谢的需要。此外，如果外伤、疾病使胸膜腔的密闭性受到破坏，或在实验动物身上制造人工气胸，都会使胸膜腔负压消失，其结果将造成肺通气功能障碍，影响机体与外环境的气体交换，最终也会引起呼吸运动的变化。

【实验动物】

家兔，雌雄不拘，体重 2.0~3.0kg。

【器材与药品】

1. 一般器械　兔手术台，家兔手术器械一套，注射器(2ml、5ml、10ml)，气管插管等。

2. 仪器设备　BL-420 生物信号采集系统，压力换能器，张力换能器，保护电极，CO_2 发生装置，橡皮管。

3. 药品　20% 乌拉坦，生理盐水，尼可刹米注射液，3% 乳酸。

【方法与步骤】

1. 动物的麻醉与手术

(1) 麻醉：家兔称重后，自耳缘静脉注入 20% 乌拉坦(5ml/kg)进行麻醉。仰卧位固定于兔台上，颈部和腹股沟部剪毛备皮。

(2) 在颈部正中做皮肤切口，长约 5cm，分离皮下组织及肌肉暴露气管，在其下穿一棉线。在气管软骨环之间做一倒“T”字形切口，插入气管插管并用线结扎固定。

(3) 将系有线的小夹夹在胸廓活动最强、最明显部位的胸壁上，线的另一端垂直系于张力换能器感应片小孔上，换能器与计算机通道插孔相连，记录呼吸运动。

(4) 将气管插管一侧开口与压力换能器相连，压力换能器再与计算机相应的通道相连，记录进出气道的气量。

(5) 于腹股沟部股动脉搏动处做一切口约 3cm，然后用玻璃针分离出股神经，穿线备用。

2. 观察项目

(1) 吸入 CO_2 对呼吸运动的影响：将 CO_2 发生装置器内先装入浓 HCl，再装入 $CaCO_3$，将发生器上的出口罩与气管插管一侧管口相对，HCl 与 $CaCO_3$ 发生化学反应产生 CO_2，观察呼吸运动及通气量有何变化。

(2) 缺氧：将一侧气管套管夹闭，呼吸平稳后，另一侧套管通过一只钠石灰瓶与盛有空气的球胆相连，使动物呼吸球胆内中的空气。经过一段时间后，球胆中的氧气明显减少，但 CO_2 并不增多(钠石灰将呼出的 CO_2 吸收)，此时呼吸运动有何变化，待呼吸变化明显后，恢复正常呼吸。

(3) 改变血液酸碱度对呼吸运动的影响：由耳缘静脉注入 3% 乳酸 2ml，观察呼吸运动和通气量的变化。

(4) 增大无效腔对呼吸运动的影响：将气管插管一侧开口连接约 50cm 长的橡皮管，观察呼吸运动及通气量有何变化。

(5) 肺内注气、抽气实验(肺牵张反射)

1) 用 20ml 注射器抽取 20ml 空气，接橡皮管连于一侧气管套管，待呼吸稳定后，在吸气末立即堵塞另一侧套管，并快速将 20ml 空气注入肺内，使肺维持在扩张状态，观察在此过程中呼吸运动的变化，待呼吸恢复后松开另一侧堵塞口。

2) 呼吸稳定后，在呼气末在堵塞另一侧气管套管口，用注射器快速从肺内抽取 20ml 气体，使肺维持在萎陷状态，观察抽气过程中呼吸运动的变化情况，待呼吸恢复后松开另一侧套管堵塞口。

(6) 窒息实验：夹闭气管插管侧管 1/2～2/3，持续 10～20s，观察呼吸运动的改变。

(7) 注射尼可刹米：经耳缘静脉缓慢注射注入 12.5% 的尼可刹米溶液(0.4ml/kg)，观察并记录呼吸变化。

(8) 刺激股神经：将分离好的股神经结扎并剪断其外周端，用不同的刺激强度连续脉冲刺激其中枢端，注意观察呼吸运动的变化。

(9) 切断迷走神经：①先剪断一侧迷走神经，观察呼吸运动的变化。②以中等强度电刺激一侧迷走神经中枢端观察呼吸有何变化。③再剪断另一侧迷走神经，观察呼吸又有何变化。④切断双侧迷走神经后再重复项目(5)的内容，观察呼吸运动的变化。

(10) 观察胸内负压随呼吸运动发生的变化：采用连接着穿刺针头(大号注射针头磨钝针尖)的水检压计装置。将穿刺针头从兔右胸腋前线第 4~6 肋间沿肋骨上缘垂直插入胸腔内，固定针头，观察水检压计液面的波动。

【注意事项】

1. 做完每一项目后，必须等待动物呼吸完全恢复正常及平稳后再进行下一项实验。

2. 增加吸入气中 CO_2浓度时，应让 CO_2气体缓缓进入，以免 CO_2浓度增加过快造成呼吸运动的大幅度变化或呼吸停止。

3. 静脉注射乳酸时，要严格掌握剂量，并避免乳酸溢出血管刺激皮肤引起动物的挣扎。

4. 测胸内压时注意穿侧针头的进针力度，勿扎破肺脏。

【思考题】

1. 吸入二氧化碳或缺氧引起呼吸运动改变的机制是什么？

2. 增大无效腔时，呼吸运动有何变化？为什么？

3. 迷走神经在节律性呼吸运动中起什么作用？

实验十三　离体小肠平滑肌运动

【实验目的】

1. 观察消化道平滑肌的收缩性、自动节律性、伸展性等生理特性。

2. 学习离体消化道平滑肌实验方法，观察理化因素、药物对离体消化道平滑肌特性的影响，并分析其作用机制。

【实验原理】

消化道平滑肌与心肌、骨骼肌一样，具有肌肉组织共有的特性，如兴奋性、传导性和收缩性，但是又表现出与骨骼肌、心肌所不同的特点，即兴奋性低，收缩缓慢，富有伸展性，具有自动节律性、紧张性以及对化学、温度和机械牵张刺激较为敏感，在这些因素的作用下，可表现出不同的反应。本实验所用的测量离体小肠平滑肌活动的方法，不仅在理论上可以证明平滑肌活动的特点，而且这种方法还可用来测定微量化学物质或药物的生物学特性。

【实验动物】

兔或豚鼠。

【器材与药品】

自动调节恒温麦氏浴槽、BL-420 生物信号采集处理系统、张力换能器、铁支架、微调固定器、温度计、1 毫升注射器、烧杯、球胆、台氏溶液、1∶10 000 肾上腺素溶液、1∶10 000 乙酰胆碱溶液、1% $CaCl_2$溶液、NaOH 溶液(1mol/L)、HCl 溶液(1mol/L)等。

【方法与步骤】

1. 离体组织灌流装置的准备　自动调节恒温麦氏浴槽,预先向中心管内加台氏液 10ml,在玻璃管壁上作一标记。实验时加台氏液,每次均加到这一标记处。开启恒温槽,使其温度保持于 38℃。通气管用橡皮管与球胆相连,球胆内装有混合气体(5% CO_2和 95% O_2),通气管前端较细,使逸出的气泡细小而均匀。台氏液储瓶放置较高位置,与平滑肌槽入口相连(途中有恒温装置),以便做更换台氏液之用。

2. 制备标本　将兔或豚鼠执于手中倒悬,用木槌猛击后脑部,使其昏迷,立即剖开腹腔,找出胃幽门与十二指肠交界处,以此处为起点取长 20~30cm 的肠管。用台氏液冲肠段内容物,置于低温(4~6℃)的台氏液内。实验时剪取一段长约 2cm 的肠段,用细丝线于其两端各扎一结,一端系于固定钩上,另一端与张力换能器相连,适当调节换能器高度,使其与标本之间松紧度合适。并且注意连线垂直,不得与浴槽的管壁接触,以避免摩擦。

3. 连接实验装置　张力换能器输入端连至通道,启动 BL- 420 生物信号采集处理系统,点击菜单“实验/常用生理学实验”,选择“消化道平滑肌生理特性”。

4. 观察项目

(1) 自动节律收缩:描记一段离体小肠平滑肌的收缩曲线,此时不给予任何刺激,观察收缩曲线的节律、波形和幅度。(注意:收缩曲线的基线升高,表示小肠平滑肌的紧张性上升;相反,收缩曲线的基线下降,表示紧张性降低。)

(2) 乙酰胆碱的作用:用 1ml 注射器取 1∶10 000 乙酰胆碱 0. 3ml,插入中心管内。将乙酰胆碱注入后,观察小肠平滑肌的收缩曲线的变化。在观察到明显的效应后,更换台氏液,重复冲洗 2~3 次,待肠管恢复正常收缩后,再进行下一步实验。

(3) 肾上腺素的作用:同上法,将 1∶10 000 肾上腺素溶液 0. 3ml 注入中心管内,观察小肠平滑肌的收缩变化,待作用明显后,按上述方法冲洗。

(4) 氯化钙的作用:同上法注入 1% $CaCl_2$溶液 0. 3ml,观察平滑肌的反应。

(5) 盐酸的作用:同上法注入 1mol/L 的 HCl 溶液 0. 3ml,观察平滑肌的反应。

(6) 氢氧化钠的作用:给予 1mol/L NaOH 溶液 0. 3ml,观察平滑肌的反应。

【注意事项】

1. 加药液以前,应先准备好更换用的37℃的台氏液。

2. 上述各药液加入的量系参考数据,可以根据平滑肌的反应而改变加入量。

3. 每次效果明显后,立即放掉含药液的台氏液,并冲洗多次,待肠平滑肌活动恢复正常后再进行下一项实验。

【思考题】

1. 小肠平滑肌有什么特性?

2. 分析以上各种因素影响小肠平滑肌运动的机制。

实验十四　影响尿生成的因素

【实验目的】

观察正常血压与尿量的关系和药物对尿量的影响,加深对肾脏生理、利尿药的作用以及作用机制的理解和掌握。

【实验原理】

肾脏是一个多功能器官,其主要功能之一是泌尿功能。肾脏通过调节肾血流量、肾小球滤过率、肾小管排泄与重吸收以及排泄体内代谢物质以维持机体内环境的稳定。动脉血压与血容量的变化以及肾自身调节与一些神经体液因素的变化,可影响肾脏尿液生成。

【实验动物】

家兔,雌雄不拘,体重2.0~3.0kg。

【器材与药品】

1. 一般器械　兔手术台;家兔手术器械一套;注射器;气管插管;多色丝线,纱布,输液装置。

2. 仪器设备　BL-420生物信号采集系统,压力换能器,动、静脉插管,三通管,导尿管,双极保护电极,恒温水浴锅。

3. 药品　生理盐水,20%乌拉坦,50%葡萄糖注射液,0.2%肝素生理盐水溶液,1∶10 000去甲肾上腺素,垂体后叶素,呋塞米,0.6%酚红,10% NaOH溶液。

【方法与步骤】

1. 动物的麻醉与手术

(1) 家兔称重后,自耳缘静脉注入20%乌拉坦(5ml/kg)进行麻醉。仰卧位固定于兔台上,剪去颈部的被毛。

(2) 在颈部正中切皮,分离皮下组织,暴露气管并进行气管插管,分离左侧颈总动脉、颈外静脉和右侧迷走神经并分别穿线备用。

(3) 分别进行颈外静脉插管(输液用)和颈动脉插管(测血压)。

(4) 将导尿管(头部沾有液状石蜡,管内充满水)插入尿道中。

(5) 手术完成后,让动物安静 5 分钟,调整各记录装置,描记动脉血压和尿量作为正常对照。然后进行下列实验项目。

2. 影响尿生成的因素

(1) 自耳缘静脉迅速注射 38℃生理盐水 20ml,观察血压和尿量的变化。

(2) 先收集尿液 2 滴进行尿糖定性试验作为对照,然后自耳缘静脉注射 50% 葡萄糖溶液 3ml。观察血压和尿量的变化。并每隔 2 分钟取 2 滴尿液做尿糖定性实验,比较出现糖尿的时间与尿量高峰的关系。

(3) 自耳缘静脉注射 0.6% 酚红注射液 0.5ml,用盛有 10% NaOH 液 1ml 的培养皿接取尿液。当尿液中有酚红排出时,遇 NaOH 液即呈现红色。记录开始注射至尿中出现酚红所需时间。

(4) 自耳缘静脉注射 1∶10 000 去甲肾上腺素 0.5ml ,观察血压和尿量的变化。

(5) 自耳缘静脉注射呋塞米注射液(5mg/kg),观察血压和尿量的变化。

(6) 自耳缘静脉注射垂体后叶素 2 单位,观察血压和尿量的变化。

(7) 结扎并剪断右侧迷走神经,用中等强度的脉冲电流刺激其外周端 20~30 秒使血压维持在 40~50mmHg,观察血压和尿量的变化。

【注意事项】

1. 选择体重在 2.0kg 左右的家兔,实验前给兔多喂菜叶,或者用橡皮导尿管向兔胃内灌入 40~50ml 清水,以增加基础尿量。

2. 因实验过程中要多次用耳缘静脉注射药物,所以应注意保护好耳缘静脉,注射部位应从耳尖开始,逐步移向耳根。

3. 插导尿管时一定要小心,反复多次插会造成尿道充血水肿而影响指标测定。

4. 每项实验应在血压、尿量基本恢复到对照值后再进行。

5. 注射用的生理盐水和葡萄糖一定要加温到 38℃,否则由于生理盐水过凉而造成血管收缩,影响尿量;另外,葡萄糖溶液过凉,黏滞性高不易注射。

【思考题】

1. 记录各项实验中血压和尿量的变化结果,解释各项试验结果。

2. 血压的高低与尿量之间有何种关系?是否是绝对平行的关系?述说其道理。

3. 尿糖浓度与尿量关系如何?为什么?

实验十五 药物的半数致死量测定

【实验目的】

1. 掌握药物半数致死量 LD_{50} 的概念及意义、测定方法;简化机率单位法的计算方法;实验设计的基本原则;实验动物编号、标记与处死方法;常用动物的捉拿与给药方法。

2. 熟悉实验动物的分类、选择、麻醉、取血、给药剂量换算与药物配制；药理实验常用仪器的使用方法。

3. 了解急性毒性实验的相关知识；新药安全性评价的知识。

【实验原理】

LD_{50}的概念及意义　半数有效量（50% effective dose，ED_{50}）指群体实验动物数有 50% 出现阳性药效反应所需的剂量；半数致死量（50% lethal dose，LD_{50}）则是以死亡率表示反应，能使 50% 的群体动物死亡的剂量。这些反应药效或毒效的定量指标都是建立在质反应量效关系基础上的数据。其性质、特点及数学统计方法基本相同。质反应（qualitative response）是指药理效应不是随药物剂量或浓度的递减呈连续性量的变化，而表现为反应性质的变化，机体对药物的反应是以某特定指标出现或不出现为准，因此又称“有或无”反应（all or none response）。常用 ED_{50}或LD_{50}表示药物的疗效大小或毒性的大小。用 LD_{50}与 ED_{50}的比值即治疗指数（TI）评价药物的安全范围。本实验以 LD_{50}的测定方法为例进行介绍。

衡量一个药物急性毒性的大小，一般是以该药物使群体动物致死的剂量（lethal dose）为指标，通常用半数致死量（LD_{50}）来表示。

将动物随机分组，各组动物给予不同的剂量，观察各组动物死亡的百分率。在一定的剂量范围内，各组的死亡率将随剂量的增加而递增。若以死亡率为纵坐标，剂量为横坐标，将结果绘图，可见剂量与反应间的关系为一长尾“S”曲线。如把剂量转换成对数剂量，则又成对称的“S”形曲线。从对称的“S”形曲线上可以看到它的中段斜率较大，在 50% 死亡率的部分斜率最大，愈靠近曲线的两端斜率愈小。这表示在曲线中段处，剂量稍有变动，死亡率就有明显的差别；相反，在曲线的两端处，剂量变动对死亡率的影响不明显。因此在 50% 处，代表的动物数最多，最能代表大多数动物的状况，即最具有代表性，反应比较灵敏，测定也最准确。在 50% 死亡率的对数剂量，再从反对数求得的剂量，就是 LD_{50}。

如果把死亡百分率转换成机率单位，作为纵坐标，则机率单位与对数剂量的关系是一直线。这种转换方法称机率单位法。机率单位是将常态曲线横轴的单位用标准差（S）来表示。常态曲线下横轴的总长共约 6 个标准差（从$-3S$ 到 $3S$），每个 S 距离相等，为消除负号，每个 S 数均加 5，结果从-3 到$+3$，就变成了 2~8 七个数字。理论平均数原在横轴 0 点上，此时就变成了“5”（这就是 50% 死亡率的机率单位是 5）。基于这个原理，通过数学公式计算列出由死亡率检索机率单位的表（见附表 1、2）。然后，通过数学运算求得 LD_{50}。

【实验动物】

小鼠 50 只，雌雄各半，18~22g。

【器材与药品】

电子天平、注射器（1ml）；苦味酸溶液、0.02% 硝酸士的宁溶液。

【方法与步骤】

LD_{50}的测定方法很多，有简化机率单位法、Bliss 机率单位法、目测图解法、寇氏法、综合计算法、改良寇氏法、序贯法。本次实验只介绍简化机率单位法。

此法利用机率单位与对数剂量呈直线关系而设计。用 2～5 组实验基本对称时的不加权重简化法，即简化机率单位法。计算简便，适用。

在实验设计上要求剂量间的比值相等，一般常用 1∶0.7～1∶0.8，偶尔用 1∶0.5～1∶0.85。通过预试验调节剂量，使半数组的反应率在 10%～50%，其余半数组的反应率在 50%～90%之间。各组动物数最好相等。

测定步骤：

1. 预试　先以少量动物做预实验，选 10 只体重 18～24g 小鼠，随机分成 4～5 组。药品用 10 倍稀释配成一系列浓度药液，以 0.2ml/10g 容量腹腔注射，20 分钟后观察中毒症状并记录死亡数，找出药品对小鼠的最大全不致死量（LD_0、D_n）和最小全致死量（LD_{100}、D_m）；求出公比 r，然后按等比级数插入几个中间剂量，再计算各组剂量。例如硝酸士的宁预试结果 D_n 为 0.67mg/kg，D_m 为 2.8mg/kg，代公式求公比 r，设分 5 组。

$$r = \sqrt[n-1]{\frac{D_m}{D_n}}$$

式中：n 为组数，D_m 为最小全致死量，D_n 为最大全不致死量。

求得 r 后，各组剂量（由小到大）分别为 D_n（最大不致死量）、D_nr、D_nr^2，D_nr^3、D_m（最小全致死量）。各组间剂量之比为 1∶0.7 为最优。

2. 正式试验　选用体重 18～22g 的小鼠，健康、未孕、雌雄兼用。随机分组，每组 10 只，共分 5 组。分组方式如下：

（1）同一重量段（18.0～18.9 g）小鼠放入一个鼠笼内。

18g	19g	20g	21g	22g

（2）雌、雄小鼠分别按体重顺序（由大→小，或由小→大），照下列方式分层随机分成 5 组，使不同性别和体重的小鼠能均匀分配于各组，每组 10 只。

组数	Ⅰ	Ⅱ	Ⅲ	Ⅳ	Ⅴ
鼠数	1	2	3	4	5
	5	1	2	3	4
	4	5	1	2	3
	3	4	5	1	2
	2	3	4	5	1

按上述方法分组后，各组分别由腹腔注射不同浓度硝酸士的宁溶液（D_n、D_nr、D_nr^2，D_nr^3、D_m）0.2ml/10g。给药 20 分钟后观察中毒症状及死亡时间，并记录各组动物死亡数。

【实验结果】

实验结果见表 4-15-1。

表 4-15-1 LD_{50}测定实验结果

组别	动物数	剂量（mg/kg）	LgD（x）	死亡动物数	死亡率（p）	机率单位（y）	权重系数（wc）	权重 W（w-$wc.n$）	备注
1									
2									
3									
4									
5						$\sum y=$		$\sum w=$	

LD_{50}计算公式：

（1）用两个剂量组时

$$LD_{50}=\lg^{-1}\left[\frac{i(y_{50}-\bar{y})}{y_2-y_1}+\frac{i}{2}+x_i\right]$$

$$S_{X_{50}}=\frac{i}{(y_2-y_1)^2}\sqrt{\frac{4\ (y_{50}-\bar{y})^2+(y_2-y_1)^2}{\sum w}}$$

（2）用三个剂量组时

$$LD_{50}=\lg^{-1}\left[\frac{2i(y_{50}-\bar{y})}{y_3-y_1}+x_2\right]$$

$$S_{X_{50}}=\frac{2i}{(y_3-y_1)}\sqrt{\frac{6\ (y_{50}-\bar{y})^2+(y_3-y_1)}{\sum w}}$$

（3）用四个剂量组量

$$LD_{50}=\lg^{-1}\left[\frac{10i(y_{50}-\bar{y})}{3(y_4-y_1)+(y_3-y_2)}+\frac{i}{2}+x_2\right]$$

$$S_{X_{50}}=\frac{10i}{[3(y_4-y_1)+(y_3-y_2)]^2}\sqrt{\frac{80(y_{50}-\bar{y})^2+3[(y_4-y_1)+(y_3-y_2)]^2}{\sum w}}$$

（4）用五个剂量组时

$$LD_{50}=\lg^{-1}\left[\frac{10i(y_{50}-\bar{y})}{2(y_5-y_1)+(y_4-y_2)}+x_3\right]$$

$$S_{X_{50}}=\frac{10i}{[2(y_5-y_1)+(y_4-y_2)]^2}\sqrt{\frac{50\ (y_{50}-\bar{y})^2+2\ [(y_5-y_1)+(y_4-y_2)]^2}{\sum w}}$$

LD_{50}的可信限$=LD_{50}\pm1.96S_{X_{50}}(p=0.95)$

上述各式中：

a. x_1、x_2、x_3……为各组剂量的对数，从小剂量组到大剂量组。

b. y_1、y_2、y_3……为由各剂量组的反应率(p_1、p_2、p_3)转换而成机率单位数(见附表1和附表2)。

c. y_{50}为50%反应率时的机率单位数;

d. $4w$=权重=wc(权重系数)×n(各组动物数);

e. i为相邻两剂量(高剂量为分子)间比值的对数;

f. $S_{X_{50}}$为1gLD$_{50}$的标准误;

$$\bar{y}=\frac{\sum y}{N}=\frac{\text{机率单位数总和}}{\text{组数}}$$

【注意事项】

1. 药液的配制　的士宁母液浓度是0.02%,按1∶0.7方法稀释,即:①号液配法:取母液70ml加蒸馏水30ml,其浓度为0.014%;②号液配法:取①号液70ml加蒸馏水30ml,其浓度为0.0098%;依次类推,配成0.00686%和0.0048%的士宁溶液。各剂量组由小到大分组,分别由腹腔注射0.2ml/10g。

2. LD$_{50}$的计算　如果按简化概率单位法公式计算,若出现相邻的重复的1%或100%组,则应将靠边的组弃去不计,使小剂量组只有一组使0%动物死亡,大剂量组只有一组是100%动物死亡。按实用的剂量组数带入有关剂量组公式计算LD$_{50}$。

【思考题】

1. LD$_{50}$概念是什么?测定某药的LD$_{50}$和ED$_{50}$有何临床意义?

2. 通过预试验,求得普鲁卡因的D_n(LD$_0$)164mg/kg,D_m(LD$_{100}$)为250mg/kg,准备被分成5组进行实验,计算各组剂量为多少?

3. 何谓质反应、量反应?

附表1　百分率、概率单位和权重系数对照表

(上行:机率单位　　下行:权重系数)

%	0	1	2	3	4	5	6	7	8	9
0		2.67	2.95	3.21	3.25	3.36	3.45	3.52	3.59	3.66
		0.071	0.121	0.159	0.194	0.225	0.252	0.276	0.301	0.322
10	3.72	3.77	3.83	3.87	3.92	3.96	4.01	4.05	4.08	4.12
	0.343	0.360	0.379	0.359	0.142	0.425	0.442	0.455	0.467	0.478
20	4.16	4.19	4.23	4.26	4.29	4.33	4.36	4.39	4.42	4.45
	0.490	0.500	0.521	0.520	0.529	0.540	0.548	0.555	0.563	0.570
30	4.48	4.50	4.532	4.56	4.59	4.61	4.46	4.67	4.69	4.72
	0.567	0.581	0.587	0.593	0.599	0.602	0.508	0.612	0.651	0.618
40	4.75	4.77	4.80	4.82	4.85	4.87	4.90	4.92	4.95	4.97
	0.622	0.624	0.627	0.629	0.631	0.633	0.634	0.635	0.636	0.636
50	5.00	5.03	5.05	5.08	5.10	5.13	5.15	5.18	5.20	5.23
	0.637	0.636	0.636	0.635	0.634	0.633	0.631	0.629	0.627	0.363

续表

%	0	1	2	3	4	5	6	7	8	9
60	5. 25	5. 28	5. 31	5. 33	5. 36	5. 39	5. 14	5. 44	5. 47	5. 50
	0. 622	0. 618	0. 615	0. 012	0. 608	0. 602	0. 599	0. 593	0. 587	0. 624
70	5. 52	5. 55	5. 58	5. 61	5. 64	5. 67	5. 71	5. 74	5. 77	5. 81
	0. 567	0. 570	0. 563	0. 555	0. 548	0. 540	0. 529	0. 520	0. 512	0. 581
80	5. 84	5. 88	5. 92	5. 95	5. 99	6. 04	6. 08	6. 13	6. 13	6. 23
	0. 490	0. 478	0. 467	0. 455	0. 112	0. 425	0. 412	0. 395	0. 395	0. 360
90	6. 28	6. 34	6. 41	6. 48	6. 55	6. 64	6. 75	6. 88	7. 05	7. 33
	0. 343	0. 322	0. 301	0. 276	0. 252	0. 225	0. 194	0. 159	0. 121	0. 071

附表 2　0%或 100%反应率的机率单位近似值和权重表

动物数	机率单位		权重	动物数	机率单位		权重
n	0%	100%	w	n	0%	100%	w
1	3. 36	6. 64	0. 53	18	2. 41	7. 59	2. 24
2	3. 13	6. 87	0. 82	20	2. 38	7. 62	2. 32
3	3. 00	7. 01	1. 02	24	2. 32	7. 68	2. 46
4	2. 90	7. 10	1. 19	25	2. 31	7. 69	2. 50
5	2. 82	7. 18	1. 32	30	2. 26	7. 74	2. 66
6	2. 76	7. 24	1. 44	40	2. 17	7. 83	2. 90
7	2. 71	7. 29	1. 54	50	2. 10	7. 90	3. 10
8	2. 67	7. 33	1. 63	60	2. 05	7. 95	3. 25
9	2. 63	7. 37	1. 72	70	2. 01	7. 99	3. 39
10	2. 60	7. 40	1. 81	80	1. 97	8. 03	3. 52
12	2. 54	7. 46	1. 93	90	1. 93	8. 07	3. 64
15	2. 47	7. 53	2. 10	100	1. 90	8. 10	3. 75

第五章　综合实验

实验一　急性高钾血症及其抢救

【实验目的】

1. 观察高血钾对心脏的毒性作用。

2. 掌握高钾血症时家兔心电图变化的特征。

3. 设计对高钾血症的抢救治疗措施。

【实验原理】

高钾血症对机体的危害主要表现在心脏。高钾血症可使心脏有效不应期缩短。兴奋性呈双相变化。轻度高血钾兴奋性增高,急性重度高钾血症,可导致严重传导阻滞和兴奋性消失而导致心跳停止。同时高钾血症可使心脏自律性和收缩性均下降。本实验通过静脉滴注或推注不同浓度氯化钾,使血钾浓度升高造成高血钾症,观察心电图变化,了解高钾血症对心脏的影响及高钾血症的抢救治疗措施。

【实验动物】

家兔,雌雄不拘,体重 2.0~3.0kg。

【器材与药品】

1. 一般器械　兔手术台,家兔手术器械一套,小儿头皮针,5ml、10ml、20ml 注射器,静脉输液装置,5ml 抗凝试管。

2. 仪器设备　BL-420 生物信号采集系统,分光光度计。

3. 药品　20% 乌拉坦,0.2% 肝素,2%、5%、10% 氯化钾生理盐水溶液,10% 氯化钙溶液,4% 碳酸氢钠溶液,葡萄糖胰岛素溶液(50% 葡萄糖 4ml 加 1 单位胰岛素)。

【方法与步骤】

1. 麻醉和固定　家兔称重后,自耳缘静脉注入 20% 乌拉坦(5ml/kg)进行麻醉。注射时注意观察动物肌张力、呼吸频率和角膜反射的变化,防止麻醉过深。将动物仰卧位固定在兔手术台上。

2. 分离股动脉　在一侧股三角区剪毛,触及股动脉搏动处沿动脉走向做长约 3~5cm 切口。用血管钳分离皮下组织及筋膜,暴露出股三角区,即可看到股动脉、股静脉和股神经(三者的位置由外向内依次为股神经、股动脉和股静脉。股动脉位置在中间偏后,恰被股神经和股静脉所遮盖)。小心分离出股动脉长约 3cm(勿损伤血管小分支)。在动脉下穿 2 根线,其中一线结扎远心端,近心端用动脉夹夹住,行股动脉插管,从股动脉取血 1ml 测定实验前的血钾浓度。

3. 将针形电极分别插入右上肢(红)、左下肢(黑)和胸部(白)皮下,连接相应的通道到 BL-420 生物信号采集系统,并选择输入信号为心电。记录正常的心电图波形并测量出 P 波幅度、P—R 间期、QRS 波的宽度及幅度、ST 段、T 波幅度等(图 5-1-1)。

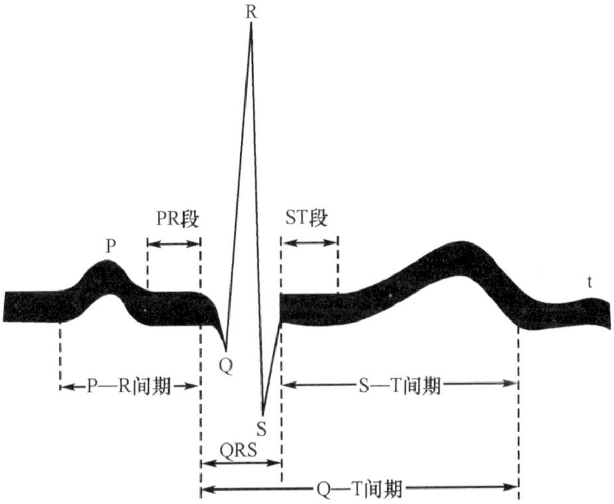

图 5-1-1 正常心电图及其时间关系示意图

4. 以每分钟 0.5ml 的速度推注 2% 氯化钾 1ml/kg,间隔 5 分钟再推同等剂量,共三次。第三次后采血 1ml 测定血钾浓度。

5. 以每分钟 0.5ml 的速度推注 5% 氯化钾 1ml/kg,间隔 5 分钟再推同等剂量,共三次。在每一次推注过程中如有明显的心电图变化,停止注射,截取图形测量数据,并采血测定血钾浓度。

6. 最后按同样的方法推注 10% 氯化钾,出现明显的心律失常、房颤、室颤波形分别截取图形、测量数据并采血测定血钾浓度。

7. 高钾血症抢救 分别选择不同时间进行抢救。

(1) 在有明显的心电图改变时(P 波低平、P—R 间期延长、QRS 波增宽、ST 段呈弓背抬高、T 波明显高尖),选择不同方式治疗。

(2) 推注 10% 氯化钾,出现心室扑动或颤动波形后立即停止注入氯化钾,迅速准确地由另外一侧耳缘静脉注入已预先准备好的抢救药物(10% 氯化钙 2ml/kg;4% 碳酸氢钠 5ml/kg;50% 葡萄糖 20ml 加胰岛素 4 单位),自耳缘静脉注射,如果 10s 内无法输入抢救药物,救治效果不佳。

待治疗后,心电图基本恢复正常时,再次由股动脉取血 1ml,测定救治后的血钾浓度。

8. 注入致死量的 10% 氯化钾(8ml/kg),开胸观察心肌颤动及心脏停跳时的状态。

【注意事项】

1. 麻醉深浅要适度。麻醉过深易抑制呼吸，过浅动物疼痛则易引起肌肉颤动，心电图记录造成干扰。

2. 针形电极一定要全部插入皮下，防止插入肌肉中以免记录出肌电干扰，影响指标观察。

3. 给氯化钾速度应缓慢，尤其是高浓度氯化钾时应更慢。若速度太快，极易造成动物死亡。

4. 标本切忌溶血，因红细胞内钾含量高。

【思考题】

1. 高钾血症时，动物心电图的变化特征是什么？并用相关理论解释。

2. 你设计了几种抢救治疗方案，理论依据是什么？效果如何？

附：血钾测定

本实验血钾测定应用的是比浊法。基本原理是无蛋白血滤液中钾离子与四苯硼化钠反应，形成难溶于水的四苯硼化钾混浊液，然后用分光光度计测定其含量。

1. 无蛋白血浆滤液的制备　取血浆 0.5ml，加蛋白沉淀剂 4.5ml 混匀，离心 1000r/min 10 分钟，上清液即为无蛋白滤液。

2. 血钾测定　按表 5-1-1 操作。

表 5-1-1　血钾测定操作实验

试剂	标准管(S)	测定管(R)	空白管(B)
蒸馏水	—	—	1.0ml
无蛋白滤液	—	1.0ml	—
钾标准液	1.0ml	—	—
1% 四苯硼化钠	4.0ml	4.0ml	4.0ml

表中各管混匀后，用分光光度计比浊。选择波长 520nm，以蒸馏水调节“0”点，按以下公式计算：

$$\text{钾离子浓度(mmol/L)} = \frac{R-B}{S-B} \times 5$$

兔正常血钾浓度：2.7mmol/L～5.1mmol/L

实验二　水肿的形成与利尿剂的作用

【实验目的】

1. 通过阻断下腔静脉回流而复制腹水模型，了解体循环静脉压增高导致水肿的机制。

2. 通过利尿药的使用，了解其作用机制和临床应用。

【实验原理】

水肿是过多液体在组织间隙或体腔中积聚，是临床上常见的一种病理过程，其发病机制包括：①血管内外液体交换失平衡，致使组织液生成大于回流，是由于毛细血管流体静压增高、血浆胶体渗透压下降、微血管（包括毛细血管和微静脉壁）通透性增加以及淋巴回流受阻等因素所致；②体内外液体交换失平衡致使钠水潴留，主要原因包括肾小球滤过率下降，近端小管、远端小管和集合管重吸收钠水增多。

【实验动物】

家兔，雌雄不拘，体重 2.0~3.0kg。

【器材与药品】

1. 一般器械 兔手术台，家兔手术器械一套。

2. 仪器设备 BL-420 生物信号采集系统，呼吸机。

3. 药品 20%乌拉坦、生理盐水、1%呋塞米溶液。

【方法与步骤】

1. 麻醉和固定 家兔称重后，自耳缘静脉注入 20%乌拉坦（5ml/kg）进行麻醉。仰卧位固定于兔台上。

2. 分离颈部气管和插气管插管 颈部剪毛备皮，沿甲状软骨下正中切开皮肤 5cm，分离皮下组织及肌肉暴露气管，在其下穿一棉线。在气管软骨环之间做一倒"T"字形切口，插入气管插管并用线结扎固定。

3. 分离颈部血管 分离左侧颈总动脉、右侧颈外静脉并分别穿线备用。分别进行颈动脉插管和颈外静脉插管。

4. 气管插管接呼吸机，调节呼吸机使呼：吸=1.25：1，呼吸频率 23 次/分钟，潮气量 51。如呼吸机无潮气量显示，潮气量调节以动物胸腹部有轻度起伏即可。

5. 尿道插管 将导尿管头端涂上少量液状石蜡后，从尿道口插入，见尿流出后即可，插入长度约为 10~12cm 。

6. 阻碍下腔静脉回流 剪去右侧胸壁毛，沿胸骨右缘做 6~7cm 纵长切口，钝性分离肌肉，暴露第 9，8，7 肋骨。用大止血钳靠紧胸骨右缘平行的自 10~9 肋间隙插入。从 7~6 肋间隙穿出并夹紧止血钳，再用同法平行夹上另一把大止血钳。用大剪刀从两止血钳间剪断 9，8，7 肋骨。打开右胸腔，找到下腔静脉，用动脉夹把下腔静脉大部（不少于 2/3）或完全夹闭。用止血钳关闭胸腔。

7. 从颈外静脉输入生理盐水 调节静脉滴注速度至约 120 滴/min，然后记录输液瓶中液面刻度并计时。当液体输入约 250ml 时停止输液，至 50~60min 时打开腹腔观察有无腹水生成，肝肾外观、颜色等有无改变。

8. 给予 1%呋塞米溶液 1~1.5ml/kg，观察尿量变化及腹部、肝、肾改变情况。用药时一组可放开下腔静脉，另一组放开下腔静脉但不给药，再有一组在不放开下腔静脉情况下给予利尿药，比较三组前述观察项目的结果差异。

【注意事项】

1. 手术过程中,勿损伤血管、膈肌、纵隔及心脏等重要器官,手术切口不宜过大。

2. 防止动脉夹脱落。

【思考题】

1. 讨论腹水的形成机制及临床可能引起腹水的病因。

2. 利尿药在上述情况下的使用结果如何? 为什么?

实验三　家兔实验性肺水肿及治疗

【实验目的】

1. 掌握复制实验性肺水肿动物模型。

2. 观察肺水肿表现。

3. 探讨肺水肿发生的机制及治疗方案。

【实验原理】

过多的体液积聚在组织间隙或体腔中称为水肿。肺水肿是指过多的液体积聚在肺间质或溢入肺泡腔内的病理过程。病理上可分为间质性和肺泡性两类,可同时并存或以某一类为主。间质性肺水肿大都为慢性,肺泡性可为急性或慢性肺水肿。本实验主要通过静脉大量滴注生理盐水并注射肾上腺素导致急性肺水肿。

【实验动物】

家兔,雌雄不拘,体重 2.0~3.0kg。

【器材与药品】

1. 一般器械　兔手术台,家兔手术器械一套,静脉导管及静脉输液装置,注射器等。

2. 仪器设备　BL-420 生物信号采集系统,血气分析仪。

3. 药品　20%乌拉坦,生理盐水,肾上腺素,呋塞米,山莨菪碱。

【方法与步骤】

1. 实验分组　分别为实验组、对照组、呋塞米治疗组、山莨菪碱治疗组。

2. 麻醉固定　家兔称重后,自耳缘静脉注入 20%乌拉坦(5ml/kg)进行麻醉。仰卧位固定于兔台上。

3. 分离颈部气管和插气管插管　颈部剪毛备皮,沿甲状软骨下正中切开皮肤 5cm,分离皮下组织及肌肉暴露气管,在其下穿一棉线。在气管软骨环之间做一倒"T"字形切口,插入气管插管并用线结扎固定。

4. 血管插管　分离左侧颈总动脉和右侧颈外静脉。插入连接有压力换能器的动脉插管(内有肝素)，并固定好，用于记录血压。从右侧颈外静脉插入5~6cm长的静脉导管，导管用三通管连接中心静脉压测压计和输液装置。不测压时，将导管与输液装置连通，缓慢输入生理盐水(5~10滴/min)，保持导管通畅。

5. 尿道插管　将导尿管头端涂上少量液状石蜡后，从尿道口插入，见尿流出后即可，插入长度约为10~12cm。

手术完成后，让动物安静5min，调整各记录装置，描记动脉血压和正常呼吸，测记各项指标对照值。用听诊器听心音和呼吸音。颈总动脉取血1ml，检测血气。

6. 大量快速输液　输入生理盐水(输入总量按180ml/kg，180~200滴/min)

(1) 对照组按此量、此速度输完液观察指标变化，处死家兔解剖取肺。

(2) 实验组和治疗组待生理盐水滴注2/3后向输液瓶中加入肾上腺素(0.45mg/kg)，放慢输液速度，待血压平稳后继续加快输液。实验组密切观察各指标变化，并仔细观察气管插管口是否有粉红色泡沫状液体溢出。采血测血气。

(3) 治疗组在家兔出现双肺湿啰音时，立即停止输液，从颈总动脉取血。测血气。取血完毕治疗组立即抢救。呋塞米治疗组耳缘静脉注射呋塞米(1ml/kg)，观察疗效；山莨菪碱治疗组耳缘静脉注射山莨菪碱(1.5ml/kg)，观察疗效。

7. 密切观察以下改变　①呼吸频率、幅度，有无呼吸困难、发绀；②气管插管内是否有粉红色泡沫状液体溢出；③听诊器听诊肺部时有无湿性啰音出现。

8. 剖胸取肺　死亡动物记录死亡时间，存活动物治疗后观察30分钟，夹住气管处死。所有动物均打开胸腔，用线在气管插管分叉处结扎以防止肺水肿液渗出，在结扎处以上切断气管，将肺取出，用滤纸吸去肺表面的水分后称重，计算肺系数。

9. 观察肺大体改变　肉眼观察肺大体改变，并切开肺脏，观察切面的改变，有无液体溢出，并比较其颜色、性状和大小的改变。

肺系数计算公式：$肺系数=\dfrac{肺重量(g)}{体重(kg)}$，正常兔肺系数值为4~5。

【注意事项】

1. 实验组与对照组兔的输液速度应基本一致，输液速度控制在180~200滴/min为宜。

2. 滴加肾上腺素速度要慢，以免引起呼吸抑制造成动物死亡。

3. 解剖取出肺时，慎防损伤和挤压肺组织，以免水肿液丢失，影响肺系数的准确性。

【思考题】

1. 本实验复制肺水肿的机制是什么？

2. 各实验组动物的表现有何不同？为什么？

3. 采用上述治疗方案的依据是什么？

实验四 酸碱平衡紊乱与血气分析

【实验目的】

1. 复制酸碱平衡紊乱的实验动物模型,观察各种类型酸碱平衡紊乱对机体产生的影响及血气分析指标变化特点。

2. 了解代谢性酸中毒的实验治疗原则。

【实验原理】

机体对酸、碱负荷具有很强的缓冲能力和有效的调节能力,但临床上有许多原因可引起酸碱平衡调节障碍致使体液酸碱度稳定性破坏,从而引起酸碱平衡紊乱。酸碱平衡紊乱多是某些疾病或病理过程的继发性变化,一旦酸碱平衡紊乱发生,则又会使病情更为复杂、严重,甚至危及病人的生命。

根据 pH 和原发因素即 $PaCO_2$或 HCO_3^-的变化,单纯性酸碱平衡紊乱可分为如下 4 种情况,①代谢性酸中毒:以血浆中 HCO_3^-原发性减少为特征的酸碱平衡紊乱;②呼吸性酸中毒:以体内 CO_2潴留、血浆中 H_2CO_3浓度原发性增高为特征的酸碱平衡紊乱;③代谢性碱中毒:由于 H^+丢失过多或细胞外液碱性物质增多所引起的以血浆中 HCO_3^-原发性增高为特征的酸碱平衡紊乱;④ 呼吸性碱中毒:主要是由于肺通气过度所引起的以血浆中 H_2CO_3浓度原发性减少为特征的酸碱平衡紊乱。

【实验动物】

家兔,雌雄不拘,体重 2.0~3.0kg。

【器材与药品】

1. 一般器械 兔手术台,家兔手术器械一套,注射器,气管插管等。

2. 仪器设备 BL-420 生物信号采集系统,兔呼吸机,血气分析仪。

3. 药品 20% 乌拉坦、0.2% 肝素溶液、生理盐水、3% 乳酸、5% 碳酸氢钠溶液。

【方法与步骤】

1. 动物的麻醉与手术

(1) 麻醉固定:家兔称重后,自耳缘静脉注入 20% 乌拉坦(5ml/kg)进行麻醉。仰卧位固定于兔台上。

(2) 分离颈部气管和插气管插管:颈部剪毛备皮,沿甲状软骨下正中切开皮肤 5cm,分离皮下组织及肌肉暴露气管,在其下穿一棉线。在气管软骨环之间做一倒“T”字形切口,插入气管插管并用线结扎固定。

(3) 血管插管:分离出左侧颈总动脉,行颈总动脉插管,备测动脉血压及采血。

(4) 将气管插管一侧开口与压力换能器相连,压力换能器再与计算机相应的通道相连,记录进出气道的气量。

(5) 接 BL-420 生物信息采集与处理系统,监测正常血压、心率、呼吸;连接心电图,描记正常心电图曲线;观察动物的一般状态;用充有肝素的1ml注射器从颈动脉取血约0.5ml(依血气分析仪要求酌定),将针头迅速插入小橡皮块,做血气分析。以上述资料作为正常对照值。

2. 模型复制

(1) 急性呼吸性酸中毒模型的复制

1) 完全夹闭气管插管管口,使动物处于完全窒息状态30s~1min。

2) 观察血压、心率、心电图等变化并采血做血氧、血气分析。

3) 立即解除夹闭,待动物呼吸等恢复正常。

(2) 急性呼吸性碱中毒模型的复制

1) 耳缘静脉注射尼可刹米50mg/kg,观察动物血压、心率、心电图等变化,观察有无抽搐、痉挛现象发生。

2) 2min后取血做血氧、血气指标。

3) 待动物呼吸等恢复正常。

(3) 代谢性酸中毒模型的复制及实验治疗

1) 由耳缘静脉推入3% 乳酸(1.5ml/kg),观察呼吸、血压、心率、心电图等变化。

2) 2min后,采血做血氧、血气分析。

3) 根据注入酸后测得的BE值,按下式进行补碱治疗。

BE绝对值×体重公斤数×0.3=所需补充碳酸氢钠的量(mmol)

(0.3是HCO_3^-进入体内分布的间隙,即体重×30%)

5% $NaHCO_3$ 1ml=0.6mmol

所需补充的5% $NaHCO_3$毫升数=所需补充碳酸氢钠的mmol数/0.6

4) 2min后,再次采血做血气分析,观察血氧、血气指标等是否恢复至正常对照水平。

(4) 代谢性碱中毒模型的复制

1) 等家兔血气恢复正常后,由耳缘静脉推入5% $NaHCO_3$ 3ml/kg,观察呼吸、血压、心率、心电图等变化。

2) 10min后,采血做血气分析。

【注意事项】

1. 复制急性呼吸性酸中毒时,动物窒息时间不要过长,以免造成死亡。

2. 做血气分析时,要求严格封闭标本,取血后,立即将针头插上小橡皮帽以隔绝空气,并且用手搓动针管,使血液与肝素充分混匀,以免发生凝血。

3. 取血时切勿进入气泡,否则影响血气和酸碱指标测定结果。

4. 实验过程中全程记录血压及呼吸。

【思考题】

1. 四种单纯性酸碱平衡紊乱发生原因及机制是什么?

2. 分析各模型的血气指标,并判断其酸碱平衡紊乱类型。

3. 酸中毒或碱中毒对机体有何影响?

实验五　急性失血性休克及挽救

【实验目的】

1. 了解失血性休克动物模型的复制方法。
2. 观察失血性休克时的主要体征及血流动力学变化特点。
3. 探讨失血性休克的发病机制及救治措施。

【实验原理】

休克微循环学说主要建立在对动物失血性休克模型研究的基础上。失血性休克属于低血容量性休克,是临床上常见的休克类型。急性大出血致有效循环血量锐减可诱发休克,机体出现微循环障碍、重要脏器血液灌流不足,严重时可发生多系统器官功能障碍。

本实验采用控制放血比例复制家兔失血性休克,观察失血性休克时家兔的呼吸、循环、泌尿系统功能和肠系膜微循环改变,并探讨其发生机制。对失血性休克的治疗,首先强调的是补充血容量、止血,以提高有效循环血量、心输出量,改善组织灌流;其次根据休克的不同发展阶段合理应用血管活性药物,改善微循环状态。

【实验动物】

家兔,雌雄不拘,体重2.0~3.0kg。

【器材与药品】

1. 一般器械　家兔手术器械一套,静脉输液装置一套,50ml、20ml、10ml、5ml、1ml注射器各一个,丝线,纱布,听诊器。

2. 仪器设备　BL-420生物信号采集系统,压力换能器,恒温水浴锅。

3. 药品　20%乌拉坦,0.2%肝素溶液,山莨菪碱,1%去甲肾上腺素,生理盐水。

【方法与步骤】

1. 麻醉固定　家兔称重后,自耳缘静脉注入20%乌拉坦(5ml/kg)进行麻醉。仰卧位固定于兔台上。

2. 分离颈部气管和插气管插管　颈部剪毛备皮,沿甲状软骨下正中切开皮肤5cm,分离皮下组织及肌肉暴露气管,在其下穿一棉线。在气管软骨环之间做一倒"T"字形切口,插入气管插管并用线结扎固定。

3. 血管插管　分离左侧颈总动脉和右侧颈外静脉。插入连接有压力换能器的动脉插管(内有肝素),并固定好,用于记录血压。从右侧颈外静脉插入5~6cm长的静脉导管,导管用三通管连接中心静脉压测压计和输液装置。不测压时,将导管与输液装置连通,缓慢输入生理盐水(5~10滴/min),保持导管通畅。

4. 在右侧腹直肌旁做长 6cm 的切口，钝性分离肌肉，打开腹腔后，推开大网膜，找出一段游离度较大的小肠袢，轻轻从腹腔拉出，放置在微循环恒温灌流盒内，使肠系膜均匀铺在有机玻璃凸形观察环上，压上固定板，调整灌流液（台氏液加 1% 明胶）的液面，使液面刚盖过肠系膜，用显微镜观察肠系膜的微循环，分清肠系膜动脉、静脉、毛细血管，观察血流速度，找出标记血管，以便前后对照。详细操作参见 BI-2000 医用图像分析系统。

5. 尿道插管　将导尿管头端涂上少量液状石蜡后，从尿道口插入，见尿流出后即可，插入长度约为 10～12cm 。

6. 由耳缘静脉注入 0.2% 肝素溶液（1ml/kg），抗凝血。

7. 放血前观察动物的各项生理指标，包括皮肤黏膜颜色、血压、心率、呼吸、中心静脉压、尿量、肛温、肠系膜微循环等，并做记录。

8. 打开颈总动脉插管与注射器连通的开关，使血液从颈动脉流入注射器内，开始时每放血 10ml 即关闭开关，监测动脉血压变化，最终放血量为家兔血量的 20%～30% 左右（兔血量 100ml/kg 体重），即可造成失血性休克模型。记录失血量连续观察失血过程中上述指标变化。

9. 放血结束后，维持 20～40 分钟，观察上述指标的变化。然后可根据休克的病理生理学改变按下列方案或自行设计方案抢救，再观察抢救效果。

10. 抢救方案

（1）将放出的血液由静脉快速输回。

（2）将放出的血液由静脉输回后，再输入与失血量等量的生理盐水。

（3）将放出的血液由静脉输回后，再输入与失血量等量的生理盐水+扩血管药物（如 654-2，1mg/kg）。

（4）将放出的血液由静脉输回后，再输入与失血量等量的生理盐水+缩血管药物（如去甲肾上腺素，0.75mg/kg）。

（5）单纯输失血量 2 倍的生理盐水。

（6）另可根据的病理生理改变自行设计方案抢救。

11. 抢救后，观察 30～40 分钟，再记录各项指标一次，然后处死动物，结束实验。

【注意事项】

1. 本实验要尽量减少手术性出血，如有少量出血。切勿惊慌，可用生理盐水纱布压迫止血。

2. 麻醉深浅要适度，麻醉过浅，动物疼痛，可致神经源性休克。

3. 牵拉肠袢要轻，以免引起创伤性休克。观察时应在镜下分清动脉（包括小动脉、微动脉、后微动脉）、静脉（包括微静脉和小静脉）和真毛细血管。动脉色浅红、血流速度快，由粗变细逐渐分支；静脉色暗红、血流速度较慢，有小支汇成大支，由细变粗；真毛细血管血流速度最慢，口径最小，仅容一个红细胞通过。要注意在固定视野下观察真毛细血管的数目，小动脉口径和血流速度（表述为线流、线粒流、粒线流、粒流、停滞等)及流态(摆动、絮状等)。

4. 动脉插管、压力换能器内及放血的注射器内,事先应加一定量的肝素。血放出后最好放入到有少量肝素的烧杯内。

【思考题】

1. 失血性休克时,血流动力学变化有何改变?
2. 动脉血压降低可否作为判定休克的唯一指标?为什么?
3. 失血性休克的救治原则及依据是什么?
4. 对于失血性休克,以上哪种治疗方案最优,为什么?

实验六　急性心肌梗死及药物治疗作用

【实验目的】

1. 通过复制急性心肌梗死动物模型,观察心肌梗死后心电图及血流动力学指标的变化。

2. 观察心肌缺血-再灌注损伤现象及药物治疗作用。

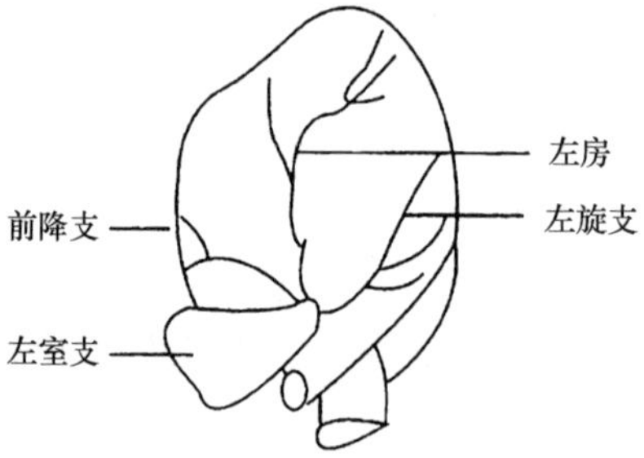

图 5-6-1　家兔冠状动脉左室支行走示意图

【实验原理】

心肌梗死是冠状动脉血流急剧减少或中断,出现相应心肌缺血、坏死甚至导致心律失常、心源性休克和心力衰竭等严重后果的病理过程。本实验人为夹闭位于心尖部的左冠状动脉,其受累的部位主要是心室下壁(图 5-6-1)。

在Ⅱ导联,梗死图形(ST 段上升)表现最为明显,并出现左心收缩和舒张功能障碍的血流动力学变化(图 5-6-2)。当松开钳夹的冠状动脉恢复心肌血供时,心脏血流动力学指标变化可能并未得到恢复,甚至缺血更加严重,或出现心室颤动等致死性心律失常,此即为缺血-再灌注损伤现象。

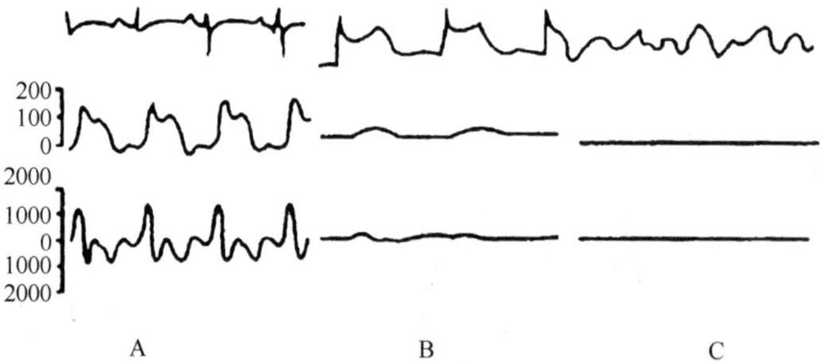

图 5-6-2　兔急性心肌梗死及灌注损伤时的 ECG,LVSP 和 dp/dt_{max} 的变化

A. 正常;B. 急性心肌梗死;C. 再灌注损伤

普萘洛尔为β受体阻断剂，通过降低自律性、影响传导速度、不应期而对抗交感神经或儿茶酚胺增多的各种快速性心律失常，同时，对缺血性心脏病患者的室性心律失常有效。维拉帕米为钙通道阻滞剂，通过对钙拮抗和对α受体阻断的作用，可用于缺血-再灌注损伤所致的心律失常。

【实验动物】

家兔，雌雄不拘，体重 2.0~3.0kg。

【器材与药品】

1. 一般器械 兔手术台，家兔手术器械一套，注射器，气管插管等。
2. 仪器设备 BL-420 生物信号采集系统，兔呼吸机。
3. 药品 20%乌拉坦，0.2%肝素溶液，生理盐水，0.01%普萘洛尔，维拉帕米。

【方法与步骤】

1. 麻醉固定 家兔称重后，自耳缘静脉注入 20%乌拉坦(5ml/kg)进行麻醉。仰卧位固定于兔台上。

2. 分离颈部气管和插气管插管 颈部剪毛备皮，沿甲状软骨下正中切开皮肤 5cm，分离皮下组织及肌肉暴露气管，在其下穿一棉线。在气管软骨环之间做一倒"T"字形切口，插入气管插管并用线结扎固定。

3. 血管插管 分离左侧颈外静脉、右侧颈总动脉，并分别穿线备用。

4. 将针形电极分别插入右上肢(红)、左下肢(黑)和胸部(白)皮下，连接相应的通道并选择输入信号为心电。记录正常的心电图波形。

5. 气管插管连接呼吸机，调节潮气量为 51ml/kg，频率 23 次/min，调节呼吸机使呼：吸=1.25：1。

6. 左侧颈外静脉插管，插入深度约 2.5cm(进胸腔即可)。保持静脉通畅，打开输液开关，输液流量约为 15 滴/min。

7. 左心室插管，从右颈总动脉稍向左插入 3~4cm 后，一边观察生物信息处理系统血压显示，一边继续插入，直到血压呈负值和左心室压波形出现，固定插管。

8. 记录心率(HR)、左室收缩压(LVSP)、左室舒张压(LVDP)、左室内压最大上升速率(LV+dp/dt_{max})、左室内压最大下降速率(LV-dp/dt_{max})、中心静脉压(CVP)、心电图正常数据。

9. 复制急性心肌梗死动物模型及药物治疗 从左侧胸壁开胸，暴露心脏剪开心包，手术列影灯射入胸腔，可见心尖部小血管，用小止血钳夹闭小血管。观察上述各项指标，若出现心电图 ST 段抬高，表明已出现心肌缺血，记录心肌缺血后上述各项数据。继续观察 15min。如出现心律失常则静脉给予普萘洛尔 0.8ml/kg，观察上述指标改变情况。

10. 观察心肌缺血-再灌注损伤现象及药物治疗作用 松开止血钳，观察各项指标的变化，可能出现心室颤动，即再灌注损伤。此时，可用维拉帕米 0.5mg/kg 缓慢静脉推注，观察心电图变化及上述数据的变化。

【注意事项】

1. 左心室插管前应在插入管上涂抹液体石蜡,以减小摩擦。

2. 切勿用力过猛刺破血管,如遇阻力可旋转、退后、再前插。

【思考题】

1. 心肌梗死血流动力学改变有哪些? 主要机制是什么?

2. 普萘洛尔对急性心肌梗死所致心律失常治疗是否有效? 主要机制是什么?

3. 本次实验是否观察到缺血-再灌注损伤现象? 维拉帕米能否减轻缺血-再灌注损伤? 其主要机制是什么?

实验七 急性心力衰竭的复制与抢救

【实验目的】

1. 观察心力衰竭时机体的血流动力学的改变。

2. 掌握心力衰竭的发生机制。

3. 了解心力衰竭的治疗原则。

【实验原理】

心力衰竭是在各种致病因素的作用下,心脏的收缩和(或)舒张功能发生障碍,使心输出量绝对或相对的下降,以至不能满足机体代谢需要的病理生理过程或综合征。心力衰竭的常见病因包括:①原发性心肌收缩、舒张功能障碍(心肌炎、心肌梗死等心肌病变,心肌缺血缺氧如冠心病、严重贫血,维生素 B_1 缺乏等导致心肌能量代谢障碍);②压力或容量负荷过度。在临床上,约有 90% 的患者其心力衰竭的发生往往有诱因存在。常见的诱因包括感染、大量快速输液、妊娠和分娩、体力与精神负荷过重、缺氧、酸中毒、电解质紊乱、心律失常等。

本实验通过兔耳缘静脉注射栓塞剂(液状石蜡)造成兔急性肺小血管栓塞,引起右心压力负荷过重;通过大量输液引起右心容量负荷增加。由于右心前、后负荷的过度增加,造成右室收缩和舒张功能降低,从而导致急性右心衰竭。治疗心力衰竭时可运用利尿、强心及扩血管等措施。

【实验动物】

家兔,雌雄不拘,体重 2.0~3.0kg。

【器材与药品】

1. 一般器械 兔手术台,家兔手术器械一套,听诊器,输液装置等。

2. 仪器设备 BL-420 生物信号采集系统,压力换能器,动静脉插管,恒温水浴锅等。

3. 药品 20% 乌拉坦,0.2% 肝素溶液,生理盐水,液状石蜡,呋塞米,洋地黄,山莨菪碱。

【方法与步骤】

1. 麻醉固定　家兔称重后，自耳缘静脉注入 20% 乌拉坦（5ml/kg）进行麻醉。仰卧位固定于兔台上。

2. 分离颈部气管和插气管插管　颈部剪毛备皮，沿甲状软骨下正中切开皮肤 5cm，分离皮下组织及肌肉暴露气管，在其下穿一棉线。在气管软骨环之间做一倒“T”字形切口，插入气管插管并用线结扎固定。

3. 血管插管　分离左侧颈总动脉和右侧颈外静脉。插入连接有压力换能器的动脉插管（内有肝素），并固定好，用于记录血压。从右侧颈外静脉插入 5～6cm 长的静脉导管，导管用三通管连接中心静脉压测压计和输液装置。不测压时，将导管与输液装置连通，缓慢输入生理盐水（5～10 滴/min），保持导管通畅。

4. 尿道插管　将导尿管头端涂上少量液状石蜡后，从尿道口插入，见尿流出后即可，插入长度约为 10～12cm 。

5. 观察各组动物一般状况，动脉血压、静脉压、心率、心音、尿量、呼吸频率及呼吸音，作肝-颈静脉返流征试验，即测量中心静脉压后，用手按压动物肝区 3 秒，观察中心静脉压数值上升为阳性。以上资料作为正常对照值。

6. 复制急性右心衰竭模型

（1）自耳缘静脉缓慢注入（0. 1ml/min）加温至 38℃ 的液状石蜡 0. 5ml/kg，2～3min 后观察上述指标有何变化。

（2）待动物的血压、呼吸稳定后，以 180～200 滴/分的速度快速静脉输入 38℃ 生理盐水。输液过程中观察各项指标的变化，输液量每增加 25ml/kg，即记录各项指标一次，待血压有明显的进行性下降或中心静脉压有明显的升高时即可进行分组，分别进行抢救治疗和不抢救处理也就是输液直至动物死亡。（注意肺部听诊有无湿啰音）

7. 急性心力衰竭的抢救　根据实验动物的状况分不同阶段抢救，自行选择和设计抢救方案。

实验室提供的药品：

（1）扩管类药物：山莨菪碱（654-2），静脉滴注，0. 8ml/kg。

（2）强心类药物：洋地黄，静脉滴注，0. 3～0. 5ml/kg。

（3）利尿剂：呋塞米，0. 4ml/kg，缓慢静脉滴注。

8. 动物解剖观察　急性右心衰竭的非治疗组动物死亡或抢救组完成实验后，挤压动物胸壁，观察气管内有无分泌物溢出，并注意其性状。剖开胸、腹腔（注意不要损伤脏器和大血管），观察有无胸水、腹水及其量；观察心脏各腔体积；肺脏外观和切面观；肠系膜血管充盈情况，肠壁有无水肿，肝脏体积和外观情况。最后剪破腔静脉，让血流出，观察此时肝脏和心腔体积的变化。

【注意事项】

1. 液状石蜡必须要加温，降低其黏滞性，使其注入后能形成细小栓子。

2. 注入栓塞剂的量是急性心衰复制是否成功的关键，注入过少往往需补充输入大量液体，而注入过量时会造成动物的立即死亡。故一定要缓慢注入，并在注入过程中仔细观察血压、中心静脉压的变化。

3. 输液时注意观察各项指标，及时的在不同时段进行抢救。

【思考题】

1. 耳缘静脉输入液状石蜡及快速输液为何引起急性右心衰竭？
2. 右心衰竭的临床表现是什么？与左心衰竭有何区别？为什么？
3. 选择抢救方案的病理生理学基础是什么？抢救药物的药理作用是什么？

实验八　呼吸功能不全

【实验目的】

1. 掌握复制呼吸功能不全动物模型的方法。
2. 观察家兔呼吸功能不全时动物血气和呼吸的变化，分析其机制。
3. 学习动脉取血的方法，了解血气测定的原理及方法。

【实验原理】

呼吸功能不全是指外呼吸功能严重障碍，导致 $PaO_2<60mmHg$，伴有或不伴有 $PaCO_2>50mmHg$ 的病理过程。呼吸功能不全可分为Ⅰ型即低氧血症型（$PaO_2<60mmHg$）和Ⅱ型即高碳酸血症型（$PaO_2<60mmHg$，$PaCO_2>50mmHg$）。其发病机制包括：①肺通气功能障碍（限制性通气不足、阻塞性通气不足）；②弥散障碍；③肺泡通气/血流比例失调；④解剖分流增加。

本实验通过夹闭家兔气管造成动物窒息，开放性气胸，吗啡类药物，静脉注射油酸，以及气管注入高渗溶液以复制通气功能障碍、气体弥散障碍及肺泡通气/血流比例失调所引起的Ⅰ型与Ⅱ型呼吸功能不全模型。

【实验动物】

家兔，雌雄不拘，体重 2.0~3.0kg。

【器材与药品】

1. 一般器械　兔手术台，家兔手术器械，注射器（1ml、10ml、20ml、50ml、100ml），气管插管等。

2. 仪器设备　BL-420 生物信号采集系统，压力换能器，呼吸换能器，气管套管，听诊器，血气分析仪。

3. 药品　20% 乌拉坦，0.2% 肝素溶液，生理盐水，哌替啶，尼可刹米，油酸，25% 葡萄糖。

【方法与步骤】

1. 麻醉固定　家兔称重后，从耳缘静脉缓慢注入 20% 乌拉坦溶液（5ml/kg）。注意观察麻醉状况，以防麻醉过深。家兔自然倒下仰卧位固定。

2. 气管插管　颈部剪毛，正中切口，切口长约5cm，逐层钝性分离颈部组织，暴露出气管并在其下穿一根粗结扎线，在气管上剪一倒“T”形切口，插入气管插管并结扎固定。气管插管一端与呼吸换能器连接。

3. 血管插管　分离左侧颈总动脉和右侧颈外静脉。插入连接有压力换能器的动脉插管（内有肝素），并固定好，用于记录血压。从右侧颈外静脉插入5~6cm长的静脉导管，至上腔静脉近右心房入口处，结扎固定颈静脉与插管，导管用三通管连接中心静脉压测压计和输液装置。不测压时，将导管与输液装置连通，缓慢输入生理盐水（5~10滴/min），保持导管通畅。

4. 尿道插管　将导尿管头端涂上少许液状石蜡后，从尿道口插入，见尿流出后即可。

5. 模型复制

（1）复制阻塞性通气障碍：用动脉夹或止血钳夹闭气管套管的三分之二，使部分气管阻塞，使动物处于不完全窒息8~10min，由股动脉取血做血气分析并观察描记呼吸变化。立即解除不完全窒息，待动物恢复10~15min，再取血做血气分析及记录呼吸变化。

（2）复制气胸引起限制性通气不足：用连接在水检压计上的16号穿刺针头，于家兔右胸第4~5肋间隙与腋前线交界处刺入胸膜腔（注意打开三通管开关使穿刺针与水检压计相通），操作时不能用力过猛，进针方向应与胸壁垂直，进针约1~1.5cm。进入胸膜腔时可有落空感，同时水检压计出现负压并随呼吸有波动。固定针头后，将连通胸膜腔之开关打开，用50ml注射器向胸膜腔内注入50ml空气，观察胸膜腔内压力变化。造成右侧闭合性气胸10min，取动脉血做血气分析，同时观察并描记呼吸频率及幅度。然后用50ml注射器将胸膜腔内空气抽尽，拔出针头，等候10min左右待动物恢复正常，再取动脉血做血气分析。

（3）使用呼吸中枢抑制药

1）耳缘静脉注射吗啡类药物，如哌替啶5%（0.3ml/kg），观察呼吸运动改变，变化明显时取血进行血气分析。

2）呼吸出现变化时，立刻静脉注射12.5%尼可刹米（0.4ml/kg），观察呼吸运动的变化。

（4）复制肺换气功能障碍

1）油酸肺模型：从耳缘静脉缓慢注射油酸0.3ml/kg，30min后再追加0.2ml。于注入后20min、40min分别抽取动脉血做血气分析，并观察描记呼吸。

2）高渗葡萄糖引起肺水肿：抬高兔台头端约与水平成30°角，保持气管于正中部位，用2ml注射器抽取25%葡萄糖液2ml，将针头插入气管插管分叉处，用5min时间缓慢地将葡萄糖溶液滴入气管内造成渗透性肺水肿，此期间注意用听诊器听诊肺部湿啰音是否出现，观察呼吸改变和气管插管内有否白色或粉红色泡沫液体溢出。一旦出现立即取血做血气分析并观察描记呼吸的变化。

3）当上述1）、2）家兔出现表现后，夹住气管，处死动物，打开胸腔，取出肺（注意勿挤压和损伤肺)。用滤纸吸去肺表面水分后称取肺重,计算肺系数,然后肉眼观察。肺大体改变并切开肺,注意有无泡沫液体流出。

肺系数计算公式:$肺系数=\frac{肺重量(g)}{体重(kg)}$,正常兔肺系数值为4~5。

【注意事项】

1. 造成动物不完全窒息10min后,必须立即取血及观察记录呼吸变化,待记录完各项指标后再解除不完全窒息,切不可在尚未放血及记录之前就放开弹簧夹或止血钳。

2. 送做血气分析的标本切忌与空气接触,以免影响结果。

3. 复制渗透性肺水肿时,滴葡萄糖的速度一定要慢,以免造成呼吸道阻塞而使动物很快死亡。

4. 解剖取肺时,要事先夹住气管,并注意勿损伤肺表面和挤压肺组织,以防止水肿液流出,影响肺系数值。

【思考题】

1. 窒息、气胸、肺水肿各通过哪些机制引起呼吸衰竭?其血气如何变化?为什么?

2. 本实验各个模型都发生了哪些酸碱平衡紊乱?

3. Ⅰ型和Ⅱ型呼吸功能不全模型时氧疗有何不同?为什么?

实验九　氨在肝性脑病发病机制中的作用

【实验目的】

1. 观察肝脏对氨的解毒作用。

2. 氨在肝性脑病发病机制中的作用。

3. 用谷氨酸钠和酸性溶液治疗并探讨其疗效的病理生理学基础。

【实验原理】

肝性脑病是继发于严重肝脏疾病的神经精神综合征,氨中毒学说是阐述肝性脑病发病机制的主要学说之一。该学说认为,由于肝细胞严重受损或门-腔侧支循环形成,使血氨清除障碍或生成增多,因而血氨升高导致肝性脑病。临床主要表现为中枢神经系统功能障碍引起的神经精神症状,甚至昏迷。

【实验动物】

家兔,雌雄不拘,体重2.0~3.0kg。

【器材与药品】

1. 一般器材　家兔手术器械一套,兔手术台,5ml、10ml、20ml注射器,7号针头,粗棉线绳等。

2. 药品　1%普鲁卡因,复方氯化铵溶液,复方氯化钠溶液,复方谷氨酸钠溶液,3%乳酸。

（1）复方氯化铵混合液：氯化铵 25g，碳酸氢钠 15g，葡萄糖 50g 加水至 1000ml。

（2）复方氯化钠混合液：氯化钠 25g，碳酸氢钠 15g，葡萄糖 50g 加水至 1000ml。

（3）复方谷氨酸钠混合液：谷氨酸钠 25 g，碳酸氢钠 15g，葡萄糖 50g 加水至 1000ml。

【方法与步骤】

实验分为 4 组进行。

1. 第一组家兔　肝叶大部分切除后，肠腔内注入复方氯化铵溶液。

（1）取健康家兔一只，称重后，仰卧位固定于兔手术台上，剪去上腹部正中线附近的被毛，在剑突下沿腹正中线注射 1% 普鲁卡因局部浸润麻醉。作长约 5～7cm 的切口，打开腹腔，暴露肝脏，左手向下轻压肝脏，暴露并剪断肝与横膈之间的镰状韧带，再将肝叶上翻（图 5-9-1），用手分离肝胃韧带，使肝叶完全游离。用粗棉线结扎肝左外叶、左中叶、右中叶（带胆囊叶）和方形叶的根部，使之血流阻断，待结扎的肝叶颜色变为暗褐色，剪除 4 叶肝脏（仅留下右外叶和尾状叶），完成肝大部分切除手术。

（2）沿胃幽门向下找到十二指肠，其下穿一粗棉线，以皮钳对合夹住腹壁切口，关闭腹腔。

（3）观察家兔一般情况、角膜反射及对疼痛刺激反应等。

（4）每隔 5min 松开皮钳，将穿有十二指肠的棉线提出，向十二指肠腔内注射复方氯化铵溶液 5ml，仔细观察动物情况：反应性、肌紧张、震颤、抽搐、角弓反张、角膜反射及呼吸变化。记录开始向肠腔注药至出现角弓反张、角膜反射消失及昏迷的时间以及使用复方氯化铵溶液总药量，计算出每公斤体重用药量。

2. 第二组家兔　手术方法同上，游离肝脏，但不结扎肝脏，做假手术后，用同样方法向十二指肠肠腔内注射复方氯化铵溶液，注射总剂量与第一组家兔剂量相同，观察动物一般情况。

3. 第三组家兔　做肝大部分切除后（手术方法同前），相同方法向十二指肠肠腔内注入复方氯化钠溶液。剂量同第一组，观察动物一般状况。

4. 第四组家兔　做肝叶大部分切除后（手术方法同前），相同方法向十二指肠肠腔内注入复方氯化铵溶液。观察动物一般状况，有无反应性增强，直至抽搐痉挛发作为止，由耳缘静脉缓慢注射复方谷氨酸钠溶液（3ml/kg）并向十二指肠注入 3% 乳酸（5ml/kg）观察并记录治疗后症状有无缓解。

5. 另外，同学们可自行按照所学的知识选择设计治疗方案。

【注意事项】

1. 兔肝脏质地脆弱，易破裂出血，游离肝脏时动作轻柔以免肝叶破裂出血。

2. 剪镰状韧带时，谨防损伤横膈。

3. 结扎线应扎于肝叶根部避免拦腰勒破肝叶，结扎要牢靠。

4. 向十二指肠肠腔注射复方氯化铵溶液时，注意不要刺破肠腔使液体漏入腹腔。

5. 动物不要做全麻，以免影响观察。

【思考题】

1. 为何注射氯化铵混合液能引起肝性脑病的发生？

2. 实验性肝性脑病过程中的主要症状是什么？为什么会出现这些症状？

3. 为什么在实验中所用的氯化钠混合液和氯化铵混合液要加入葡萄糖和碳酸氢钠？

4. 实验性肝性脑病治疗用药的病理生理基础是什么？

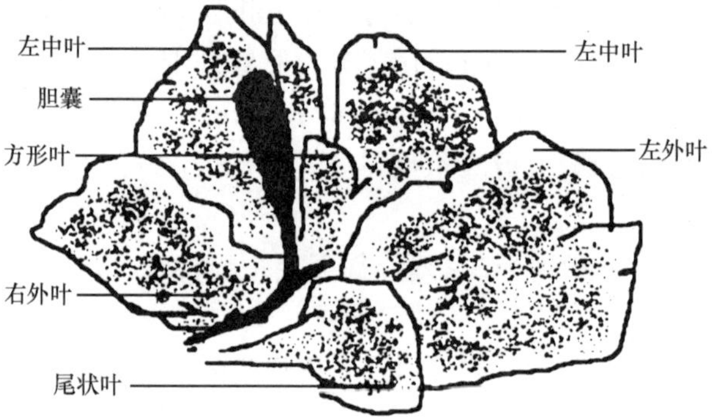

图 5-9-1　兔的肝脏示意图(背侧)

实验十　实验性弥散性血管内凝血(DIC)

【实验目的】

1. 了解弥散性血管内凝血的动物模型复制方法。

2. 观察弥散性血管内凝血时体内凝血因子和纤维蛋白(原)降解产物(FDP)含量的改变，探讨 DIC 的发病机制，并了解 DIC 的诊断标准及有关的实验室检查。

【实验原理】

弥散性血管内凝血(disseminate intravascular coagulation, DIC)是指由于某些致病因子的作用，凝血因子和血小板被激活，大量促凝物质入血，凝血酶增加，进而形成大量微血栓。微血栓的形成又消耗了大量凝血因子和血小板，并使纤溶系统的功能继发性增强，从而导致机体出现严重出血、休克、器官功能障碍和溶血性贫血等表现。DIC 是临床上许多疾病的一个中间环节或并发症，能够导致 DIC 的病因有很多，但其主要机制为：组织严重受损启动外源性凝血系统，血管内皮细胞广泛受损启动内源性凝血系统，血细胞大量破坏、血小板被激活及其他促凝物质入血等。

兔脑粉浸液含有丰富的组织因子，注入家兔体内，使大量的组织因子(凝血因子Ⅲ)入血,激活外源性凝血系统,引起血管内微血栓形成,同时或继发纤溶亢进,复制家兔的急性弥散性血管内凝血(DIC)模型。

【实验动物】

家兔,雌雄不拘,体重2.0~3.0kg。

【器材与药品】

1. 一般器械 家兔手术器械一套,注射器(5ml)、250μl移液器、500μl移液器、秒表、试管、吸管、离心管、三通管、纱布、听诊器、输液装置等。

2. 仪器设备 BL-420生物信号采集系统,压力换能器、离心机、恒温水浴锅。

3. 药品 1%普鲁卡因,生理盐水、0.2%肝素钠溶液、3.8%枸橼酸钠,2%氯化钙,1%硫酸鱼精蛋白,凝血酶,0.025mol/L氯化钙,凝血酶,1% 6-氨基己酸溶液。

【方法与步骤】

1. 取家兔1只,称重,仰卧于兔台上,剪去颈部被毛,用1%普鲁卡因局部浸润麻醉。

2. 切开颈部皮肤,分离出颈外总动脉,做颈外静脉插管与输液装置相连,用以滴注兔脑浸液;做颈总动脉插管,用以采血。

3. 开放动脉夹,最先流出的数滴血弃去,在盛有0.8ml枸橼酸钠的试管内放入兔血7.2ml,上下颠倒混匀(注意勿震),以3 000r/min离心10min,取其血浆作TT、PT、3P试验,血小板计数及纤维蛋白原含量的测定。

4. 经颈外静脉插管滴注兔脑粉浸液(预先于37℃水浴中放置10min),滴注剂量为8~10ml/kg,浓度为20mg/ml,在1h左右滴完。

5. 在开始滴注兔脑粉浸液后的10min、20min、30min、45min、60min、75min、90min采血,进行TT,PT,3P试验及纤维蛋白原含量的测定。比较DIC前后上述各项试验结果有何不同。

6. 实验完毕后,可将动物处死,观察:①血液凝固性的变化,有无血液不易凝固的情况;②内脏(肺、肾、心、肝)大体情况,有何病理变化。

【注意事项】

1. 滴注兔脑粉浸液的原则是先慢后快,在前半个小时均匀滴注总量的2/5,后半小时内滴注总量的3/5,切忌过快,否则极易造成实验动物的死亡。

2. 每次采血完毕要用注射器从插管内推进适量的生理盐水,以防管内血栓的形成,但不能采用抗凝剂。

3. 实验用的血浆如暂不使用,要置入冰箱(4℃)保存,时间不宜过长,一般不长于4h,如室温较低(低于20℃),血浆在测试前应在37℃水浴锅中温育1min左右。

【思考题】

1. 为什么家兔注入脑浸液会出现DIC?

2. 在DIC发展过程中,凝血时间、凝血酶原时间、3P试验及纤维蛋白原有何变化?为什么会出现这些变化?

【附录1】

1%硫酸鱼精蛋白液:取硫酸鱼精蛋白1g,用生理盐水配制成100ml,再以2%碳酸钠溶液调pH至6.5,滤纸过滤后置4℃冰箱保存备用;或用市售的1%鱼精蛋白注射液。

兔脑粉的制备:取新鲜兔脑,彻底去除血管网及脑膜,用生理盐水洗净,置于研钵中加入丙酮研磨,研磨至粥状后静置数分钟,弃掉上清液,再加入丙酮研磨,这样重复多次,直至脑组织彻底脱掉水分成为白色粉状(可放入冰箱保存)。

4%兔脑浸液:取兔脑粉400mg,用10ml生理盐水充分混匀后置于37℃恒温水浴箱中孵育30min,并经常搅拌,1000r/min离心5min后取其上清液过滤备用。

【附录2】

1. 凝血酶时间(TT)测定

原理:在被检血浆中加入标准的凝血酶溶液,测定其凝固时间。DIC时,由于有继发性纤溶,FDP增多,抑制凝血酶作用,使TT延长。

方法:①取小试管一支,置于37℃水浴中,加入血浆0.2ml;②加凝血酶溶液0.2ml,同时开动秒表,记录血浆凝固时间,重复3次,取其平均值。

正常值:人:14~18s;犬:14.7±0.19s

2. 凝血酶原时间(PT)测定

原理:在被检血浆中加入Ca^{2+}和第Ⅲ因子,测定其凝固时间,是外源性凝血活性的综合检查。DIC由于外源性凝血系统的激活,PT延长。

方法:取小试管一支,放入血浆及兔脑粉浸液各0.1ml,然后加入0.025mol/L氯化钙溶液0.1ml,立即开动秒表,不断轻轻振摇试管,记录液体停止流动所需要的时间,重复三次,取其平均值。

正常值:人:12~14s;兔:6~8s,犬:7~10s。

3. 血浆鱼精蛋白副凝(3P)试验

原理:纤维蛋白单体与FDP结合成为可溶性纤维蛋白单体复合物(SFMC),加入鱼精蛋白后,复合物中的纤维蛋白单体释放出来,聚合成为不溶的纤维蛋白沉淀。

方法:①取血浆1ml放入小试管中,置于37℃水浴3min;②加鱼精蛋白溶液1ml,混匀。

置于37 ℃水浴15min,立即观察结果,出现白色纤维蛋白丝者为阳性,混浊者为阴性。

假阳性结果可见抽血不顺利,抗凝不匀,标本置于冰箱中。

假阴性结果可见于水浴箱温度过低又重新加温到37℃时,纤维蛋白原含量过低。

4. 血小板计数(BPC)

原理:在DIC发生发展过程中,由于血小板的损伤、破坏和聚集,使血小板数量减少,此外,由于血小板从骨髓释放速度加快,故外周血可见血小板大小不一,甚至出现巨大的血小板。

方法:①取试管一支,加稀释液4ml;②用血红蛋白吸管吸取血液20μl,擦去吸管外部余血,将全血吹入稀释液,并用稀释液洗尽吸管内余血,立即混匀;③用液滴管将稀释血液滴到计数板上静置2~3min,用高倍镜计数中央大格的25个中方格的血小板数,所得数乘以2000即每毫升血液血小板数。

正常值:人:100×10^9~300×10^9/L;兔:300×10^9~600×10^9/L;犬:$196\times10^9\pm47\times10^9$/L。

5. 纤维蛋白原定量测定

原理:纤维蛋白原在凝血酶的作用下,可形成纤维蛋白沉淀。DIC时血浆凝血酶和纤溶酶生成均增加,血浆纤维蛋白原迅速分解,使其含量降低。

方法:①取试管8支分别放入0.5ml,6-氨基己酸溶液;②取全血0.5ml放入第一管,混匀后吸0.5ml放入第二管,以此类推,连续稀释至第八管,最后弃去0.5ml;③于各管加0.2%氯化钙溶液0.2ml,轻混匀,再加凝血酶一滴,混匀,置室温10min;④每管各加生理盐水2ml,观察凝块出现的试管稀释度(注意从第八管开始观察),按表5-10-1推算各管纤维蛋白含量。

表5-10-1 纤维蛋白原定量测定加样表

试管	稀释度	纤维蛋白原含量(mg/100ml)
1~2	2~4	<25
3	8	25~35
4	16	35~60
5	32	60~120
6	64	120~200
7	128	200~400
8	256	>400

实验十一 急性肾功能衰竭

一、中毒性肾功能衰竭

【实验目的】

1. 用升汞复制急性肾功能衰竭的动物模型,观察急性肾功能衰竭时内生肌酐清除率、尿蛋白、血尿素氮和酚红排泄率等变化。

2. 根据实验检测指标的变化,加深理解急性肾衰的病因、发病机制和功能代谢变化。

【实验原理】

通过给动物注射氯化高汞($HgCl_2$)造成重金属中毒,复制急性中毒性肾功能衰竭的疾病模型。汞剂注入动物机体经 24h 可出现细胞学改变,即可引起肾小管上皮细胞变性坏死,坏死脱落的上皮细胞可在小管内形成各种管型,阻塞肾小管管腔,使原尿不易通过,同时由于管腔内压上升,引起有效滤过压降低,从而使肾小球滤过率降低,导致肾泌尿功能障碍,形成少尿。汞剂引起肾小管坏死位置限于远曲小管的末梢部分。

【实验动物】

家兔,雌雄不拘,体重 2.0~3.0kg。

【器材与药品】

1. 一般器械　兔手术台,家兔手术器械,注射器, 试管等。

2. 仪器设备　分光光度计,恒温水浴箱,光学显微镜。

3. 药品　20% 乌拉坦,1% 氯化高汞($HgCl_2$)溶液,10% 葡萄糖溶液,尿素氮溶液,二乙酰-肟-氨硫脲(DAM-TSC)液,酸混合液,5% 醋酸溶液,尿素氮标准应用液Ⅱ,肌酐标准应用液,苦味酸,0.6% 酚红,10% 氢氧化钠。

【方法与步骤】

1. 取两只家兔作为中毒兔和对照兔,于实验前 24h 称重后,中毒兔皮下或肌肉注射 1% 氯化高汞($HgCl_2$)1.2ml/kg,造成急性中毒性肾功能不全模型。对照兔则在相同部位注射同量的生理盐水,作为实验对照。两兔实验前均喂少量蔬菜。

2. 实验时分四组,两组用模型家兔,两组用对照家兔。实验内容各组均相同。将兔称重后,耳缘静脉缓慢注射 20% 乌拉坦溶液(5ml/kg)麻醉,仰卧位固定于兔台上。

3. 颈部正中切口,分离一侧颈外静脉并插管,滴注 5% 葡萄糖溶液(100ml/kg),以保证家兔有足够尿量。

4. 测定正常血肌酐及尿肌酐,计算内生肌酐清除率

(1) 从静脉采血 2~3ml,立即注入盛有肝素的离心管中摇匀,平衡后以 2500r/min 速度离心 15min,小心将上清液即血浆用滴管吸取,置于另一试管。

(2) 用液体石蜡润滑导尿管头端,插入尿道,固定,用烧杯收集尿液。

(3) 测定血肌酐及尿肌酐(表 5-11-1)。

表 5-11-1　血浆和尿液肌酐含量测定(ml)

试剂	标准管(S)	标准空白管(S_0)	测定管(R)	测定空白管(R_0)
肌酐标准液	0.25	—	—	—
血浆或尿液	—	0.25	0.25	0.25
测定苦味酸	5.0	—	5.0	—
空白苦味酸	—	5.0	—	5.0

加完上述试剂后混匀，置37℃水浴20min，再放入冷水容器中转动1min使冷却，在520nm波长处各以其相应的空白管调零，比色测定各管的光密度。本实验所需要试剂宜在使用前两周内配制，逾期则苦味酸颜色加深，光密度值随之增高，影响检测结果。苦味酸具有爆炸性，配制该试剂时应先在容器内加少许蒸馏水，以防意外。

（4）计算

血中肌酐含量：$2\times\frac{R-0.01}{S-0.01}-0.23$（mg%）

尿中肌酐含量：$2\times\frac{R-0.01}{S-0.01}-0.23$（mg%）

内生肌酐清除率：$\frac{\text{尿中肌酐含量}}{\text{血中肌酐含量}}\times$尿量（ml/min）

肌酐（μmol/L）= 肌酐（mg%）×88.402

5. 血清尿素氮（BUN）测定

（1）从心脏取血5ml，待凝固后，离心（2000r/min）10min。用试管将血清吸出，分别移入干燥的小试管中备用。

（2）原理：尿素在强酸条件下与二乙酰-肟和氨硫脲煮沸，生成红色复合物（二嗪衍生物）。颜色和参加反应的尿素含量成正比。

（3）操作方法见表5-11-2。

表5-11-2　血清尿素氮测定（mL）

试剂	测定管A	测定管B	标准管	空白管
血清	0.02	0.02	—	—
蒸馏水	0.5	0.5	0.1	0.5
BUN标准液	—	—	0.4	—
二乙酰-肟	0.5	0.5	0.5	0.5
酸混合液	4.0	4.0	4.0	4.0

注：测定管A为正常家兔血清，测定管B为中毒家兔血清

混匀后，置沸水锅中10min，置流水中冷却3min后，用520nm波长或绿色滤光板比色，以空白管或蒸馏水调零。注意在加入BUN标准液1~2min内把试管置于沸水锅中。

（4）计算

$$\frac{\text{测定管光密度 } Du}{\text{标准管光密度 } Ds}\times 0.002\times\frac{100}{0.02}=\frac{Du}{Ds}\times 10=\text{BUN}(\text{mg/\%})$$

$$\text{BUN}(\text{mmol/L})=\text{BUN}(\text{mg/\%})\times 0.357$$

6. 尿蛋白定性检查　取正常及中毒家兔尿液约3mL分别放入试管中，用试管夹夹住试管，放在酒精灯上加热至沸腾（注意试管口不要对着人，小心加热，切勿让

试管内尿液溢出)。若有浑浊、加入5%醋酸3~5滴,再煮沸,若尿液变清,是尿内尿酸盐所致;若浑浊加重,则表示尿中含有蛋白。根据尿液浑浊程度可按下面标准判定结果:

"-"表示尿液清晰不显浑浊。

"+"表示尿液出现轻度白色浑浊(含蛋白质0.01~0.05g/dl)。

"++"表示尿液出现稀薄乳样浑浊(含蛋白质0.05~0.2g/dl)。

"+++"表示尿液乳浊或有少量絮片存在(含蛋白质0.2~0.5g/dl)。

"++++"表示尿液出现絮状浑浊(含蛋白质>0.5g/dl)。

7. 酚红(PSP)排泄实验

(1)从颈外静脉插管,快速、准确注入0.6%酚红溶液1ml后,立即注入生理盐水0.5ml冲洗,立即计时。

(2)记录15min尿量(即获每分钟尿量值,供内生肌酐清除率计算时用)。

(3)将15min尿量置于250ml量筒内,加入10% NaOH 2.5ml。使之显示红色,加水至250ml。

(4)比色:吸出若干毫升,移入标准管口径相同的比色皿内,用蒸馏水校0,560nm测定各管吸光度值,从标准曲线上查出酚红排泄百分率。

附标准曲线的绘制:按表5-11-3操作。

表5-11-3 操作步骤

100%酚红标准液(mL)	蒸馏水(mL)	标准液(mL)
10.0	0	100
7.0	3.0	70
5.0	5.0	50
3.0	7.0	30
1.0	9.0	10

注:混匀,用蒸馏水校0,560nm测定各管吸光度,绘制标准曲线

8. 尿液镜检 取一定量的尿液置于离心机中离心沉淀(1500r/min)5min,取尿液沉渣涂片显微镜下观察(先低倍后高倍),看是否有管型和上皮细胞。

9. 形态学观察 将中毒家兔与对照家兔一并杀死(空气栓塞法),取出肾脏。称重,测肾脏重量与体重之比(最好用去肠道体重)。冠状切开肾脏,注意肾包膜情况,肾脏的色泽、皮质条纹、皮质与髓质分界是否清晰等,并与对照组家兔肾做比较。

10. 比较中毒家兔与对照兔的尿量、尿蛋白、尿沉渣镜检、血清尿素氮、内生肌酐清除率及酚红排泄率等结果。

【注意事项】

1. 每项生化检验所加入的血清、标准应用液等试剂的用量要准确。

2. 各项生化检验的煮沸及冷却时间应准确,否则颜色反应消退。

【思考题】

1. 酚红排泄率反映肾脏的什么功能？试述其原理。

2. 给予 $HgCl_2$注射的家兔是否发生急性肾衰竭（ARF）？若发生了 ARF，试分析其发生机制。

3. 急性肾衰竭少尿期机体会出现哪些功能代谢的变化？其机制何在？

二、夹闭肾动脉引起的急性缺血性肾功能衰竭

【实验目的】

1. 了解急性缺血性肾功能不全动物疾病模型的复制。

2. 通过对缺血性肾功能衰竭家兔的肾脏泌尿功能及形态学改变的观察，了解缺血时肾脏功能情况。

3. 根据实验观察指标的变化，讨论分析急性缺血性肾功能衰竭的可能发生机制。

【实验原理】

肾脏的基本功能是排除机体可溶性代谢产物，以保证机体内环境的稳定。夹闭肾动脉后，肾脏血液严重障碍，肾小球滤过和肾小管分泌、重吸收功能受到损伤，引起肾脏排泄功能的衰竭。

夹闭肾动脉后，肾组织血流阻断，肾微循环发生严重障碍，使肾实质细胞缺血缺氧，ATP 生成减少，能量代谢发生障碍，从而影响了肾小管主动性离子交换功能，其吸收及排泄功能均受到影响。ATP 进一步降低，导致细胞膜的损伤，细胞外钙内流，细胞内钙增加，使细胞发生不可逆性坏死。肾小球毛细血管内皮细胞、足细胞、系膜细胞发生肿胀、退变；小管周围毛细血管内皮细胞及其管外的肾小管上皮细胞肿胀坏死；肾小管坏死及其腔内阻塞可导致小管液的回漏，引起间质水肿；毛细血管壁的破坏使其通透性发生改变，水分透过管壁进入组织，加重间质水肿。这些因素共同作用，使肾组织血流量减少，肾小球滤过率降低。滤过膜本身的破坏及肾小球坏死减少了滤过面积，加重了肾小球的滤过功能的障碍。

缺血性急性肾功能衰竭最基本和最终的发展是肾小管上皮细胞的坏死。肾小管损伤可为节段性或广泛性的肾小管坏死，这种损伤的直接原因是缺血缺氧。

【实验对象】

家兔，雌雄不拘，体重 2.0~3.0kg。

【器材与药品】

1. 一般器械　兔手术台，家兔手术器械，注射器，气管插管等。

2. 仪器设备　BL-420 生物信号采集系统，压力换能器，分光光度计，恒温水浴箱。

3. 药品　20%乌拉坦，0.2%肝素溶液，生理盐水。

【方法与步骤】

1. 麻醉固定　家兔称重后，从耳缘静脉缓慢注入20%乌拉坦溶液（5ml/kg）。注意观察麻醉状况，以防麻醉过深。家兔自然倒下仰卧位固定。

2. 剪去颈部和腹股沟部的被毛。

3. 在颈部正中做切口，分离皮下组织，暴露气管并进行气管插管，分离左侧颈总动脉、颈外静脉并分别穿线备用。

4. 分别进行颈外静脉插管（输液用）和颈动脉插管（测血压）。

5. 插导尿管。

6. 手术完成后，让动物安静5min，调整各记录装置，描记动脉血压和尿量作为正常对照，分别采血、尿标本测定正常血肌酐、尿肌酐含量。然后进行下列实验项目。

7. 急性肾缺血性功能衰竭

（1）打开腹腔，轻轻将腹腔内容物推向右侧，暴露左肾和左肾蒂等组织，分离左肾动脉约1cm，按同样方法分离右肾动脉后，在左右肾动脉上同时安置一动脉夹，阻断肾脏的血液供应。

（2）腹腔内放置林格液10ml/kg，关闭腹腔。

（3）上述手术结束后，立即由耳缘静脉注射肝素400U/kg体重。

（4）分别在30min、40min、50min、60min后，取血样及尿样标本测定血、尿肌酐及血尿素氮含量（方法同前）。将左右肾动脉夹取出，观察，确认肾血流恢复后，关闭腹部伤口。

（5）继续观察60min，并每30分钟取血、尿样本进行检测，并做好其他各观察指标的记录。

（6）当取得最后一次指标及标本后，可对实验动物进行颈静脉注射空气处死，结束实验。

【注意事项】

1. 选择体重在2.0kg左右的家兔，实验前给兔多喂菜叶，或者用橡皮导尿管向兔胃内灌入40～50ml清水，以增加基础尿量。

2. 插导尿管时一定要小心，反复多次插会造成尿道充血水肿而影响指标测定。

【思考题】

1. 夹闭双侧肾动脉引起肾衰竭的机制是什么？

2. 为什么要检测血肌酐和尿肌酐？

3. 如何鉴别功能性肾衰竭与器质性肾衰竭？

实验十二　药物血浆半衰期的测定

【实验目的】

1. 掌握药物血浆浓度半衰期的概念及临床意义。

2. 熟悉测定药物血浆浓度半衰期的方法。

3. 了解表观分布容积和清除率等药代动力学的相关参数。

【实验原理】

1. 当符合一室模型一级消除动力学的药物静脉注射后，可准确地测知两个不同时间(t_1，t_2)的血药浓度(C_1，C_2)后，即可代入一级消除动力学方程，求出消除率常数 k。

$$k = -2.303\frac{\lg C_1 - \lg C_2}{t_1 - t_2}$$

而 $t_{1/2}$ 与 k 的关系如下：

$$t_{1/2} = \frac{0.693}{k}$$

将上述 k 值代入即得：

$$t_{1/2} = \frac{-0.301(t_2 - t_1)}{\lg C_2 - \lg C_1}$$

另一描述药物消除规律的有用参数是药物体内留存率(R_t)，即每隔 t 小时体内留存药量占原药量的比率。$t_{1/2}$ 与 R_t 的关系如下：代入公式：

$$t_{1/2} = \frac{-0.301t}{\lg R_t} = \frac{-0.301(t_2 - t_1)}{\lg C_2 - \lg C_1}$$

式中：C_1，C_2 为不同时间的血药浓度。$t_2 - t_1$ 为两次取血的时间间隔。

2. 水杨酸钠在酸性环境中与三氯化铁产生络合反应，显紫色。

3. 标准含量推算法　利用 722 型分光光度计测出水杨酸钠浓度为 C 的标准管内药液的光密度 OD，求比值 $k = C/OD$；再分别测出 t_1 与 t_2 时间的待测液的 OD_1 和 OD_2，求得 C_1 和 C_2。

代入上述 $t_{1/2}$ 公式即可计算出半衰期。

【实验动物】

家兔。

【器材与药品】

1. 一般器材　722 紫外分光光度计、离心机、离心管、小试管、试管架、加样器(1000 μl，500 μl)、注射器(10ml)、培养皿、酒精棉球、干棉花、手术刀片、动脉夹、比色皿、枪头(1ml，5ml)，标记笔，头皮静脉针。

2. 药品　10% 水杨酸钠，0.5% 肝素，10% 三氯乙酸，10% 三氯化铁。

【方法与步骤】

1. 取家兔一只，称重，为从耳缘静脉取血做好准备。

2. 取离心管三支，分别标记 A、B、C，各加入 10% 三氯乙酸 3.5ml，由家兔耳缘静脉取血 1ml 加入 A 管中(取血所用试管内壁用 0.5% 肝素湿润，下同)，立即震摇。然后由耳缘静脉缓慢注入 10% 水杨酸钠 2.5ml/kg，并记录注射完毕的时间。给药后 10 分钟、45 分钟分别从耳缘静脉取血 1ml 加入 B、C 管中，记录取血的准确时间，并立即震摇离心管。以 3000r/min 转速离心 10min。准确吸取离心后的上清液 3ml 移至另 A、B、C 编号的三个试管内，加入 10% 三氯化铁 0.3ml 显色。

3. 水杨酸钠标准曲线制法　以药物在兔血 1ml 中预先配制成 0.5g%、0.25g%、0.1g%、0.05g%，按上述同样步骤离心、比色而绘制成，由于吸光度(x)与药物浓度(C)呈直线关系，利用 Windows 2003 上的 Excel 程序，进行回归计算后可得到回归方程 $y=a+bx$。

4. 测定光密度及计算　以给药前空白 A 管为对照、调零，用紫外分光光度计在 510nm 波长处测得 B、C 管的光密度(x_1、x_2)，再根据预先制备的标准曲线得到回归方程 $y=a+bx$，将 B、C 管测得的吸光度(x_1、x_2)代入标准曲线方程，求出药物浓度(C_1、C_2)。

再代入公式，计算半衰期、分布容积。

(1) 半衰期($t_{1/2}$)：

$$t_{1/2}=\frac{0.301(t_2-t_1)}{\lg C_1-\lg C_2}$$

其中：C_1、C_2为不同时间的血药浓度，t_1、t_2为两次取血的时间。

(2) 分布容积(V_d)：

$$V_d=\frac{\text{静脉注入体内的药量 } D_0(\text{mg/kg})}{\text{初始药物浓度 } C_0(\text{mg/kg})}$$

式中：$C_0=C_1\times\lg^{-1}(0.301\times t_1/t_{1/2})$

C_1为第一次取血的药物浓度(mg/L)，t_1为第一次取血与用药的间隔时间。

【思考题】

1. 试述测定药物血浆半衰期的原理及临床意义。

2. 根据测定的药物半衰期，推算动物在用药 1 小时后，血中药物浓度将是多少。

3. 水杨酸钠、肝素、三氯乙酸、三氯化铁四种药物在本实验中各有何作用?

4. 比较标准曲线法和下述方法，你认为哪种方法更科学合理，不科学的那一种方法其问题出在哪里?

(1) 制作空白对照，标准管的：取试管 2 只，一管作标准管加 0.02% 水杨酸钠 1ml，另一管加蒸馏水 1ml，分别加入 10% 三氯乙酸 3.5ml，混匀后各取 3ml 移至另两个试管内，加入 10% 三氯化铁 0.3ml 显色。以蒸馏水管调零，用 721 型分光光度计在 510nm 处测定标准管光密度(OD)求标准管药物浓度(Y)与光密度(OD)之比值(K')，即：$K'=Y/\text{OD}$

(2) 以给药前空白 A 管为对照，同上法测得 B、C 管的光密度(OD_1、OD_2)再根据 $Y=K'\text{OD}$，求出 Y_1、Y_2，即可进行半衰期、分布容积的计算。

实验十三　理化因素及药物对离体心脏的影响

【实验目的】

1. 掌握 K^+、Na^+、Ca^{2+} 三种离子、酸碱度、温度及理化因素对心脏活动作用的原理。

2. 熟悉递质、受体激动剂和拮抗剂的基本概念以及递质、受体激动剂和拮抗剂对心脏活动的影响。

3. 了解斯氏(Straub)离体蛙心灌流法。

【实验原理】

心脏的正常节律性活动必须在适宜的理化环境里才能维持。一旦适宜的环境被干扰或破坏,心脏活动就会受到影响。心脏受自主性神经的双重支配。交感神经兴奋时,其末梢释放去甲肾上腺素使心肌收缩力增强,传导增快,心率加快;而迷走神经兴奋时,其末梢释放乙酰胆碱,使心肌收缩力减弱,心率减慢。

蛙心离体后,用理化特性近似于其血浆的任氏液灌流,在一定时间内,可保持节律性收缩和舒张。改变灌流液的理化特性或成分,则可引起心脏活动的改变。

【实验动物】

蟾蜍或牛蛙。

【器材及药品】

1. 器械　蛙类手术器械,玻璃蛙心插管,铁支架,蛙心夹,万能滑轮,恒温水浴锅,冰箱,张力换能器,BL-420 生物机能实验系统。

2. 药品　任氏液,0. 5% 肝素化任氏液,0. 65% 氯化钠溶液,3% 氯化钙溶液,1% 氯化钾溶液,3% 乳酸,2. 5% 碳酸氢钠,1 : 10 000 肾上腺素溶液,1 : 10 000 乙酰胆碱,1 : 10 000 异丙肾上腺素,0. 1% 普萘洛尔,0. 1% 阿托品。

【方法与步骤】

1. 离体蛙心制备

(1) 取蟾蜍或牛蛙 1 只,破坏脑和脊髓后,使其仰卧固定在蛙板上,用粗剪刀打开腹腔,沿剑突向上剪断胸骨,充分暴露心脏,用眼科镊提起心包膜,游离心包膜(图 5-13-1)。

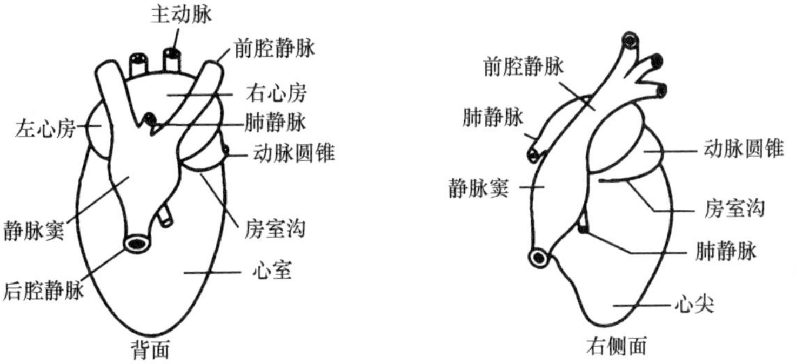

图 5-13-1　蛙心解剖图

（2）在左右主动脉干下方引2根线。1根在左主动脉上端结扎做插管时牵引用，另一根则在动脉圆锥上方，系一松结用于结扎固定蛙心插管。

（3）左手持左主动脉上方的结扎线，用眼科剪在松结上方左主动脉根部剪一小斜口，右手将盛有少许任氏液的大小适宜的蛙心插管由此剪口处插入动脉圆锥。当插管头到达动脉圆锥时，再将插管稍稍后退，并转向心室中央上方，在心室收缩期插入心室。判断插管是否进入心室，可根据插管内的任氏液的液面是否能随心室的舒缩而上下波动。如心插管已进入心室，则将预先准备好的松结扎紧，并固定在蛙心插管的侧钩上，以免蛙心插管脱落，滑出心室。剪断主动脉左右分支（图5-13-2）。

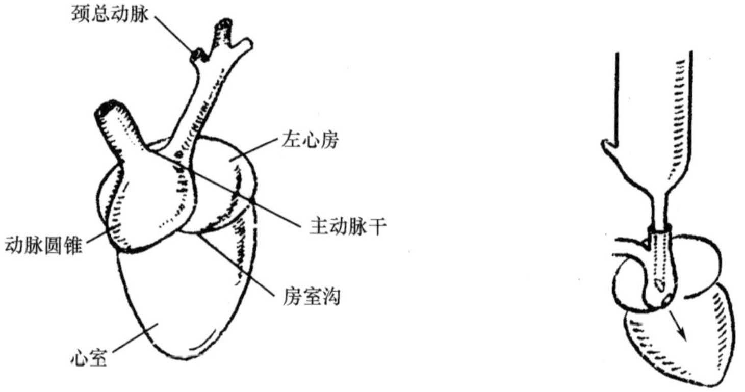

图5-13-2　蛙心插管法

（4）轻轻提起蛙心插管以抬高心脏，用1根丝线在静脉窦与腔静脉交界处做结扎，结扎线应尽量下压，以免伤及静脉窦，在结扎线外侧剪断所有组织，将蛙心游离出。

（5）用肝素化任氏液反复换洗心室内液体，直至心室内残留血液洗净为止。此时离体蛙心已制备成功，可供实验。

2. 仪器装置固定在铁支架上，用蛙心夹在心室舒张期夹住心尖，并将蛙心的线头通过定滑轮连至张力换能器的应变梁上（此线应有一定松紧度），将换能器连至放大器通道Ⅰ。

3. 启动BL-420机能实验生物信号处理软件

（1）在“实验项目”菜单中选择“循环实验”菜单项，以弹出“循环实验”子菜单。

（2）在“循环实验”子菜单中选择“蛙心灌流”实验模块。

（3）根据信号窗口中显示的心肌收缩波形，再适当调节心脏插管的位置或实验参数，以获取最佳的实验效果。

【观察项目】

1. 描记正常心搏曲线。

2. 将蛙心插管内的任氏液全部吸出，置换为0.65%氯化钠溶液，观察蛙心收缩曲线的改变，当曲线出现变化后即换新鲜任氏液使其恢复。

3. 向装有任氏液的蛙心插管内滴加3%氯化钙溶液1~2滴，观察蛙心收缩曲线的改变。

4. 向装有任氏液的蛙心插管内滴加1%氯化钾溶液1~2滴，观察蛙心收缩曲线的改变。

5. 向装有任氏液的蛙心插管内滴加1∶10 000肾上腺素溶液1~2滴，观察蛙心收缩曲线的改变。

6. 向装有任氏液的蛙心插管内滴加1∶10 000乙酰胆碱溶液1~2滴，观察蛙心收缩曲线的改变，当曲线出现变化后加入0.1%阿托品1~2滴，再次观察蛙心收缩曲线的改变。

7. 向装有任氏液的蛙心插管内滴加1∶10 000异丙肾上腺素1~2滴，观察蛙心收缩曲线的改变，当曲线出现变化后加入0.1%普萘洛尔1~2滴，再次观察蛙心收缩曲线的改变。

8. 向装有任氏液的蛙心插管内滴加3%乳酸溶液1~2滴，观察蛙心收缩曲线的改变，当曲线出现变化后加入2.5%碳酸氢钠溶液1~2滴，再次观察蛙心收缩曲线的改变。

9. 将插管内的任氏液全部置换成40℃的任氏液，观察蛙心收缩曲线的改变。

10. 将插管内的任氏液全部置换上4℃的任氏液，观察蛙心收缩曲线的改变。

11. 改变插管内液面高度，观察蛙心收缩曲线的改变。

【注意事项】

1. 心室插管时不可硬插，以免戳穿心壁；摘出心脏时，勿损伤静脉窦。

2. 每个实验观察前后都应用任氏液进行对照记录。

3. 各种药液滴管要专用，不可混淆，每次滴药后最好用洗净的玻璃棒搅动几下，以免药液浮在上层，不易进入心脏。

4. 每次溶液的量不可过多，以刚能引起效应为度。

5. 除最后一项外，都要求插管内的液面保持相同的高度。

【思考题】

1. 试述K^+、Na^+、Ca^{2+}三种离子对心脏活动的影响。

2. 试述拟肾上腺素药和抗肾上腺素药对离体心脏的影响。

3. 试述酸碱度、温度、液面高度对离体心脏的影响。

实验十四 抗炎药物的药效学研究

【实验目的】

1. 掌握炎症介质的致炎及抗炎药物的作用原理。

2. 熟悉急性炎症动物模型的复制,抗炎药物药效的测定方法。

3. 了解抗炎药物初筛的方法。

【实验方法】

介绍一些常规抗炎实验方法供学生选择。

(一) 地塞米松对蛋清诱发小鼠足跖肿胀的影响

【实验原理】

局部注射蛋清引起炎症,前列腺素合成明显增加,并与血管活性胺类和激肽类一起诱发水肿。

【实验动物】

小鼠 4 只,体重 18~22g,雄性。

【器械及药品】

1. 器械　外径千分尺、注射器(1ml),苦味酸、电子秤。

2. 药品　0.25%地塞米松磷酸钠注射液、10%蛋清、生理盐水。

【方法与步骤】

1. 取小鼠 4 只,随机分为用药组与对照组,用外径千分尺测量小鼠左后足跖的厚度,用药组小鼠腹腔注射 0.25%地塞米松磷酸钠注射液 0.2ml /10g,对照组注射等量的生理盐水。

2. 30min 后,在左后足跖皮下注射蛋清 0.05ml/只致炎。

3. 致炎后 30min、60min、90min 分别用外径千分尺测量小鼠左后足跖的厚度。

【结果处理】

(1) 综合各实验小组的实验结果,求出均数和标准差,将实验结果填入表 5-14-1 中。肿胀度=致炎后足跖厚度减去致炎前足跖厚度,然后计算在某一时间的肿胀度均值与标准差,进行统计检验。以时间为横坐标,肿胀度为纵坐标,画出时程反应图。

表 5-14-1　受试药物对小鼠足跖肿胀的影响

组别	动物编号	致炎前后足跖厚度				肿胀度		
		致炎前	致炎后 30min	致炎后 60min	致炎后 90min	致炎后 30min	致炎后 60min	致炎后 90min
对照组	1							
	2							
用药组	3							
	4							

(2) 按下式分别计算各时间(30min、60min、90min)肿胀度平均值的抑制率:

$$抑制率=\frac{对照组平均值-给药组平均值}{对照组平均值}\times 100\%$$

【注意事项】

1. 外径千分尺的阅读要准确。

2. 测定足跖的厚度的部位要一致。

3. 体重 18~22g 的小鼠对致炎剂最敏感,肿胀度高,差异性小。

【方法评价】

本法是应用最广泛的炎症性水肿模型,具有差异性小、敏感和重复性高等优点,但特异性低,不少非抗炎药也有效。用本模型所获得的某些抗炎药的效价与临床经验基本一致,故初步阳性的药物,可进一步利用本模型测定效价。

【思考题】

1. 抗炎药物可分为哪两大类?

2. 试述糖皮质激素的药理作用。

3. 试述地塞米松的药理作用。

(二) 吲哚美辛(地塞米松)对小鼠二甲苯所致耳肿胀的影响

【实验原理】

由于吲哚美辛对前列腺素合成酶(环氧酶)具有强大的抑制作用,显著抑制前列腺素合成和释放,对多种因素引起的非特异性炎症均有良好的治疗作用。

【实验动物】

小鼠 4 只,体重 18~22g,雌雄不限。

【器械与药品】

1. 器械 8mm 打孔器、电子天平、0.25ml 注射器。

2. 药品 0.5% 吲哚美辛、生理盐水、二甲苯、1% 羧甲基纤维素钠(CMC)混悬液。

【方法与步骤】

1. 取小鼠 4 只,称重,随机分为 2 组。甲组腹腔注射 0.5% 吲哚美辛(0.5mg/10g),乙组注射适量 CMC(0.1ml/10g)。

2. 半小时后,两组小鼠右耳廓两侧用微量进样器均匀涂布二甲苯 0.05ml 致炎,左耳廓作对照。

3. 致炎后 30min,将小鼠处死,沿耳廓基线取下两耳,用打孔器于同一部位各取一个耳片称重。致炎侧耳片重量减去对照侧耳片重量即为肿胀度。

【结果处理】

根据要求,汇集各组结果进行统计处理。

【注意事项】

1. 环境温度不宜低于 20℃。
2. 取材力求部位一致。
3. 打孔器应锋利。

【方法评价】

本法不需特殊设备,简便易行;对两大类抗炎药物均敏感,适用于抗炎药的筛选。

【思考题】

试述吲哚美辛的作用特点。

(三) 氢化可的松对小鼠腹腔毛细血管通透性的影响

【实验原理】

药理剂量的糖皮质激素具有抗炎、抗毒、抗休克及抗免疫等作用。观察其抗炎作用,可采用如下方法,选择合适的致炎因子,在动物体局部造成炎症,由静脉注射 0.5% 伊文蓝溶液,观察致炎部位在糖皮质激素作用下,染料渗出被抑制情况,染料渗出量可通过比色法进行定量。

【实验动物】

小鼠 10 只,体重 18~22g,雌雄不限。

【器械及药品】

1. 器械　离心机、分光光度计。
2. 药品　0.5% 伊文蓝溶液(Even's blue 用生理盐水配制)、0.5% 氢化可的松。

【方法与步骤】

取小鼠 10 只,称重后随机分为 2 组,甲组小鼠每只皮下注射 0.5% 氢化可的松 0.1ml/10g,乙组小鼠皮下注射等量生理盐水。半小时后,两组小鼠均由尾静脉注射 0.5% 伊文蓝溶液(0.1ml/10g),继而腹腔内注射 0.6% 冰乙酸溶液,每只 0.2ml。半小时后,将小鼠脱颈椎处死,剪开腹腔。用适量生理盐水反复冲洗腹腔,合并洗涤液,使冲洗液总量达 5ml,于 3000r/min 离心 5min。取上清液于 590nm 波长处比色,在标准曲线上查出每只小鼠腹腔内每毫升洗涤液中的伊文蓝微克数。按照统计要求,得各组的均值,进行 t 检验,并以对照组小鼠染料的渗出量为 100%,计算给药组小鼠腹腔渗出的抑制率。

【结果处理】

按下式计算抑制率,并填写表 5-14-2 的内容。

$$抑制率=\frac{对照组渗出量-用药组渗出量}{对照组渗出量}\times 100\%$$

表 5-14-2　受试药对毛细血管通透性的影响

组别	鼠数	剂量(mg/kg)	染料渗出量(μg/ml)	ρ	抑制率
氢化可的松					
对照组					

【注意事项】

1. 腹腔注射乙酸溶液的部位要力求一致，还应注意注入腹腔内，否则成假阴性。

2. 打开腹腔时避免损伤血管以免出血，否则血中染料大量进入腹腔影响结果。

3. 如洗涤液发生胶冻样混浊，则应弃去。

【方法评价】

1. 依据同样的原理，也可观察小鼠腹部或背部皮肤毛细血管的通透性，方法略繁，但意义相同。

2. 任何一种能引起组织损伤的物质都可成为致炎因子。因此，抑制剂的作用也是非特异的。

【思考题】

1. 糖皮质激素的抗炎作用特点及其机制？

2. 糖皮质激素的临床应用及不良反应。

实验十五　有机磷药物中毒及其解救

【实验目的】

1. 掌握有机磷农药中毒及阿托品和解磷定的解毒原理。

2. 熟悉有机磷农药中毒后出现的症状及血液胆碱酯酶的抑制情况。

3. 了解抗胆碱酯酶药相关知识。

【实验原理】

有机磷农药（有机磷酸酯类）为持久性抗胆碱酯酶药，主要用作农业杀虫剂和化学战争毒剂。进入体内后能抑制胆碱酯酶活性，造成 ACh 在体内大量堆积而产生一系列中毒症状，包括 M 样、N 样及 CNS 症状。阿托品为 M 受体阻断药，能迅速解除 M 样症状及部分中枢症状。碘解磷定为胆碱酯酶复活药，可恢复胆碱酯酶水解 ACh 的活性，并可直接与游离的有机磷农药结合成无毒的物质，从尿排出，从而解除有机磷酸酯类中毒症状。

【实验动物】

家兔，2.0～2.5kg，雌雄不拘。

【器械及药品】

1. 器械　兔固定箱，1ml、5ml、10ml 注射器，一次性使用经脉输液针，手术刀片，标记笔，培养皿，滤纸，1.5ml 试管架，酒精棉球，干棉球，婴儿秤，瞳孔测量尺，一次性口罩，薄膜手套，1ml 及 20μl 移液器，1ml 枪头，20μl 枪头，枪架，1.5ml EP 管，试管，1.5ml 比色杯，蒸馏水，离心机，分光光度计，水浴锅。

2. 药品　5%精制敌百虫溶液（或 47% E605）、2.5%碘解磷定（PAM）、0.2%硫酸阿托品溶液（atropine）、生理盐水。

【方法与步骤】

1. 动物准备　取家兔（禁食 24 小时），称重。

2. 观察指标　活动情况、呼吸（频率、幅度、节律是否均匀）、瞳孔大小、唾液分泌、大小便、肌张力及有无肌震颤。

（1）按上述观察指标，观察和记录家兔的正常活动情况。

（2）将家兔分别固定于兔箱内，用酒精棉球涂擦耳廓，使血管扩张，当充血明显时，用刀片切割耳静脉（切口不要过大、过深），让血液自然流出，取血 1ml 滴入试管内，供测定血清胆碱酯酶活力之用。

（3）由腹腔注射 5%敌百虫 2.5ml/kg。

（4）10~15min 后观察并记录上述指标的变化，及时发现中毒症状。待中毒症状明显后，再按上法取血，留供胆碱酯酶活力测定。

（5）治疗分组

甲兔：耳缘静脉注射硫酸阿托品 2.0mg/kg（0.2%溶液 1.0ml/kg）。

乙兔：耳缘静脉注射碘解磷定 50mg/kg（2.5%溶液 2.0ml/kg）。

丙兔：耳缘静脉注射阿托品及解磷定。

以上各兔每隔 5 分钟，观察各项生理指标一次，测瞳孔大小，并观察各兔的中毒情况有无好转，特别注意治疗前后各兔的变化。各组兔待中毒症状明显减轻后，再次由兔的耳缘静脉取血，测定血清胆碱酯酶活力。

【注意事项】

1. 敌百虫可以从皮肤吸收，手接触后应立即用自来水冲洗，且勿用肥皂，因其在碱性环境中可转变为毒性更大的敌敌畏。

2. 给家兔口服 E605 或静注敌百虫后，如经 15 分钟尚未出现中毒症状，可追加 1/3 量。

3. 本实验系为分析阿托品和解磷定的解毒机制而设计。在临床实际应用中，需将阿托品与碘解磷定配合应用，才能获得最好的解毒效果。

4. 敌百虫的精制，可利用其在沸水中溶解度增加，冷却后可结晶析出的性能来进行。取粗制敌百虫溶解于沸水中，保温过滤。将滤液放冷，滤取结晶，干燥后即得。

将实验结果填入表 5-15-1。

表 5-15-1 实验结果

兔号	体重	观察阶段	活动情况	呼吸情况	瞳孔大小	唾液分泌	大小便次数及性状	肌张力及震颤	血液胆碱酯酶活力
甲		给药前							
		给 E605 或敌百虫后							
		给阿托品后							
乙		给药前							
		给 E605 或敌百虫后							
		给碘解磷定后							
丙		给药前							
		给 E605 或敌百虫后							
		给阿托品及碘解磷定后							

【思考题】

1. 试根据本次实验结果,分析有机磷农药的中毒机制及阿托品和解磷定的解毒原理。
2. 有机磷中毒症状中哪些是 M 样症状,N 样症状?
3. 阿托品能缓解什么症状?
4. 解磷定能缓解什么症状?
5. 各组家兔血清中胆碱酯酶测定结果如何变化,并解释其机制?

附:血清胆碱酯酶活力的试剂盒测定法

【实验原理】

$$\text{丁酰硫代胆碱+水} \xrightarrow{\text{AChE}} \text{硫代胆碱+丁酸根}$$

$$\text{硫代胆碱+2-硝基苯甲酸} \longrightarrow \text{5-硫代-2 硝基苯甲酸(黄色)}$$

【试剂】

R1:	丁酰硫代胆碱	7mmol/L
	2-硝基苯甲酸	0.25mmol/L
R2:	磷酸缓冲液	50mmol/L

【方法与步骤】

1. 取全血 1ml,3000r/min 离心 15 分钟,取上清,4℃保存。
2. 工作液的准备:按照标准量加入相应体积 R2 到 R1 中,震荡溶解。
3. 反应体系如下:

加样	空白管 A	样品管 B
工作液	750μl	750μl
蒸馏水	20μl	
血清		20μl

4. 反应体系摇匀后加入蒸馏水稀释一倍,转入比色杯。

5. 读数、计时,每隔 5 分钟,测定各样本 405nm 处吸光度,计算 $\Delta A/\text{min}$。

$$\text{AChE(U/L)} = (\Delta A_{样品}/\text{min} - \Delta A_{空白}/\text{min}) \times 45420$$

实验十六 实验性缺氧

【实验目的】

1. 掌握缺氧的分类、机制以及血氧指标的变化特点。
2. 观察缺氧对机体的呼吸及皮肤、黏膜、内脏、血液颜色等的影响。
3. 观察美蓝对高铁血红蛋白血症的救治效果,了解其作用机制。

【实验原理】

缺氧是指因组织的氧气供应不足或用氧障碍,而导致组织的代谢、功能和形态结构发生异常变化的病理过程。根据缺氧的原因和血气变化的特点,可把单纯性缺氧分为四种类型:低张性缺氧、血液性缺氧、循环性缺氧、组织性缺氧。本实验通过置动物于密闭环境、使动物吸入大量一氧化碳、腹腔注射过量亚硝酸钠及氰化钾等复制低张性缺氧、血液性缺氧及组织性缺氧动物模型,观察缺氧时机体的血氧指标,循环系统,呼吸系统及皮肤、黏膜颜色等的变化情况。

【实验动物】

小白鼠,相同性别,体重相近。

【器械与药品】

1. 器械 250ml 广口瓶(带有孔橡皮塞),一氧化碳发生装置,酒精灯 1 台,秒表,试管,滴管,1ml 注射器,组织剪,镊子。

2. 药品和试剂 钠石灰($NaOH \cdot CaO$),凡士林,甲酸,浓硫酸,5% 亚硝酸钠($NaNO_2$),1% 美蓝溶液,生理盐水,0.125% 氰化钾溶液,10% 硫代硫酸钠溶液,苦味酸。

【方法与步骤】

1. 低张性缺氧

(1) 取体重相近的小白鼠 2 只,将其分别置入含 80g 钠石灰的缺氧瓶内以及放置玻璃球的缺氧瓶内。用凡士林涂抹瓶塞周围,盖入密封,立即用秒表记录每只动物放入广口瓶中的时间。观察其一般行为、口唇黏膜、耳、尾的颜色、呼吸频率及深度等,并且分别记录死亡时间。

(2) 动物死亡后,立即从眶静脉取两滴血,放入装有 7ml 蒸馏水的试管内混匀,观察颜色并做血气分析;打开胸腹腔,观察内脏颜色,并在实验完成后与其他类型缺氧小鼠比较。

2. 一氧化碳中毒性缺氧

(1) 取小白鼠 1 只,放入广口瓶中,观察一般情况、呼吸频率及深度、口唇黏膜及耳、尾皮肤的颜色后,盖上瓶盖,与一氧化碳发生装置连接(图 5-16-1)。

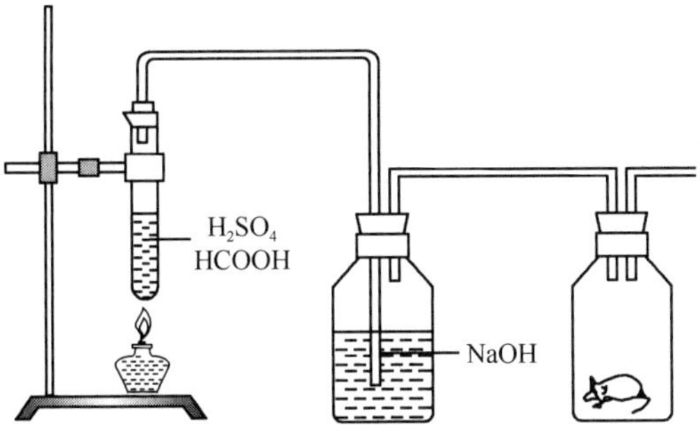

图 5-16-1　CO 发生装置

（2）取甲酸 3ml 加入一氧化碳发生装置的试管中，取浓硫酸 1ml，逐滴地加入甲酸中，即可产生一氧化碳。

$$HCOOH \xrightarrow[\triangle]{H_2SO_4} H_2O+CO$$

为加速一氧化碳产生，可用酒精灯加热，出现大量微泡即可，不可长时间沸腾，以免一氧化碳产生过快，或伴有甲酸蒸发，促进动物死亡，使一氧化碳中毒的典型体征不明显。

（3）观察小白鼠呼吸、皮肤黏膜颜色和活动状态，当动物出现极度兴奋后随即瘫软现象时，立即打开瓶塞，取出小白鼠放通风处，观察小白鼠皮肤、黏膜颜色变化。待动物恢复后，再依上述步骤放回瓶内重复一次，直至小白鼠死亡。

（4）动物死亡后，立即从眶静脉取两滴血，放入装有 7ml 蒸馏水的试管内混匀，观察颜色并做血气分析；打开胸腹腔，观察内脏颜色，并在实验完成后与其他类型缺氧小鼠比较。

3. 高铁血红蛋白血症性缺氧

（1）取体重相近的小白鼠 2 只，观察呼吸及皮肤、黏膜颜色后；向腹腔内注入 5%亚硝酸钠（$NaNO_2$）0.3ml，其中一只小鼠注射后立即再向腹腔注射 1%美蓝溶液 0.3ml；另一只注射后向腹腔注入生理盐水 0.3ml。

（2）观察记录动物的一般情况、呼吸频率及深度、口唇黏膜及耳、尾皮肤的颜色、死亡时间。

（3）动物死亡后，立即从眶静脉取两滴血，放入装有 7ml 蒸馏水的试管内混匀，观察颜色并做血气分析；打开胸腹腔，观察内脏颜色，并在实验完成后与其他类型缺氧小鼠比较。

4. 氰化钾中毒性缺氧

（1）取小白鼠 1 只，腹腔内注射 0.125%氰化钾溶液 10ml/kg，观察呼吸、皮肤黏膜颜色有何变化。

（2）待注射氰化钾后动物活动减弱时，立即腹腔注射 10%硫代硫酸钠溶液 20ml/kg，继续观察，动物活动恢复，重复注射氰化钾（加倍量），直到死亡。

（3）动物死亡后，立即从眶静脉取两滴血，放入装有 7ml 蒸馏水的试管内混匀,观察颜色并做血气分析;打开胸腹腔,观察内脏颜色,并在实验完成后与其他类型缺氧小鼠比较。

【注意事项】

1. 小白鼠腹腔注射应从左下腹进针,避免伤及肝脏,也应避免将药液注入肠腔或膀胱。

2. 缺氧瓶一定要密闭,可用凡士林涂在瓶口。

3. 切忌 CO 产生过多过快,导致动物迅速死亡而影响血液的颜色变化。

4. 氰化钾有剧毒,勿沾染皮肤、黏膜,特别是有破损处。

【思考问题】

1. 各型缺氧对呼吸有何影响,为什么?

2. 各型缺氧血液颜色有无不同,为什么?

实验十七　药物及不同因素对缺氧耐受性的影响

【实验目的】

1. 掌握抗心绞痛药物作用的原理。

2. 熟悉药物及不同因素对缺氧耐受性的影响以及各种因素致缺氧过程中机体的变化。

3. 了解药物抗缺氧的筛选方法。

【实验原理】

心肌耗氧量大,较其他器官更易缺氧。普萘洛尔和硝酸甘油通过不同途径降低心肌耗氧量,增加小鼠对缺氧的耐受力。代谢耗氧率是影响机体对缺氧耐受性的重要因素。基础代谢率高时,机体耗氧多,对缺氧耐受性差。体力活动等可增加耗氧量,也使机体对缺氧耐受性降低。而低温、神经系统抑制能降低机体耗氧,对缺氧耐受性增强。

【实验动物】

小白鼠,相同性别,体重相近。

【器械与药品】

1. 器械　广口瓶(250ml)、1ml 注射器、滤纸、秒表、恒温水浴锅,冰箱、500ml 烧杯 2 个。

2. 药品　钠石灰(NaOH · CaO),凡士林,0. 005% 硝酸甘油溶液、0. 1% 普萘洛尔溶液溶液、生理盐水、0. 1% 硫酸异丙肾上腺素溶液、钠石灰、1% 咖啡因、20% 乌拉坦、0. 1% 盐酸氯丙嗪。

【方法与步骤】

1. 年龄不同对缺氧耐受性的影响

取初生鼠、成年鼠各一只放入装有钠石灰的缺氧瓶中。用凡士林涂抹瓶塞周围，盖入密封，立即用秒表记录每只动物放入缺氧瓶中的时间。观察其一般行为、口唇黏膜、耳、尾的颜色、呼吸频率及深度等，并且分别记录死亡时间。

2. 机体代谢状态不同对缺氧耐受性的影响

(1) 选体重相近(最好相差不超过 2g)的小白鼠 2 只。

(2) 取其中一只皮下注射 1% 尼可刹米(0.02ml/10g 体重)后，放入内装钠石灰的缺氧瓶内。10min 后，密闭瓶口，勿使漏气，记录时间，观察动物的表现和存活时间。

(3) 取另一只小白鼠，腹腔注射 20% 乌拉坦(0.03ml/10g 体重)；10min 后，密闭瓶口，记录时间，并与注射咖啡因的小白鼠结果做比较。

3. 外界环境温度不同对缺氧耐受性的影响 取体重相近小白鼠 2 只，分别装入口径大小一致的装有钠石灰的缺氧瓶内，密闭瓶口，分别将缺氧瓶置入盛有 40~45℃ 温水、冰水(0~4℃)的 2 个大烧杯内，观察 2 只小白鼠出现缺氧症状和存活时间。

4. 神经活动状态不同对缺氧耐受性的影响

(1) 选体重相近(最好相差不超过 2g)的小白鼠 2 只。

(2) 2 只小鼠腹腔分别注射 0.1% 盐酸氯丙嗪 0.15ml/10g(15mg/kg)、等量生理盐水，分别放入广口瓶中，用凡士林涂抹瓶塞周围，盖入密封，立即用秒表记录每只动物放入广口瓶中的时间。观察记录动物的一般情况、呼吸频率及深度、口唇黏膜及耳、尾皮肤的颜色、死亡时间。

5. 药物对缺氧耐受性的影响 将钠石灰 10~15g 放入广口瓶内，钠石灰上垫以滤纸，用以吸收尿液。取体重相近(同组内相差小于 2g)，同性别的小鼠 4 只，分别标号并以下述方法用药：

鼠 1：腹腔注射 0.1% 普萘洛尔溶液 0.2ml/10g

鼠 2：腹腔注射 0.005% 硝酸甘油溶液 0.2ml/10g

鼠 3：腹腔注射生理盐水 0.2ml/10g

鼠 4：腹腔注射 0.1% 普萘洛尔溶液+0.005% 硝酸甘油溶液各 0.2ml/10g

观察 15min 后，将小鼠再由皮下注射 0.1% 硫酸异丙肾上腺素溶液 0.5ml/10g，再观察 15min，放入广口瓶中，每瓶放 1 只小鼠，将盖盖紧，立即开动秒表，记录各鼠呼吸停止时间，最后将全组实验结果总和在一起，按下列公式进行数据处理，以判断实验动物在缺氧条件下，是否有抗缺氧作用。

$$存活时间延长\% = \frac{给药组平均存活时间-对照组平均存活时间}{对照组平均存活时间} \times 100\%$$

【注意事项】

1. 实验中注射药量要准确，腹腔注射选择左下腹，以免损害肝脏。
2. 广口瓶必须等容量，并配有磨口塞。
3. 瓶塞必须涂凡士林，以便密封。
4. 同一组内小鼠需同性别。

【思考题】

1. 分析讨论不同因素对缺氧耐受性的影响的机制。
2. 分析讨论普萘洛尔和硝酸甘油抗心肌缺氧作用的机制及特点。
3. 异丙肾上腺素在此次实验中有何作用。
4. 试述联合用药的机制。

实验十八　药物对兔急性心衰时左心室功能的影响

【实验目的】

1. 学习心导管插管术,利用 BL-420 生物机能实验软件系统,研究药物对心衰兔血流动力学的影响。

2. 观察药物对左心室内压的影响及其作用机制。

【实验原理】

从颈动脉插心导管入左心室的方法测定其压力及压力的变化,以评价心室功能和顺应性,用普萘洛尔致心衰,观察药物对兔急性心衰时左心室功能的影响。

左心室舒张末压(LVEDP)是测定心室功能的重要指标,其变化直接反映了心脏泵功能的情况;心室内压最大上升速率($+dp/dt_{max}$)是评价心肌收缩性的敏感指标;左室内压最大下降速率($-dp/dt_{max}$)则是评价心肌舒张性的敏感指标。本实验用普萘洛尔致心衰时,LVEDP(左心室舒张末压)显著升高,LVSP(左室收缩压)、$+dp/dt_{max}$(左室内压最大上升速率)、$-dp/dt_{max}$(左室内压最大下降速率)显著降低,符合心衰时心脏血流动力学变化规律,表明该模型成立。然后用药物进行干预,通过对这些参数的综合分析,可用以评判药物对左心室泵血功能影响。

【实验动物】

家兔。

【器械与药品】

1. 器械　哺乳类动物手术器械一套、兔手术台、动脉夹、心导管、BL-420 生物信号采集处理系统、压力换能器、注射器。

2. 药品　20%乌拉坦、0.5%肝素溶液、肾上腺素、去甲肾上腺素、普萘洛尔、异丙肾上腺素、去乙酰毛花苷。

【方法和步骤】

1. 麻醉　称重后,按 4ml/kg 体重的剂量于腹腔注射 20% 乌拉坦溶液麻醉。注意麻醉剂不宜过量,注射速度不宜过快,且注意家兔的呼吸频率。

2. 家兔固定　将家兔仰卧放于兔台上,先用四根绳子一端打好扣结,缚扎于四肢距小腿关节的上方,将绳子拉紧并缚于兔台的铁柱上(注意:前肢必须从背后交叉固定),在用一根棉绳钩住兔门齿,将兔头固定在铁杆上。

3. 气管插管　颈部剪毛,沿正中线切开皮肤 5~7cm,分离皮下组织,于正中线分开颈部肌肉,暴露气管。在气管下方穿过一根粗棉线备用,在甲状软骨下约 1cm 处剪一倒“T” 型切口,插入气管插管,用备用线结扎并固定。

4. 分离颈总动脉 在气管左侧分离颈总动脉鞘,游离出右侧颈总动脉长约 3~4cm,在该动脉下穿两根线,一根在尽可能靠近头端处将动脉结扎;另一端留作固定心导管用。用动脉夹在尽可能靠近心脏端处夹闭颈总动脉,然后用眼科剪刀在头端结扎处下约 0.3cm 的动脉壁上剪一个向心脏方向的半斜切口,准备插心导管时用。

5. 插入心导管 于家兔左胸前触摸到心尖搏动最明显处,测量此点到右侧颈总动脉切口的距离,并将该段距离标记在心导管上,以便掌握导管推进的最大深度。将充满肝素溶液的心导管经左颈总动脉切口插入动脉腔内,直至动脉夹处。将备用线打一活结,然后用左手拇指和食指捏住动脉和插在里面的导管,右手慢慢放开动脉夹,如有血液由切口流出,可再次夹住动脉夹并将松结扣紧,再放开动脉夹,放开动脉夹后,立即将导管缓缓向动脉腔内推进。根据导管上的距离标记可估计导管离左心室的距离。一般情况下,当导管尖端进入主动脉瓣入口时,有明显的抵触、抖动感。当突然产生一个突空感时,表示导管已进入左心室内,计算机屏幕上所显示的波形会有明显变化,整齐而强有力的高振幅波,用备用线结扎心导管,并将心导管固定于近旁活动度较小的组织上。

6. 观察正常状态下心脏的各项血流动力学参数 测定 HR(心率)、LVSP(左室收缩压)、LVDP(左室舒张压)、dp/dt_{max}(左室内压最大上升速率)、$-dp/dt_{max}$(左室内压最大下降速率)、$t\text{-}dp/dt_{max}$(左室开始收缩到左室内压上升速率达到峰值的时间)。以$+dp/dt_{max}$作为判断心衰出现的心收缩力指标。手术后稳定 15 分钟,记录上述指标。

7. 建立急性心衰模型 兔耳缘静脉缓慢注射心得宁原液 0.3ml/kg(0.3ml/kg)或 0.1%普萘洛尔,同时仔细观察动物是否出现 LVEDP 显著升高,LVSP、$+dp/dt_{max}$及$-dp/dt_{max}$显著降低,表明心肌收缩力降低、心输出量降低、舒张压和收缩压降低,符合心衰时心脏血流动力学变化规律,表明该模型成立。若持续时间短暂,随后用心得宁原液静脉慢推 0.3ml/kg,仍需仔细观察,防止过度心衰,待稳定后,记录上述指标的变化。准备给治疗药物。

8. 经另一侧耳缘静脉给药,做记录

(1) 经耳缘静脉注射 1∶10 000 肾上腺素 0.2ml/kg,观察上述指标的改变。

(2) 经耳缘静脉注射 1∶10 000 去甲肾上腺素 0.2ml/kg,观察上述指标的改变。

(3) 经耳缘静脉注射 1∶10 000 异丙肾上腺素 0.3ml/kg,观察上述指标的改变。

(4) 经耳缘静脉注射去乙酰毛花苷 0.1ml/kg,观察上述指标的改变。

(5) 经耳缘静脉注射 1∶2000 普萘洛尔 0.3ml/kg,观察上述指标的改变。

【注意事项】

1. 心室插管时,动作要轻柔,以免导管穿破心室壁。心导管和压力传感器系统中不得有气泡,否则记录图形将失真。排出气泡时,切忌传感器受压过高,以免损坏。

2. 手术过程中,减少出血并及时止血。

3. 做好标记,及时观察给药前后的变化。

【思考题】

(1) 有具正性肌力的药物有哪几类? 在心功能不全的治疗上各类药物的临床评价如何?

(2) 经耳缘静脉分别注射肾上腺素、去甲肾上腺素、异丙肾上腺素、去乙酰毛花苷和普萘洛尔后,各指标有何改变? 为什么?

实验十九 肝脏功能对药物作用的影响

【实验目的】

观察肝功能(hepatic function)损伤对药物作用的影响。

【实验原理】

肝脏是药物代谢的主要器官,肝功能不全时以肝代谢为主的药物血药浓度增高,药效增强,作用时间延长且易发生蓄积中毒。四氯化碳(canbon tetrachloride)是一种对肝细胞有严重毒性作用而常用于制作中毒性肝炎动物模型的化学物质,进入机体后经肝脏细胞色素 P450 激活,生成三氯甲基自由基(CCl_3·),通过氢吸附而攻击内质网膜上的磷脂分子,引起膜的脂质过氧化,CCl_3·继而与膜脂质和蛋白质大分子进行共价结合,引起膜结构和功能完整性的破坏,CCl_3·还可抑制细胞膜和微粒体膜上钙泵的活性,使 Ca^{2+} 内流增加,从而引起细胞中毒死亡。本实验采用四氯化碳制作肝功能不全的病理模型,观察肝功能损害对戊巴比妥钠作用的影响。

【实验动物】

小白鼠,体重 18~22g,雌雄不限。

【器械与药品】

1. 器械 天平,1ml 注射器,组织剪。

2. 药品 50% 四氯化碳($CC1_4$)油溶液,0.25% 戊巴比妥钠(pentobarbital sodium),苦味酸,10% 甲醛。

【方法与步骤】

取健康小鼠 4 只称重并编号。1、2 号鼠以 50% 四氯化碳油溶液灌胃(0.1ml/10g)造成肝损伤(liver injury);3、4 号鼠以生理盐水灌胃(0.1ml/10g)。24h 后各鼠均腹腔注射 0.25% 戊巴比妥钠 0.2ml/10g,观察动物反应。记录各鼠翻正反射消失时间和恢复时间,并计算入睡时间和睡眠时间。实验结束,解剖小鼠,比较肝脏外观差异,并取同叶肝组织于 10% 甲醛固定后做病理切片。

将实验结果填入表 5-19-1。

表 5-19-1 实验结果

鼠号	入睡时间(min)	睡眠时间(min)	肝脏外观	肝脏病理改变
1				
2				
3				
4				

【注意事项】

1. 灌胃时操作要正确轻柔,避免损伤口腔,并注意不要灌入气管内。
2. 腹腔注射给药时应避免损伤腹腔脏器及大血管。
3. 准确抽取每只鼠的给药量及应给的药物。

【思考题】

1. 为什么损害肝脏的小鼠注射戊巴比妥后作用维持时间延长?
2. 肝功能不全病人临床用药时应注意些什么?
3. 何谓肝药酶、肝药酶诱导剂及肝药酶抑制剂?如何指导临床合理用药?

实验二十 苯海拉明的拮抗参数(pA_2)的测定

【实验目的】

利用离体豚鼠回肠标本,观察苯海拉明(DH)对组胺(HA)的竞争性拮抗作用,并计算 DH 的拮抗参数(pA_2)。

【实验原理】

当激动药与拮抗药合用,2 倍浓度激动药所产生的效应恰好等于未加入拮抗药时的激动药所引起的效应,所加入拮抗药的摩尔浓度的负对数为拮抗参数(pA_2)。

HA 可兴奋离体豚鼠回肠的 H_1受体,使肠肌收缩,其量效关系符合 Clark 基本公式:

$$r=\frac{E}{E_{\max}}=\frac{[DR]}{[Rr]}=\frac{[D]}{K+[D]}=r$$

式中:r 为药效分值,指药效强度 E 占最大药效 $E_{\max}$ 百分比;[DR]为受体与药物复合体的浓度;$[R_1]$为受体总浓度;[D]为药物 D 的浓度;K 为药物的平衡解离常数。

累积法增加浴管中的药物浓度,可使回肠收缩产生的张力逐渐增加,直至 $E_{\max}$ 用作图法或计算法可得到其量-效关系曲线或方程。

组胺受体竞争性拮抗豚鼠回肠的兴奋作用,在给予不同浓度的 DH 后,HA 的量效关系符合下式:

$$r=\frac{E}{E_{\max}}=\frac{[D]}{K_D+[D]+[K_D/K_A][A]}$$

式中：K_D为激动剂 D 的平衡解离常数；K_A为竞争性拮抗剂 A 的平衡解离常数：[D]为激动剂的浓度；[A]为竞争性拮抗剂的浓度。可用加 DH 后 HA 的量交曲线是否平行右移判断 DH 对 HA 是否具有竞争性拮抗作用。

根据 pA_2定义，令[D_0]和[D]分别为无及有 A 时激动剂的浓度。

$$\frac{[D]_A}{[D]_0}=1+\frac{[A]}{K_A}$$

$\frac{[D]_A}{[D]_0}=2$ 时，$[A]_2=K$ （$[A]_2$为半拮抗浓度）

$$pA_2=-\log[A]_2=-\log K_A$$

徐端正改良等效法是测定 pA_2简便而较为而较准确的方法。它利用实验获得的含和不含竞争性拮抗剂时，激动剂的浓度-效应数据经双倒数变换后，分别进行直线回归，得到两条直线回归方程：$y=a+bx$ 及 $y'=a'+b'x'$，利用等效条件求出 pA_2：

$$K_A=\frac{b}{b'-b}[A]$$

$$pA_2=-\log K_A=-\log\frac{b}{b'-b}[A]$$

【实验动物】

豚鼠。

【器械与药品】

1. 器械　BL-420 生物机能实验系统，超级恒温水浴，双层浴管，张力换能器，铁支架，双凹夹，螺夹，L 型钩，吊钩，加氧泵，培养皿，缝线，1g 重物，烧杯，20ml 量筒，0. 25ml 注射器，手术器械、木棒，方盘。

2. 药品　磷酸组胺溶液（histaminic phosphate solution，分子量 307. 1）10^{-7}mol/L、10^{-6}mol/L、10^{-5}mol/L、10^{-4}mol/L、10^{-3}mol/L、10^{-2}mol/L、10^{-1}mol/L；盐酸苯海拉明溶液（diphcnhydramine hydrochloride solution，分子量 291. 8）10^{-5}mol/L、5×10^{-5}mol/L、10^{-4}mol/L；台氏液。

【方法与步骤】

1. 调节启动超级恒温水浴　浴温 32℃。

2. 运行并调节 BL-420 生物机能实验系统　依次打开打印机、显示器、主机的电源开关，进入 Win98 操作系统。执行“开始”菜单中“程序”选项下的“Biolap98”程序，运行 BL-410 微机型生物机能实验系统。选择“实验项目”菜单中的“消化实验”菜单项，运行“苯海拉明的拮抗参数的测定”实验模块。按启动键开始实验，“增益”选择 100。“扫描速度”选择 25. 0s/div，按当前通道信号直流平衡档命令键使信号曲线移至基线下 5 格，在张力换能器上轻挂 1g 重物，曲线上移 2 格左右，取下重物，曲线回原位（即基线下 5 格）。

3. 制备回肠标本　取豚鼠 1 只，木棒猛击枕部处死放血，迅速打开腹腔，距回盲部 2cm 处剪断回肠，分离肠系膜，取出回肠 15~20cm，放入盛有氧饱和台氏液的烧杯中，用注射器将肠内容物冲洗干净，剪成 2cm 长肠段。

4. 悬挂标本　浴管内加入台氏液 20ml，用 L 型钩与吊钩对角钩住肠段两端，放入浴管浴液中。将 L 型钩固定在铁支架横梁上，吊钩另一端系于张力换能器上。通氧气(1~2 个气泡/s)。调节 L 型钩或换能器的高低，以给回肠加 1g 静止负荷，曲线上移 2 格左右(加 1g 重物时曲线的位置)，稳定 90min。在稳定期间每隔 15min 换一次营养液。

5. 观察项目　按实时数据记录命令键开始记录数据。描记一段药前正常曲线后，按表 5-20-1 依次加入不同浓度的 HA。每次加药时，按添加通用标记命令键添加实验标记。每加 1 次 HA 后，待张力不再增加时加下一次药，直至增加 HA 浓度回肠张力不再增加为止(即 E_{max})。用台氏液冲洗浴管 3 次。浴管液仍为 20ml，加入 10^{-5} mol/L DH 0. 2mL(浴管内浓度为 10^{-7} mol/L)，稳定 5min，同上法加入 HA，依次描记收缩曲线。冲洗浴管后，加入 5×10^{-5} mol/L DH 0. 2ml(浴管浓度为 5×10^{-7} mol/L)，稳定 5min，同上加入 HA。同样加入 10^{-4} mol/L DH 0. 2ml(浴管内浓度为 10^{-6} mol/L)，5min 后再加 HA。

6. 结束实验　加药完毕，按止数据显示与记录命令键结束实验。在“另存为”对话框中，修改并确定存储波形数据文件的名字(默认文件名为“月日时分 . dat”)。

7. 打印实验图形　按反演数据读取命令键选择反演数据文件。在“打开”对话框中，选择已存贮的数据文件名，确定后开始反演。按打印当前通道图形命令键打印当前通道图形。

表 5-20-1　DH 对 HA 竞争性拮抗作用 pA_2 测定

给药顺序	HA 浓度(mol/L)	加 HA 容积(ml)	浴管中 HA 累积浓度[D](mol/L)	$\frac{1}{(D)}$	回肠收缩幅度(cm)							
					E_0	$\frac{1}{E_0}$	E_1	$\frac{1}{E_1}$	E_2	$\frac{1}{E_2}$	E_3	$\frac{1}{E_3}$
1	10^{-7}	0. 20	10^{-9}									
2	10^{-6}	0. 08	5×10^{-9}									
3	10^{-6}	0. 10	10^{-8}									
4	10^{-5}	0. 08	5×10^{-8}									
5	10^{-5}	0. 10	10^{-7}									
6	10^{-4}	0. 08	5×10^{-7}									
7	10^{-4}	0. 10	10^{-6}									
8	10^{-3}	0. 08	5×10^{-6}									
9	10^{-3}	0. 10	10^{-5}									
10	10^{-2}	0. 08	5×10^{-5}									
11	10^{-2}	0. 10	10^{-4}									
12	10^{-1}	0. 08	5×10^{-4}									
13	10^{-1}	0. 10	10^{3}									

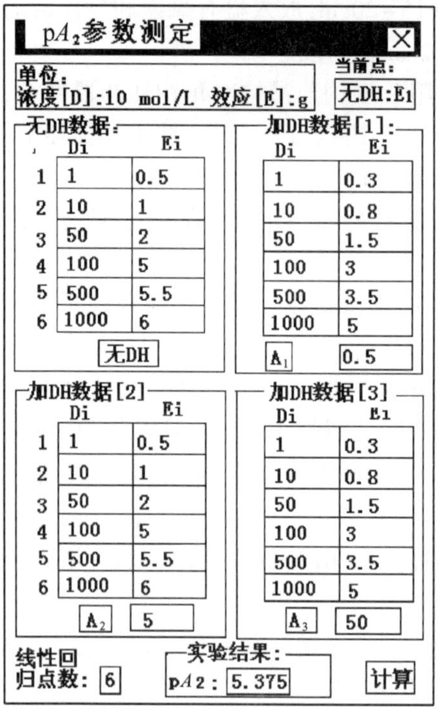

图 5-20-1 pA_2参数测定对话框

8. 结果整理 利用 BL-420 生物机能实验系统计算 pA_2。

实验完成后,在“数据处理”菜单中选择“数据输入”命令,弹出“pA_2参数测定”对话框(图 5-20-1)。在对话框中填入相应的实验数据,按“计算”按钮,即可自动计算出该次实验的 pA_2值。

另外,除了在对话框中手工填入的所有数据外,也可以直接在计算机显示的实验结果图形上,通过鼠标点击获取实验数据 E_i,自动填入对话框的相应位置。具体方法是:实验完成后,选择“两点测量”工具,在没有加入苯海拉明的量效曲线上选择某一浓度下曲线的起点(加药前)和终点(加药后),计算机自动计算终点和起点的差值作为 E_1,将其填入 E_1编辑框中,然后光标自动移到 E_2编辑框中,用同样方法可测得 E_2值,以此类推,可获得加第一组 DH 后的 E_1、E_2、…值,加第二组、第三组 DH 后的 E_1、E_2、…值,但需注意浓度值 D_1、D_2、…需要人工输入。

计算机当前准备测量的点在对话框的“当前点”中显示,比如显示 A_1 : E_2,表示利用“两点测量”测定的 E_i值,将被填入第一组 DH 后的 E2 中。由于测完 Ei 值后,光标自动移动到 $E_{(i+1)}$编辑中,所以如果需要重新测定某个参数,如 A_1 : E_2,而这时计算机指示的当前点为 A_2 : E_2,只需单击“A_1”按钮,当前点变成 A_1 : E_1,先测定 A_1 : E_1,然后再测定 A_1 : E_2,依次下去。

可以通过选中或不选中 A_2和 A_3按钮后面的复选框,来使用或禁用第二组和第三组加入 DH 后的量效曲线数据参加 pA_2计算。

注意:对话框中输入的浓度值 D_i均以 10 的-6 次方幂(10^{-6})mol/L 为单位,效应 E 则以克为单位。而在计算机内部计算时,会自动将引转化为 mol/L 进行计算。

除此之外,可以选择参加直线回归计算的点数,在“线性回归点数”编辑框中输入,其有效输入范围为:2~6 点(默认值为 6 点)。如果输入的“线性回归点数”值小于 6,比如输入 5,计算机自动从前 5 个(D_i,E_i)编辑框中取值进行计算。

在“打印”菜单中先选择“通用通道数据打印”,再选择“1 通道图形”,以打印实验图形及 pA_2值。

【注意事项】

1. 制备肠段时避免损伤。
2. 加药量必须准确,要直接将药加在液面上。

3. 抽药、加药要快,一旦曲线变平立即加入下一次药,每次加药后的反应时间约为 20~30s,随加药随做标记。

【思考题】

1. 何谓 pA_2 值? 有何意义?

2. 你认为离体回肠还可以用于何种拮抗剂的研究?

实验二十一 氯丙嗪的降温作用

【实验目的】

1. 掌握氯丙嗪的降温特点,及氯丙嗪与解热镇痛药对体温调节有何不同。

2. 熟悉氯丙嗪的药理作用及其作用机制。

3. 了解氯丙嗪的临床用途。

【实验原理】

1. 机体存在着体温调节中枢,位于下丘脑。体温调节中枢通过对产热及散热两个过程的精细调节,使体温维持相对恒定水平(正常人为 37℃左右)。

2. 氯丙嗪能够阻断下丘脑体温调节中枢的 D_2 受体,使体温调节失灵。不但降低发热机体体温,而且还能降低正常体温,氯丙嗪体温调节作用可随外界环境温度变化而变化,出现低或高体温状态。

3. 阿司匹林等解热镇痛抗炎药只能降低发热者的体温,而对体温正常者几乎无影响。这类药物只能使调定点恢复到正常水平而不能使调定点下移到正常以下,所以只能使发热者体温下降,而对正常体温没有影响。

【实验对象】

家兔

【器械与药品】

1. 仪器设备 冰箱,婴儿秤。

2. 手术器械 2.5ml 注射器,注射针头,肛温表。

3. 药品试剂 0.9%氯化钠溶液,氯丙嗪,氨基比林。

【方法与步骤】

1. 取 6 只家兔,称重、标号,随机分成甲、乙两组(2 只/组),分别测量家兔的肛温。

2. 甲组 2 只家兔均腹腔注射氯丙嗪 1ml/kg;乙组 2 只家兔均腹腔注射氨基比林 1ml/kg。

3. 给药后将甲、乙两组中 1 号家兔置于 4℃冰箱中,2 号家兔置于室温中。

4. 30 分钟后分别测量家兔的肛温。

【结果记录】

实验结果记录见表 5-21-1。

表 5-21-1 实验结果记录

分组		药物名称	腹腔给药量(ml/kg)	体温变化(℃)		
				给药前	室温 30 分钟后	低温 30 分钟后
甲组	1	氯丙嗪	1			
	2		1			
乙组	1	氨基比林	1			
	2		1			

【注意事项】

1. 正确使用肛温表。
2. 室温可影响实验结果。

【思考题】

根据实验结果讨论氯丙嗪的降温特点和作用与解热镇痛药有何不同。

实验二十二 链霉素的急性中毒及其解救

【实验目的】

1. 掌握链霉素的急性毒性反应及中毒症状。
2. 熟悉链霉素的解救方法。
3. 了解链霉素的药理作用。

【实验原理】

链霉素(streptomycin)是一种氨基糖苷类抗生素,其毒性反应为神经肌肉阻滞,表现急性肌肉麻痹(四肢无力甚至呼吸抑制)。本实验采用肌内注射过量的链霉素使家兔产生急性毒性反应,观察葡萄糖酸钙和新斯的明对抗链霉素中毒家兔的保护作用。

【实验对象】

家兔。

【器械与药品】

1. 仪器设备 婴儿秤。
2. 手术器械 10ml、5ml、1ml 注射器,注射针头。
3. 药品试剂 25%硫酸链霉素注射液,0.05%甲基硫酸新斯的明溶液,10%葡萄糖酸钙注射液。

【实验内容】

1. 取家兔 4 只,称重编号,观察并记录家兔的正常活动、呼吸、翻正反射和四肢肌张力情况。

2. 4只家兔分别肌注25%硫酸链霉素注射液2.4ml/kg。给药10分钟后,观察家兔有何反应。

3. 当出现症状时,甲兔不做任何抢救;乙兔耳缘静脉注射液10%葡萄糖酸钙注射液2.5ml/kg;丙兔耳缘静脉注射0.05%甲基硫酸新斯的明注射液0.3ml/kg;丁兔耳缘静脉注射10%葡萄糖酸钙注射液2.5ml/kg和0.05%甲基硫酸新斯的明注射液0.3ml/kg,观察各兔症状有何改变。

【结果记录】

结果记录见表5-22-1。

表5-22-1 实验结果记录

编号	处理阶段	呼吸情况	翻正反射	四肢肌张力
甲兔	给药前			
	给链霉素后			
乙兔	给药前			
	给链霉素后			
	给葡萄糖酸钙后			
丁兔	给药前			
	给链霉素后			
	给新斯的明后			
丙兔	给药前			
	给链霉素后			
	给葡萄糖酸钙和新斯的明后			

【注意事项】

葡萄糖酸钙溶液应缓慢静注,避免高钙惊厥。

【思考题】

结合实验,解释大剂量肌肉注射链霉素为什么会出现呼吸麻痹,应如何解救?

第六章　大动物实验

实验一　犬血流动力学的观察及影响因素和心肌缺血-再灌注损伤及药物的保护作用实验

【实验目的】

1. 掌握心导管插管术及主动脉血流的测量方法;记录正常左室泵功能指标;观察药物等因素对上述指标的影响。

2. 通过复制心肌缺血-再灌注损伤动物模型,观察心肌缺血-再灌注后心电图及血流动力学指标变化,同时观察心肌缺血-再灌注损伤现象及药物的保护作用。

【实验原理】

血流动力学是研究有关血液流动的压力、流阻、流量以及三者的相互关系。血流动力学的研究方法是评价心脏泵功能及心血管药药理研究的基本手段。常用的血流动力学指标有:血压(动脉血压、中心静脉压)、心功能(左室内压、左室内压的变化速率)、主动脉流量及心电图等。本实验采用动脉及左室插管术、静脉及右房插管术以及电磁流量计法,同步记录动脉血压,主动脉血流、左室内压以及中心静脉压和心电图等。

心脏是人体的重要器官,其血供来源于左右冠状动脉。当冠状动脉突然阻塞时导致所支配的心肌缺血甚至坏死。本实验夹闭冠状动脉左前降支,复制心肌缺血模型。然后松开钳夹的冠状动脉恢复心肌血供时,心脏血流动力学指标可能并未得到恢复,甚至缺血更加严重,或出现心室颤动等致死性心律失常,此即为缺血-再灌注损伤模型。维拉帕米为钙通道阻滞剂,通过拮抗钙降低再灌注时心肌细胞内的钙离子含量,改善心肌细胞的呼吸功能和能量生成,使细胞内结构和代谢趋于稳定,从而避免心肌细胞的不可逆损伤、维持心肌功能,从而对心肌缺血-再灌注造成的损伤有一定的保护作用。

【实验动物】

犬。

【器材和药品】

1. 一般器械　犬手术台,大动物手术器械,胸廓撑开器,心导管,三通管,犬气管插管等。

2. 仪器设备　BL-420 生物信息采集与处理系统,压力换能器,MFV-3000 电磁流量计,呼吸流量换能器,HX-300 动物呼吸机,无影灯。

3. 药品　3%戊巴比妥钠,0. 2%肝素溶液,生理盐水,肾上腺素,去甲肾上腺素，普萘洛尔注射液，山莨菪碱（654-2）注射液，0.01%维拉帕米溶液，液体石蜡等。

【观察指标】

1. 功能指标　呼吸、血压（ABP、CVP）、左室内压（LVSP、LVEDP）、主动脉流量、心电图。

2. 代谢指标　心肌酶、SOD（超氧化物歧化酶）、CAT（过氧化氢酶）、GSH-Px（谷胱甘肽过氧化物酶）。

【方法与步骤】

1. 基本手术

（1）麻醉与固定：取成年犬一只，称重后静脉注射 3% 戊巴比妥钠溶液（30mg/kg）全身麻醉。将动物仰卧固定于手术台上。备皮（颈部及腹股沟处）。

（2）分离颈部气管和插气管插管：沿甲状软骨下正中切开皮肤 6cm，分离皮下组织及肌肉暴露气管，插入气管插管并用线结扎固定。

（3）血管插管：分离左侧颈总动脉和右侧颈外静脉。插入连接有压力换能器的动脉插管（内有肝素），并固定好，用于记录血压。从右侧颈外静脉插入 15cm 长的静脉导管，导管用三通管连接中心静脉压测压计和输液装置。不测压时，将导管与输液装置连通，缓慢输入生理盐水（5～10 滴/min），保持导管通畅。

（4）尿道插管：将导尿管头端涂上少量液状石蜡后，从尿道口插入，见尿流出后即可。

（5）股部手术：在腹股沟部触及股动脉搏动后，沿动脉走行方向做长约 3cm 皮肤切口，分离股动脉，穿线以备记录动脉血压；采血；分离股静脉，插入静脉插管，同输液瓶连接，缓慢输入生理盐水（5～10 滴/min），保持静脉通畅。

（6）开胸：左侧胸部第 4～5 肋间横向切开皮肤、分离肌肉。用胸廓撑开器撑开切口，暴露心脏，开动呼吸机行正压人工呼吸。分离升主动脉根部并放置适宜内径的电磁流量计探头。

（7）连接换能器和心电导线等，按实验要求设置相应数据采集参数及其他实验参数。

2. 实验项目

（1）手术全部结束 10～15 分钟后，记录各项指标作为正常对照。

（2）静脉分别注射肾上腺素、去甲肾上腺素、普萘洛尔注射液等观察各项指标变化。

（3）待各项指标恢复平稳后，设两组，一组注射维拉帕米，另一组注射等量生理盐水。

（4）用动脉夹夹闭左冠状动脉，观察上述指标，若出现心电图 ST 段抬高，表明已出现心肌缺血，记录心肌缺血后上述各项指标数据。15 分钟后再次记录后松夹。

（5）松夹后，分别在再灌注 15min、30min、45min、60min 后记录各项指标变化。

【注意事项】

1. 要严格掌握缺血时间，过长或过短都不易发生再灌注损伤引起的心律失常。

2. 夹闭冠状动脉时，动作要轻巧，位置准确，否则易引起传导阻滞而致死。

实验二 犬失血性休克及挽救和犬感染性休克模型复制实验

【实验目的】

1. 掌握通过犬失血性休克动物模型的复制。

2. 观察失血性休克时动物的一般表现，掌握失血性休克时主要血流动力学指标及微循环变化及抢救失血性休克的治疗原则，加深对抗休克治疗原则和所用药物作用的理解。

3. 掌握感染性休克模型复制方法。

【实验原理】

休克是多病因、多发病环节、有多种神经体液因子参与，以有机体循环系统功能紊乱、尤其是微循环功能障碍为主要特征，并可能导致器官功能衰竭等严重后果的复杂病理过程。休克的微循环学说认为，各种原因引起的休克都可导致微循环障碍，休克发病的关键不在于血压，而在于血流，因而提出在改善微循环、保证组织有效灌流的基础上采用血管活性药物治疗休克。若挽救成功，然后静脉注射内毒素，复制感染性休克模型，观察相应血流动力学指标并与失血性休克进行比较。

【实验动物】

犬。

【器材和药品】

1. 一般器械　犬手术台，大动物手术器械，胸廓撑开器，心导管，股动脉插管，三通管，犬气管插管，导尿管等。

2. 仪器设备　BL-420 生物信息采集与处理系统，BL-2000 医学图像分析系统（含微循环灌流装置），HX-300 动物呼吸机，压力换能器，呼吸流量换能器，无影灯，注射器，输液架。

3. 药品　3%戊巴比妥钠，0.2%肝素溶液，生理盐水，肾上腺素，去甲肾上腺素，山莨菪碱(654-2)注射液，粗制内毒素。

【观察项目】

1. 一般指标　皮肤黏膜颜色，脉搏、呼吸、肛温、尿量。

2. 血流动力学参数　动脉血压平均值（MAP）、脉压（Ps-d）、心率（HR）、中心静脉压（CVP）、心电图。

3. 微循环参数　微血管（微动脉、微静脉）内血流速度、微血管口径、毛细血管开放数目/视野、白白细胞附壁及炭塞现象。

4. 血液检测 肾功检测(肌酐、尿素氮等),血气测定。

【方法与步骤】

1. 基本手术

(1) 麻醉与固定:取成年犬一只,称重后静脉注射3%戊巴比妥钠溶液(30mg/kg)全身麻醉。将动物仰卧固定于手术台上。备皮(颈部及腹股沟处)。

(2) 分离颈部气管和插气管插管:沿甲状软骨下正中切开皮肤6cm,分离皮下组织及肌肉暴露气管,插入气管插管并用线结扎固定。

(3) 血管插管:分离左侧颈总动脉和右侧颈外静脉。插入连接有压力换能器的动脉插管(内有肝素),并固定好,用于记录血压。从右侧颈外静脉插入15cm长的静脉导管,导管用三通管连接中心静脉压测压计和输液装置。不测压时,将导管与输液装置连通,缓慢输入生理盐水(5~10滴/min),保持导管通畅。

(4) 尿道插管:将导尿管头端涂上少量液状石蜡后,从尿道口插入,见尿流出后即可。

(5) 股部手术:在腹股沟部触及股动脉搏动后,沿动脉走行方向做长约3cm皮肤切口,分离股动脉,穿线以备记录动脉血压;采血;分离股静脉,插入静脉插管,同输液瓶连接,缓慢输入生理盐水(5~10滴/min),保持静脉通畅。

(6) 在右侧腹直肌旁做长6cm的切口,钝性分离肌肉,打开腹腔后,推开大网膜,找出一段游离度较大的小肠袢,轻轻从腹腔拉出,放置在微循环恒温灌流盒内,使肠系膜均匀铺在有机玻璃凸形观察环上,压上固定板,调整灌流液(台氏液加1%明胶)的液面,使液面刚盖过肠系膜,用显微镜观察肠系膜的微循环,分清肠系膜动脉、静脉、毛细血管,观察血流速度,找出标记血管,以便前后对照。详细操作参见BI-2000医用图像分析系统。

2. 实验项目

(1) 实验一:失血性休克及挽救

1) 记录正常指标(上述三大类指标)。

2) 由股动脉放血,并使放血量达到全血量1/5~1/4(占犬全身血量的20%),并维持1小时(使心功能维持住)或放血至40mmHg(5.32kPa),并维持在40mmHg 60分钟(根据实验情况,可以延长时间,但是维持时间一定要各组一致)。

3) 分组进行抢救,通过各项指标的观察及对比,判断抢救效果

A组:将放出的血回输后,观察各项指标变化;再输入等量生理盐水,观察各项指标;加去甲肾上腺素(0.45mg/kg)后观察各项指标。

B组:将放出的血回输后,观察各项指标变化;再输入等量生理盐水,观察各项指标;654-2(0.1mg/kg)后观察各项指标。

(2) 实验二:感染性休克

待各项指标基本正常稳定后,可利用此只犬进行感染性休克实验。

1) 静脉注射粗制内毒素(即灭活大肠杆菌E500~1000亿菌数/kg)或静脉注

射活大肠杆菌 E90 亿/kg,造成实验性败血症。

2）注射后 60 分钟内密切观察各项指标变化(在上述指标的基础上加血涂片，血小板聚集观察)，2 小时、4 小时再分别观察各项指标的改变。待死亡后，尸解，观察各脏器的大体变化，并取材，固定，制作切片，观察细胞学变化。

3）可分组，实验组和治疗组(治疗组在注射内毒素前 30 分钟前静脉输入地塞米松，其他步骤均与实验组一样)。

【注意事项】

1. 手术创伤要小，出血要少。
2. 在显微镜下观察微循环并辨认微动脉和微静脉。
3. 放血后维持休克过程中，需要密切观察各项指标变化。保证重要脏器(心、脑)功能基本正常。

第七章　实验设计原理

实验研究有一定的程序，其基本次序包括科研选题、实验设计、实验准备、预备试验及正式实验，实验结果的整理、分析、判断、结论直至完成论文。

第一节　科研选题

科研选题也称立题，即确定所要研究的课题。立题在实验设计中极其重要，只有课题选得准、立得牢，研究工作才有可能取得有意义的成果。立题的过程是科学的创造性思维过程，它包括选题和建立假说。

一、选题的原则

1. 充分的科学性　科学性就是客观真理性或真实性。所立题目要有充分的科学依据，与已有的科学理论和科学规律及定律相符。科学性主要取决于它能否“为尔后的科学实践所证实”（可重复性）和能否用以“能动地改造世界”，即人们按论文所叙述方法重复实践的结果是否符合客观实际（取得预期结果），是否可用来确切回答和解决有关的问题。

实验设计中为了提高结果结论的可重复性，从统计学角度，首先必须注意样本对其总体的代表性，相互比较的样本组之间的可比性和检测方法及实验观察方法的精确性。

2. 明确的目的性　即明确、具体地提出所要解决的问题，特别是有意义的问题。一个研究项目所包含的内容不宜过多，最好集中解决 1～2 个问题，切忌包罗万象。

3. 创新性和先进性　创新性即新颖、鲜明而与众不同，是相对于简单的继承、模仿、重复和抄袭等的一种特性。科研结果的创新性首先取决于设计时的思路，主要包括：选题的方向性和解决办法的创新性。创新性的前提是对有关科学发展的历史、现状和趋势的了解和掌握。要了解所选课题在学科发展中是否具有“前沿性”，尤其要了解本课题是否针对别人研究工作中的薄弱环节，本课题的预期结果是否可以填补别人研究工作中的空白（注意空白有大有小，有的有意义，有的则无意义）。当然，为了保证创新性课题的完成，还必须注意课题的可行性。

先进性有两方面的内容：一是实践水平，如疗效水平、技术水平；二是理论水平，如阐明疗效机制及其他理论的深度和广度。科研论文的实践水平是否先进，要与世界各国或国内各地类似课题达到的水平相比较，才能予以评定。此外，简、便、廉、效而且安全，也是先进性的一个重要标志。

4. 可行性　立题时要考虑主、客观条件，选定的题目一定要具体和切实可行；

因此,在选题时应结合实际情况如理论水平、实验条件及经费等问题量力而行。课题不能太大和太难,选定经努力后可解决的课题,切忌好高骛远,盲目求大求全。

由上述可知,一个好的选题要具备充分的科学性、明确的目的性、创新性、先进性及可行性。其前提是在立题过程中要收集大量的文献资料及实践资料,以了解前人对此类课题已做的工作、取得的成果及尚未解决的问题,了解目前的进展和动向。在对有关资料进行综合分析的基础上明确为什么要研究这个问题,即研究的意义,进一步研究的理论实践依据,找到所要探索课题的关键所在,进而确定研究课题。在立题时既要以解决当前的现实问题为主,也要注意考虑其他方面的因素。

一个人的知识总是有限的,因此,科研课题的确立必须养成开题报告这个良好的习惯,请相关人员评议,以发挥集体的智慧,避免片面性。

二、假说的建立

课题一旦选定后,就要建立这个课题的假说。所谓假说就是根据文献、实践资料等提出对该问题的可能答案或解释。简而言之,假说就是实验的预期结果。

假说是实验研究中重要的理论准备,有了假说,实验设计才会更具有目的性、计划性和预见性;有了假说,实验者在实验过程中才更能发挥其主观能动性。要建立假说,除了要阅读大量的文献外,还要利用对立统一的观点进行类比、归纳和演绎,进行创造性的思维活动。需要注意的是,假说只是一种科学预见和主观推测,并不等于客观事实本身,决不能把假说变成主观推断,变成实验者的主观偏性。对待假说应该有一个科学的态度:既要努力验证正确的假说,使之上升为学说、原理和理论;又要适时抛弃错误的假说,重建新的假说,并为验证新的假说而努力。

第二节 实验设计

实验设计即实验研究的计划、方案的制定,包括实验具体内容、实验方法、实验进度等安排。实验设计是实验过程的依据、数据处理的前提,是提高实验研究质量的保证,是论文写作的基础。实验设计的目的在于:①节省人力、物力、财力和时间,提高实验工作效率,使实验有计划、有步骤地按时完成;②有效地控制干扰因素,使实验更具科学性;③尽量安排多因素、多指标的实验,提高实验效率。

一、实验设计的三大原则

实验设计应遵循三大原则,即对照原则、随机原则和重复原则。

(一) 对照原则

对照即在实验的同时设立对照。设立对照可以减少实验组和对照组的处理和非处理因素之间的差异,有利于非处理因素基本处于相同状态,减少或消除实验误差。在实验设计中,要严格设计对照,将对照看做与实验同等重要,尽可能地将实验组与对照组的非处理因素保持一致,特别是可能影响实验结果的因素,如动物的数量、种系、性别、年龄、体重、仪器设备及药品等要尽量保持相同,否则,实验很可能有较大误差,甚至失去意义。

对照的常用方法有:

(1) 空白对照:即对照组不加任何处理因素。此方法的缺点是缺乏“齐同”,即除处理因素外,还有非处理因素的差异。如观察某药的作用时,实验组用药,对照组不用药,非处理因素包括给药操作如注射的差异。此种对照方法一般较少用。

(2) 正常对照:即实验组和对照组实验方法、步骤、观察等完全一样,唯一的区别是对照组不作关键处理。如研究某药对缺血心肌的保持作用时,实验组和对照组的动物、实验条件、手术操作等完全一致,甚至冠状动脉插管、结扎等都一样,唯一的不同是实验组给药,对照组给的是生理盐水。这种对照方法具有较好的可比性。

(3) 自身对照:指实验与对照在同一受试动物上进行。实验前后的对照。

(4) 相互对照:即几个实验组之间的对照,而不专门设立对照组。

(5) 标准对照:即不设立对照组,实验结果与标准值或正常值比较。

(6) 历史对照:即用历史文献资料或以往的研究结果作为对照。此种方法非处理因素不易控制,一般不采用此方法。

(7) 安慰剂对照:此对照目的在于排除心理因素的作用,常在临床新药的研究中使用。但应注意,采用此种方法应用双盲法。

(二) 随机原则

随机是指分配于各实验组和对照组的实验对象是由实验对象的总体样本中机会均等地抽取。通过随机,可以使实验结果更加客观,减少抽样误差,使抽取样本最大程度地代表总体样本。注意随机不是随意。随机化的方法很多,详见统计学相关内容。

(三) 重复原则

重复指在相同的条件下,不但实验者自己,更重要的是其他人也能够重现实验结果。重复是保证科研结果可靠性的重要措施,不能够重复的实验是无意义的。因此,需要实验本身具有足够次数的重复,将可能影响实验的因素尽量控制一致。实验重复的次数即样本的大小,对动物实验而言,指实验动物的数量。样本的大小取决于实验的性质、内容和实验资料的离散度等(可参考统计学相关内容)。

二、实验设计的三大要素

实验设计包括三大要素,即实验对象、处理因素、观察指标。

（一）实验对象的选择

机能学实验的对象包括人和动物。为了避免实验给人带来损害或痛苦，除了一些简单的观察，如血压、脉搏、呼吸、尿量的实验可以在人体进行以外，主要的实验对象应当是动物，选择合适的实验动物对实验的成功有重要的意义，选择的条件如下：

1. 要选择接近于人类而又经济的动物　灵长类动物最接近人，但价格昂贵，但有时实验需用大动物完成，可选用犬、羊、猴。一般常选择的实验动物为家兔、大鼠、小鼠，它们比较接近于人类而价格又比较便宜。

2. 根据实验要求选择动物的品种和纯度　其中以纯种动物为佳，且应是健康和营养良好的动物。

3. 动物年龄、体重、性别最好一致　一般选择发育成熟的年幼动物，对性别要求不高的动物可雌雄混用，但分组时应雌雄搭配。与性别有关的实验，只能用某种性别的动物。

（二）处理因素

处理因素是指对实验对象施加的某种外部干预。给实验动物以各种处理，包括接种细菌、毒素等生物病菌；给予化学制剂或药物；进行创伤、烧伤等物理刺激等。处理实验对象的目的有两个方面，一是复制人类疾病的动物模型，观察其发病机制；二是进行实验治疗，观察药物或其他治疗手段的疗效。

1. 人类疾病动物模型的复制　人类疾病的动物模型包括整体动物、离体器官、组织细胞以及教学模型。在复制动物模型时，一般遵守以下原则。

（1）相似性原则：即复制的模型尽可能近似人类疾病。最好是找到与人类疾病相似的动物自发性疾病。如有一种大鼠会自发产生高血压，称为原发性高血压病大鼠（SHR），猪有自发性动脉硬化，用它们来研究人类的高血压或动脉硬化则比较理想。但动物与人相似的自发性疾病模型不多见，往往需要人为地在动物身上复制，需注意相似性原则。

（2）重复性原则：即复制模型的方法要标准化，使疾病模型可以重复复制。为此，选择的动物、实验方法、使用的仪器和环境因素应力求一致，即有一个标准化的模型复制方法。

（3）实用性原则：即复制的方法尽量做到经济易行。如灵长类动物在相似性上最好，但价格昂贵；如果能用中小动物（家兔，大、小鼠）复制出类似人类疾病模型，则更为实用可行。

2. 疾病处理和实验治疗　给予药物治疗和观察治疗效果是综合性机能实验的一个重要方面。在设计时可分为两类。

（1）单因素设计：指给一种处理因素（如药物），观察处理前后的变化，它便于分析，但花费较大。

（2）多因素设计：指给几种处理因素同时观察，用析因分析法进行设计，它能节省经费和时间。

（三）观察指标

设计一些好的观察指标是体现实验的先进性和创新性的重要环节。观察指标是反映实验对象在经过处理前后发生生理或病理变化的标志。它包括计数指标（定性指标）和计量指标（定量指标），主观指标和客观指标等。指标的选定需符合以下原则：

1. 特异性　指标能特异地反映观察现象的本质，不会与其他现象相混淆。如高血压中的血压（尤其是舒张压）可作为高血压病的特异指标；血气分析中的血氧分压和二氧化碳分压可作为呼吸衰竭的特异指标。

2. 客观性　最好选用各种仪器检测的客观指标，如心电图、脑电图、血气分析、生化检测等。由仪器报告定量的数据，不受主观因素影响。而主观指标（如肝、脾触诊）易受主观因素影响，造成较大误差。

3. 重现性　在相同条件下指标所测的结果可以重现。重现性高的指标一般意味着偏性小，误差小，能较真实地反映实际情况。为提高重现性，需注意仪器的稳定性，减少操作的误差，控制动物的机能状态和实验环境条件。在注意到上述条件的情况下，重现性仍然很小，说明这个指标不稳定，不宜采用。

4. 灵敏性　指标反映处理因素带来的变化的灵敏程度，最好选用灵敏性高的指标。它是由实验方法和仪器的灵敏度共同决定的。如果灵敏性差，对已经发生的变化不能及时检测出，或往往得到假阴性结果，这种指标应该放弃。

第三节　实验和实验结果的观察和记录

一、实 验 准 备

实验准备是研究工作中非常重要的一环，是实验成败的关键之一。实验准备工作除了作理论准备外，还大致包括仪器的准备、药品的选择、试剂的配制、实验动物的准备等。在一般的学生实验中，实验准备工作都是由实验室教师来完成的。如果在时间和条件许可的情况下，可以让有实验设计课的学生尤其是七年制学生在实验室老师的指导下，亲自参与实验准备工作。这样做一方面可使学生对实验准备工作的重要性及艰辛性有一个切身体会，另一方面也能为他们日后的科研工作奠定一定的基础。

二、预　　试

任何新课题的实验研究，很难保证一开始就能做出周密的实验设计，而预试则是完善实验设计和保证正式实验成功必不可少的重要环节。

所谓预试是指根据实验设计要求，用较少的实验对象对主要实验方法和指标进行的初步研究。它既是对研究者的假说做初步探索和非正式的验证，同时也是对初步确定采用的实验方法和操作步骤进行演习。根据预试结果(包括教训)对假说、实验方法和技术操作进行必要的修订或改进,为正式实验铺平道路。

通过预试,可达到如下目的:①可熟悉实验技术,使实验者有机会去体验实验中可能出现的具体问题,从而使准备工作做得更加完善;②可了解被测指标在不同个体上的变异情况,从而确定正式实验的样本数大小甚至修正实验动物的种类;③改进实验方法和实验指标;④调整处理因素的强度或确定药物剂量等;⑤预试有可能为实验者提供新的实验现象及思索材料。

但预试过程中需要注意的是:①必须按照初步的实验设计认真地进行,切忌随意修改整个预试的实验程序,即便在实验中发现有不妥之处也要等预试完毕后再进行修改,否则将失去预试的原有意义;②认真地进行实验操作,对实验过程和实验结果进行认真的观察和记录,对所收集的资料应进行初步的整理和统计学处理,这对于完善正式实验设计是必要的。预试是一个非常艰辛的过程,有的实验往往需要进行多次的预试才能获得较为理想的、正式的实验设计方案。

三、实验结果的观察和记录

实验结果的观察要系统、客观、真实、精确,力戒主观片面;实验结果的原始记录要及时、完整、精确、实事求是,切忌用事后的整理记录来代替原始记录。原始记录的方式包括文字、数字、表格、图形、照片或录像带等。原始记录要写明实验日期、实验项目、实验方法、实验条件、实验者,并记录好观察测量的结果和数据等。

第四节　实验结果的整理、分析、判断及结论

实验者在取得原始记录后,首先要整理原始资料,使之系统化、明确化。在对实验结果进行整理、分析、判断及结论时,要注意以下几点:①对实验数据不能随意取舍;②选用合适的统计学方法;③必须实事求是,不能按照实验者的主观偏性,人为地强求实验结果必须服从假说这个错误的观点,而应根据实验结果去修正假说,使假说上升为理论;④不要小实验下大结论;⑤不要将实验性结果引申为临床的结论,结论要留有余地,证据不充分时,不要过早地下肯定的结论;⑥做结论时不要搞错因果关系;⑦应紧紧围绕本实验做出严谨、精练、准确的结论。

第八章　实验数据收集与分析

实验研究中,主要研究结论大多是以实验数据的分析结果作为重要和必要的论据。因此,数据分析也就成为研究过程的关键环节之一。恰当的、充分的、可靠的数据分析则是建立在完整的、准确的实验数据基础之上的。只有高质量的数据,才谈得上高质量的实验研究。所以,保证实验数据的完整性和准确性是对实验研究的最根本要求,也是研究人员应该遵循的一个基本原则。

第一节　实验数据完整性和准确性

数据的完整性系指按照设计要求收集所有的实验数据。如果因一些意外原因或不能人为控制的因素而引致部分实验数据的缺失,应尽可能地补充这部分实验并获取数据。对于不可补救的实验(或因实验材料短缺,或因资金不足等),应科学地处理缺失数据。数据完整性的另一方面系指应将所有实验数据用于分析过程,不得因某些数据与研究者预期的结果有较大差距而随意剔除,或不引入分析过程。如果某些数据确有特异之处,除非有确凿的引致原因(如操作不当所致),否则应依靠统计学方法进行科学判断,以确定这些数据是否属于极端值(extreme value)或特异值(outlier),并决定取舍与否。

数据的准确性系指实验数据的记录应准确无误。一方面,应避免数据收集过程中出现任何过失误差,如点错小数点、抄错数字、弄错度量衡单位、换算错误等。消除此类误差的办法是:在数据记录过程中,除观测者认真记录外,还应有专门的复核者进行审核,以确保数据的准确。另一方面,应杜绝研究者根据个人意愿对数据所做的任何篡改或杜撰。这一现象虽不多见,但其危害极大,应为所有科研工作者所戒。

第二节　实验数据度量

实验数据的度量方式因度量精度不同而异。例如,我们描述某人“血压很高”就不如说某人“舒张压为 17.3kPa”来得精确。通常,我们将数据的度量精度分为 4 个等级,按由低到高顺序依次为定性度量(nominal scale, categorical scale)、等级度量(ordinal scale)、等差区间度量(interval scale)和等比例度量(ratio scale)。

一、定性度量

度量的最低级形式是定性度量,系指将研究对象按某种属性进行归类记录。例如,细菌培养结果的阳性和阴性,人类 4 种血型 A、B、AB、O 型之分,男性与女性,生存与死亡,患病与未患病等。定性度量所获得的数据资料经整理后称为计数资料。例如,将 295 名急性和慢性白血病患者的血型记录归类整理成表 8-2-1

的计数资料形式。

表 8-2-1 295 名急性和慢性白血病患者的血型分布

分组	血型				合计
	O	A	B	AB	
急性组	59	58	49	18	184
慢性组	33	43	27	8	111
合　计	92	101	76	26	295

定性度量有如下特点：

1. 数据分类相互排斥，即每一测试对象只可能属于某一个类别，如一个人只可能为 4 种血型中的某一种血型。

2. 数据分类无逻辑顺序，如 4 种血型并不存在任何优先顺序。

二、等 级 度 量

度量的第二个水平是等级度量，系指将研究对象按某种属性的等级进行归类记录。例如，检查肝功能的麝香草酚浊度实验将结果划分为-、+、++、+++、++++等不同等级；出院病人的转归划分为治愈、好转、无效、死亡等不同等级等。等级度量所获得的数据资料经整理后称为等级资料。例如，临床上两种疗法治疗肺部恶性肿瘤的疗效记录整理成表 8-2-2 的等级资料形式。

表 8-2-2 两种疗法治疗肺部恶性肿瘤的近期疗效

疗效	疗法		合计
	热放化组	热放组	
临床控制	2	0	2
显　效	4	9	13
有　效	1	7	8
无　效	0	1	1
合　计	7	17	24

等级度量有以下特点：

1. 数据分类相互排斥。

2. 数据分类有一定的逻辑顺序。

3. 数据的分类等级具有定量含义。如麝香草酚浊度实验，记录结果“+++”比“++”意味着肝功能的损害程度更严重。

三、等差区间度量

度量的第三个水平是等差区间度量，它除了具有等级度量的全部特点外，还具有等标度差等量的特性。例如在温度测量方面,39℃与38℃之差和37℃与36℃之差是相同的,均为1℃对于该度量形式,0只是标尺上的一个点而已,并不具有起始的含义或其他特殊含义。

四、等比例度量

度量的最高级形式是等比例度量,它除了具有等级度量的全部特点及等标度差等量的特性外,还有等标度比等量的特性。例如,在体重测量方面,100kg与50kg之差和75kg与25kg之差是相同的,均为50kg。与此同时,我们还可以说100kg比50kg重1倍。但相比较而言,如果说等差区间度量中20℃比10℃热1倍就令人难以接受了。该度量形式的另一个特性是:0为一个特殊的数值,意味着无,意味着起始点(如0kg)。相对而言,等差区间度量中0℃则无此特性。

必须指出,在统计分析中,我们并不将等差区间度量与等比例度量予以严格区分,而是将两种度量方法所获得的数据资料统称为计量资料,而且习惯于将资料分为计数资料、等级资料和计量资料3种类型。有时,亦将计数资料和等级资料合称为分类资料,需要区分时,将前者称为无序分类资料,将后者称为有序分类资料。

第三节　实验数据记录方法

为保证获取高质量的数据,有必要规范实验数据的记录方法。这样,一则可以保持记录数据的整洁和有序,便于日后的数据分析与整理存档;二则有利于数据的核查与监察,保证数据的真实性。

实验数据的记录至少应包括以下内容:

1. 实验对象编号　有了编号,便于日后核对原始记录。如果实验对象是病人,还应列出姓名和病案号等信息。

2. 分组　实验对象的分组应在实验开始前,根据实验设计模型,通过随机化处理(有时亦采用非随机化处理)而确定。

3. 观察指标　亦称之为观察变量,用以描述观察对象的一些基本特征,如性别、年龄、体重等,以及表达实验的效应,如评价降压药物时的血压记录,评价疗效时的住院天数记录,评价肺功能时的多项血气指标记录,心功能的等级记录,细菌培养是否阳性等。根据不同研究目的,观察指标可以少至一个,也可以多至上百个。

4. 记录时间　由于绝大多数实验研究都要经历一个较长的过程,因此,每个实验数据的获取时间有必要记录在案,一则可以由此反映实验的全过程和运行轨迹;再则可以为分析某些可疑的实验结果提供参考线索。原则上,每个实验数据都应有相应的时间记录。若每个实验对象的所有观察指标可以在同一天内获得,记录纸上列出一列记录时间即可;若每个实验对象的所有观察指标不能在同一天内获得,甚至间隔数天或更长时间,则应多列出一列或多列记录时间,或在数据后用括号注明记录时间。

5. 记录人和审核人　每页记录纸底端应留有记录人和审核人的签名处,不但记录人要对所记录实验数据的真实性和完整性负责,审核人还要对记录人的工作和行为负责。审核人应是记录人的业务主管,一般由项目负责人/项目监督人、研究生导师或毕业生指导教师等担任。

实验数据记录的一般格式如表 8-3-1,例 1 是一个应用实例。

表 8-3-1　实验数据记录的一般格式

编号	(姓名)	(病案号)	组别	指标 1(时间)	指标 2(时间)	…	时间
1							
2							
3							
4							
⋮	⋮	⋮	⋮	⋮	⋮	⋮	⋮

记录人:　　　　审核人:

例 1　为研究某减肥茶对减轻体重的效果,以 30 只成年大鼠为研究对象。用高蛋白、高脂肪饲料喂养 2 周,以建立肥胖模型。之后,将其随机分为两组,每组 15 只。一组为实验组,服用某减肥茶和食用普通饲料;另一组为空白对照组,只食用普通饲料。再 2 周后,将全部大鼠杀死,称每只鼠的体重,然后剥离每只鼠的所有脂肪,称脂肪重量,得到表 8-3-2 记录内容。

表 8-3-2　某减肥茶疗效指标观察记录

编号	组别*	2 周体重(g)	4 周体重(g)	4 周脂肪重(mg)	4 周体脂(%)	时间#
1	A	40	38	655.3	1.72	
2	A	34	33	775.7	2.35	
3	B	39	33	866.0	2.62	
4	A	33	35	687.7	1.96	
⋮	⋮	⋮	⋮	⋮	⋮	
⋮	⋮	⋮	⋮	⋮	⋮	
30	B	37	30	255.5	0.85	

记录人:　　　　审核人:

* A. 实验组;B. 空白对照组;

2 周体重的测量在 1 日内完成,时间为 1999 年 1 月 8 日,4 周体重、脂肪重、体脂的测量在 1 日内完成,时间为 1999 年 1 月 22 日

第四节　实验数据质量评价

实验数据的质量直接影响到研究结果的科学性和可靠性。数据质量有两方面含义,即数据是否准确和可靠,常用效度和信度两个指标评价。

一、效　　度

效度是指测量值与真值的接近程度，故又称为准确度（accuracy），用以度量测量数据系统误差（systematic error）的大小，一般采用回收实验中的回收率指标进行评价（式 8-4-1），即回收率愈接近 100%，准确度愈高；当回收率偏离 100% 较大时，表示测量方法存在系统误差。注意，回收率可以大于 100%。

$$回收率(\%)=(实测量-原有量)/加入量\times100\% \tag{8-4-1}$$

二、信　　度

信度是指同一观察对象多次重复测量结果之间的吻合程度，故又称之为精确度（precision），用于度量随机误差（random error）的大小，常用标准差、变异系数或组内相关系数（interclass correlation coefficient）、κ 系数（kappa coefficient）等指标度量，前两者愈小，或后两者愈大，表示随机误差愈小；或吻合程度愈高，亦说明测量数据的重现性愈好，数据的可靠程度愈高。

1. 分类资料的信度

例 2　某研究需 2 位病理解剖学专家对尸检标本阅片，并报告有关恶性黑色素瘤的诊断结果。为考核 2 位专家诊断结果的吻合情况，将同样 40 份恶性黑色素瘤尸检标本分别让 2 位专家阅片，结果见表 8-4-1。

表 8-4-1　2 位病理解剖学专家对 40 份尸检标本的阅片结果

专家乙	专家甲		合计
	+	−	
+	24(a)	8(b)	32($a+b$)
−	4(c)	4(d)	8($c+d$)
合计	28($a+c$)	12($b+d$)	40(n)

据此，计算 κ 系数，公式为

$$\kappa=(p_0-p_e)/(1-p_e) \tag{8-4-2}$$

式中，p_0 是两测试者观察一致性概率，本例

$$p_0=\frac{a+d}{n}=\frac{24+4}{40}=0.7 \tag{8-4-3}$$

p_e 是两测试者期望一致性概率，为各诊断一致格子所对应的边缘概率之和，本例将 p_0 和 p_e 代入式（8-4-2），得 $\kappa=0.21$。

$$p_e=\frac{a+b}{n}\cdot\frac{a+c}{n}+\frac{a+d}{n}\cdot\frac{b+d}{n}=\frac{32}{40}\cdot\frac{28}{40}+\frac{8}{40}\cdot\frac{12}{40}=0.62 \tag{8-4-4}$$

对于如表 8-4-1 的四格表资料，κ 系数的计算可简化为：

$$\kappa=\frac{2(ad-bc)}{(a+b)(b+d)+(a+c)(c+d)} \tag{8-4-5}$$

表 8-4-2 κ 系数与吻合程度的关系

κ 系数	吻合程度
-1.00~	无
0.00~	极弱
0.21~	弱
0.41~	中等
0.61~	强
0.81~1	极强

κ 系数取值在-1~1 之间,κ≤0 时,说明两测试者的吻合程度不及随机原因导致的吻合程度 κ=1 时,说明两测试者的结果完全相同。Landis 和 Koch 根据 κ 系数的大小,将吻合程度进行了划分(表 8-4-2)。依据这一划分,例 2 中 2 位专家阅片结果的吻合程度较弱。

有关 κ 系数的统计推断过程可参阅有关统计学文献。

2. 计量资料的信度 计量资料的信度一般用组内相关系数表示,可参考统计学的有关知识。

第五节 实验数据分析

一、实验数据的逻辑检查

在数据分析开始时,应首先对数据进行逻辑检查,以保证数据至少不会出现大的偏差,这些偏差可能来自原始数据,可能来自数据录入过程,也可能来自数据转换过程。逻辑检查最简单的方法是根据最大值和最小值判断。例如,当某资料身高变量的最大值显示为 17.8 m 时,很可能原始数据为 1.78m,在记录或录入过程中点错了小数点而导致出错。

二、偏离数据的判断和处理

个体数据偏离其所属群体数据较大,且经证实确为实验所得时,被称为偏离数据。偏离数据有两种简单的划分形式,即极端值(extreme value)和奇异值(outlier)。个体数据>第 75 百分位数或<第 25 百分位数超过 3 倍的四分位间距时被定义为极端值。个体数据>第 75 百分位数或<第 25 百分位数的值在 1.5~3 倍的四分位间距时被定义为奇异值。

对偏离数据的处理通常用敏感性分析方法(sensitivity analysis),即将这些数据剔除前后各做一次分析,若结果不矛盾,则不剔除;若结果矛盾,并需要剔除,必须给以充分合理的解释。例如,该数据在实验中何种干扰下产生,应予说明。

三、缺失数据的处理

由于实验中遇到的各式各样的原因,最终数据可能是不完整的,即产生了所谓的缺失数据(missing data)。处理缺失数据的最简单方法是剔除缺失数据所属的观察单位,但该方法浪费信息严重,特别是在变量较多的情况下。为避免浪费信息,采用的方法是仅剔除分析过程所涉及的缺失数据。例如,在做 10 个变量的两两相关分析时,某一个变量的缺失数据只在该变量与其他变量的相关分析中被剔除,而其他变量之间的相关分析并不失去该缺失数据所属的观察单位。处理缺失数据的最复杂方法是估计缺失数据,该方法的优点是充分利用了信息,但操作难度较大。

四、数据分析中统计方法的正确选择

分析数据的首要前提是能够正确地识别资料类型,在此基础上,结合统计方法的适用条件,最后选择恰当的统计方法进行分析。

统计资料可分为单变量资料和多变量资料两大类,因后者涉及的统计方法较复杂,这里只介绍前者和简单双变量资料的统计分析方法思路。

单变量资料又分为计量资料、计数资料和等级资料 3 类。不同的资料类型对应有不同的统计分析方法。

对于计量资料,若原始数据满足正态性分布和方差齐性要求,可用参数方法;若不满足正态性分布和方差齐性要求,可选择非参数方法。需强调的是,如果资料满足参数方法的条件,就不选用非参数方法处理,以避免降低检验效率和损失信息。

对于等级资料,建议使用秩和检验方法,虽然也有文献介绍用χ^2检验处理,但χ^2检验只能说明两组或多组之间的分布有无差异,而不能说明两组或多组之间量方面的差异。等级资料又称单向有序列联表资料,在应用秩和检验公式时,一律用校正公式。

对于计数资料,多个样本率或构成比比较有显著性差异时,两两间的比较用描述方法即可。

图 8-5-1～图 8-5-4 根据不同资料类型列出了正确选择统计方法的一般思路,由于数据资料的复杂性和多样性,难以概全,故仅供参考。

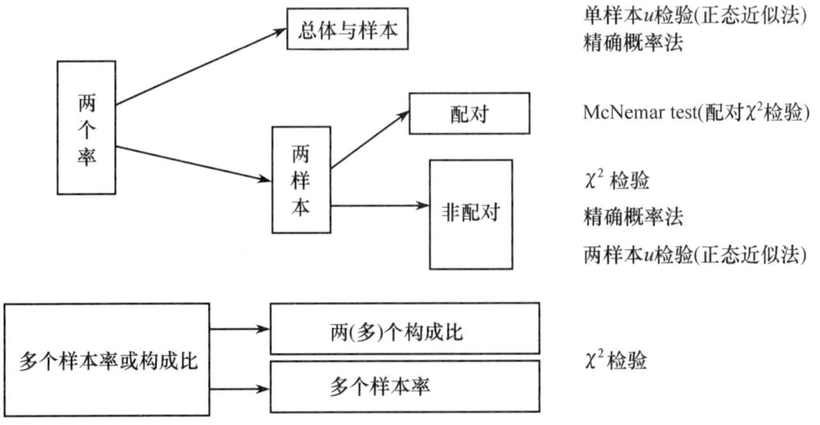

图 8-5-1　计数资料的统计方法选择图解

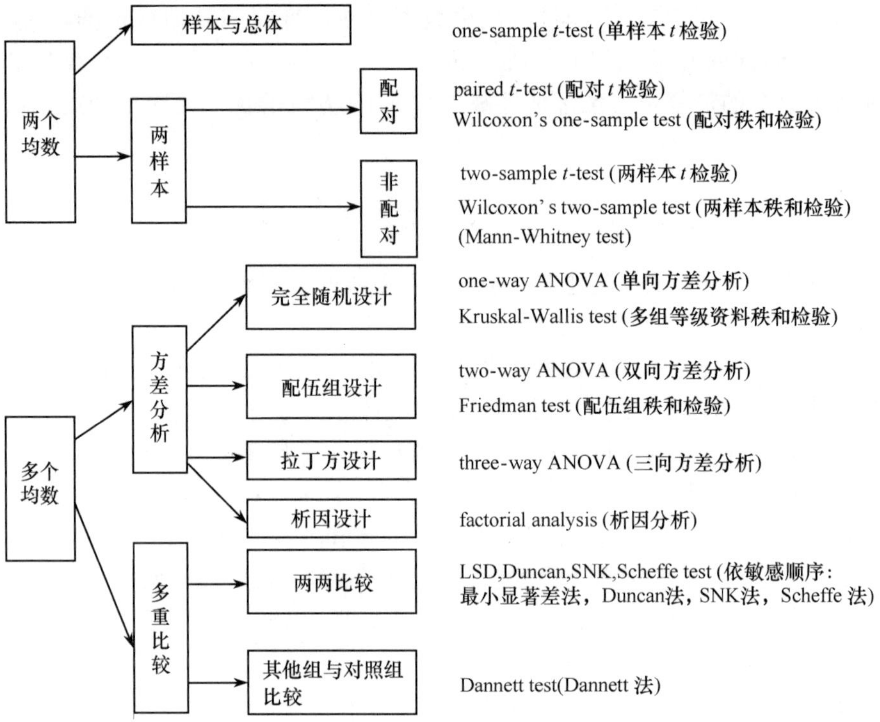

图 8-5-2 计量资料的统计方法选择图解

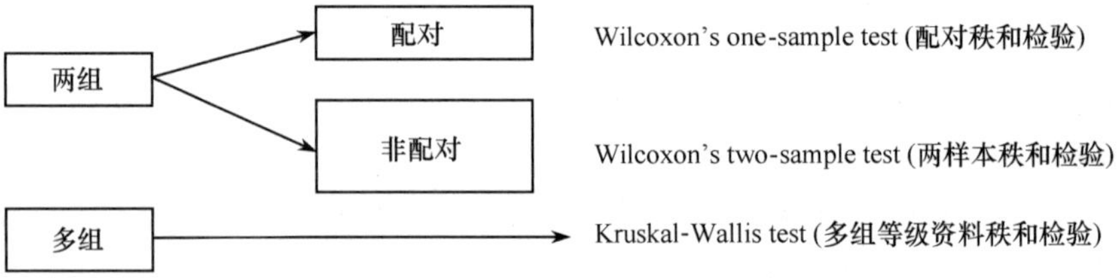

图 8-5-3 等级资料的统计方法选择图解

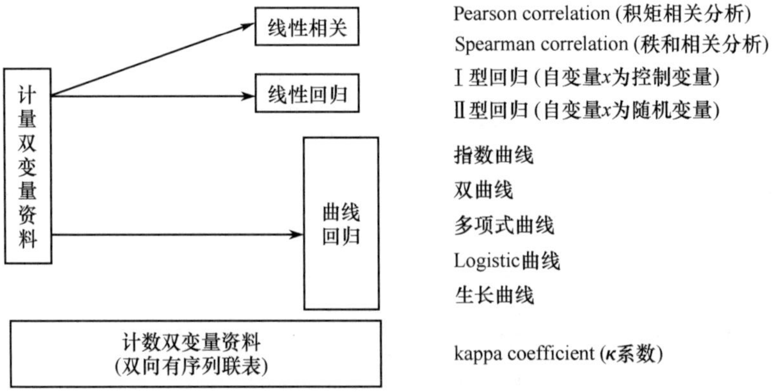

图 8-5-4 双变量资料的统计方法选择图解